드라이브의 칼날

드라이브의 칼날

철학으로 다시 보는 <멀홀랜드 드라이브>

초 판 1쇄 2025년 11월 26일

지은이 사유진
펴낸이 류종렬

펴낸곳 미다스북스
본부장 임종익
편집장 이다경, 김가영
디자인 임인영, 윤가희
책임진행 김은진, 이예나, 김요섭, 안채원, 국소리

등록 2001년 3월 21일 제2001-000040호
주소 서울시 마포구 양화로 133 서교타워 711호
전화 02) 322-7802~3
팩스 02) 6007-1845
블로그 http://blog.naver.com/midasbooks
전자주소 midasbooks@hanmail.net
페이스북 https://www.facebook.com/midasbooks425
인스타그램 https://www.instagram.com/midasbooks

© 사유진, 미다스북스 2025, *Printed in Korea*.

ISBN 979-11-7355-596-1 03680

값 21,000원

드라이브의 칼날

철학으로 다시 보는 〈멀홀랜드 드라이브〉

사유진 지음

미다스북스

이 책은 영화 〈멀홀랜드 드라이브〉를 통해

인간의 존재, 의식, 무의식,

그리고 현실과 환상의 경계에 대한

철학적 질문을

깊이 있게 탐구한다.

사유진

서울예전 영화과에서 영화 연출을 전공한 뒤, 충무로에서 5~6년 동안 조감독으로 활동했다. 이후 다큐멘터리 영화 제작과 감독을 거쳐, 현재는 춤과 영화를 결합한 '시네-댄스 Cine-dance'라는 예술영화를 만들고 있는 25년 차 영화감독이다. 또한 자연을 사랑하고, 인생의 지혜를 담은 짧은 시를 쓰는 하이진(하이쿠 시인)이기도 하다. 한 지방신문에는 '문화 산책'이라는 칼럼을 기고한 적도 있다. 보름달이 뜬 밤이면 야외에서 '달빛명상춤'이라는 이름으로 명상과 춤을 이끌며 영적인 안내자 역할을 한다.

한편, 문화예술 기획자로서 23명의 예술가와 함께 쓴 수필집 『숲길, 숲에서 길을 찾다』는 2021년 한국문화예술위원회가 주최한 '코로나19, 예술로 기록' 공모에서 3,222편 중 11개의 우수작에 선정되기도 했다.

이외에도 '제주어린이평화순례길', '난민 어린이 후원회', '제주4·3어린이평화음악회', '박기순 열사 장학사업', '문화 역사 기행', '춤영화 인문학' 등 여러 강의와 행사를 진행하고 있으며, '철학으로 영화 보기' 시리즈도 집필 중이다.

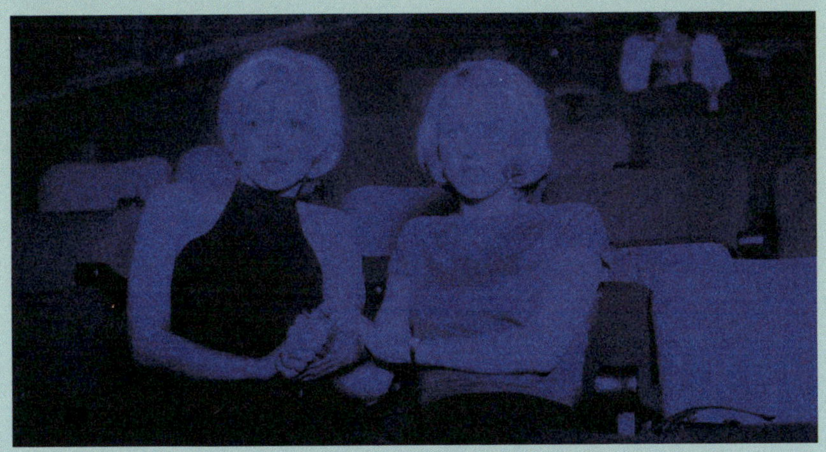

"silentio 침묵. 밴드는 없어. 오케스트라는 없어! 이 모든 것은 환상이야⋯."

"어디 가고 있었는지 궁금해요⋯." (멀홀랜드 드라이브!)

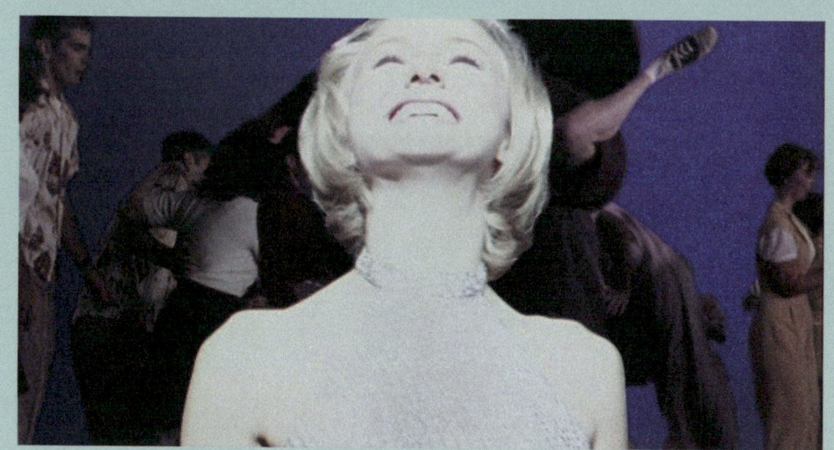

"지르박 대회에서 우승하고 나서 배우의 길로 들어섰어요….."

"여기에 당신을 위한 무언가가 있습니다." – 데이비드 린치

드라이브의 칼날

"멀홀랜드 드라이브의 끝에 도달하는 것은, 꿈에서 깨어나는 것과 같습니다." – 데이비드 린치

M U L H O L L A N D   D R I V E

EXT.   NIGHT - HOLLYWOOD HILLS, LOS ANGELES

Darkness. Distant sounds of freeway traffic. Then the closer
sound of a car - its headlights illumine an oleander bush and
the limbs of an Eucalyptus tree. Then the headlights turn - a
street sign is suddenly brightly lit. The words on the sign
read... "Mulholland Drive." The car moves under the sign as
it turns and the words fall once again into darkness.

                                                CUT TO:

EXT.   NIGHT - MULHOLLAND DRIVE

Gliding we follow the car - an older black Cadillac limousine
- as it winds its way up Mulholland Drive through the
darkness of the Hollywood Hills. There is no one else on the
road. As we drift closer to the car...

                                                CUT TO:

INT.   BLACK CADILLAC LIMOUSINE - NIGHT

Two men in dark suits are sitting in the front seat. A
beautiful, younger, dark-haired woman sits in back. She sits
close up against the door and stares out into the darkness.
She seems to be thinking about something. Suddenly she turns
and looks ahead. The car is slowing and moving off to the
side of the road.

                    DARK-HAIRED WOMAN
          What are you doing? You don't stop
          here...

The car stops - half on, half off the road at a dark, blind
curve. Both men turn to the woman.

                    DRIVER
          Get out of the car.

                                                CUT TO:

EXT.   FURTHER UP MULHOLLAND DRIVE - NIGHT

Two cars - a convertible and a late model sedan are drag
racing toward the blind curve blocking the view of the
Cadillac limousine. The cars are filled with crazed
teenagers. Two girls are standing up through the sunroof of
the sedan screaming as their hair is whipped straight back.

                                        (CONTINUED)

영화 〈멀홀랜드 드라이브(Mulholland Drive)〉의 시나리오 중에서

데이비드 린치 David Keith Lynch

For the film's aura

2011년에 내가[1] 〈멀홀랜드 드라이브〉에 대해 어떤 질문을 던졌을 때 그는 긴 침묵에 빠졌는데, 질문이 어려운지 묻자, 직설적으로 답했다.

"아니에요. 말을 너무 많이 하고 싶지는 않아요."

[1] 리처드 A. 바니(뉴욕주립대 올버니 캠퍼스 영문학과 부교수)

SCENE 3
20세기 전반

<h1 style="text-align:center">크랭크 인[2]</h1>

‘컬트 영화’의 제왕이라 칭송받던 데이비드 린치(1946년 1월 20일 몬태나주 미줄라에서 태어나, 2025년 1월 15일에 향년 78세로 별세)의 부고를 보았다. 감독님의 영화는 난공불락으로, 해석하고자 다가서면 그만큼 더 멀어지는 기이한 장면들로 가득하다. 영화 비평가 데이비드 F. 월리스는 자신의 에세이에서 다음과 같이 이야기한 바 있다. 린치의 영화는 “당신에게 뭘 원하는지 알 수 없기 때문에 짜증을 부채질”하며, 그의 영화는 “꿈처럼 당신을 파고든다.”. 그리고 멜 브룩스(《엘리펀트 맨》 영화 제작자)는 “일상적인 것과 몽환적인 것의 충돌은 〈블루 벨벳〉과 〈트윈 픽스〉의 교외의 악몽부터 〈로스트 하이웨이〉와 〈멀홀랜드 드라이브〉의 느와르적인 지하세계에 이른다.”라고 린치 영화의 핵심 주제를 밝히고 있다.

필자가 아직 영화학도였던 시절, 처음 보았던 데이비드 린치 감독의 장

2 　‘크랭크 인(Crank-in)’은 영화의 촬영을 공식적으로 시작하는 것을 의미한다.

편 데뷔작 〈이레이져 헤드〉(1977년)는 그런 영화의 전형이었다. 세 번, 네 번을 반복해 보아도 여전히 알 수 없는 이야기 전개와 모호한 인물들, 그리고 꿈인지 환상인지도 가늠하기 어려운 내용들로 채워져 있었다. 그 당시는 모든 것이 나의 이해 부족 때문이라고만 생각하던 시절이었다. 하지만 시간이 흘러 다시 보게 되면서, 영화를 조금이나마 이해할 수 있게 되었다. 그의 영화에 '해석'이라는 프레임으로 접근하려는 시도 자체가 이미 잘못된 방식이었다는 것을 깨달았다. 린치 영화는 논리적 이해를 거부하며, 비논리적이고 악몽 같은 이미지와 무드(Mood)를 통해 관객 자신의 '진짜 그림자'를 발견하고 체험하게 하는 깊이 있는 예술적 경험이었다.

영화감독으로서 배급사에서는 '상업성이 없다'라는 이유로, 국내외 영화제 80곳 중에서 단 한 곳에서도 초청받지 못했던 지난날, 필자는 깊은 우울증을 앓고 있었다. 전쟁에 참가한 장수로서 '80전 80패'라는 결과를 맛본 뒤에는 마치 죽음의 계곡을 걷는 기분이었다. 그렇다고 내 영화가 대단한 영화라고 주장하는 것도 아니다. 2천5백 년 전통의 사건과 인물 중심 서사를 과감히 깨고자 했다. 사건은 춤으로 치환하고, 인물은 춤을 통해 감정을 표현하는 '시네-댄스(Cine-Dance)'라는 영화 형식을 사용했다. 기존 영화가 소설처럼 수평적 구조를 지닌다면, 시네-댄스영화[3]는 수직적 구조로 관객의 감정을 상승과 하강시키는 시적인 영화이다.

---

[3]   영화 〈그해 오월 나는 살고 싶었다〉 참고. www.youtube.com/watch?v=dQ-kHXbjpB0

   드라이브의 칼날

결과는 영화계에선 이게 영화인가? 하고 무용계에서는 이게 춤인가? 하는 식으로, 영화와 춤 양쪽 모두에서 의문과 의심을 받게 되었다. 그 결과, 회수되지 못한 자본의 굴레에서 제작비는 고스란히 빚으로 남게 되었고, 필자의 영화는 하드 디스크에 깊숙이 저장되어 햇빛 볼 날만을 기다리고 있는 빈사 상태에 놓이게 되었다. 영화와 춤 사이에서 방황하며 이대로 포기해야 하나 고민하던 시기에 철학 공부를 시작하게 되었다. 2015년 이른 봄, 선물로 올더스 헉슬리의 『영원의 철학』을 받았다. 그 책을 만난 뒤 본격적으로 공부에 빠져들었다. 라이프니츠를 알게 됐고, 또 자크 라캉을 지나 메를로-퐁티까지 접하게 됐다. 그렇게 공부하던 중 니체가 '몸이성'을 강조하며, 춤추는 철학자였다는 사실도 알게 됐다. 철학 공부를 하면 할수록 어려웠지만, 한편으로는 나에게 큰 위안을 주기도 했다. '철학의 위안[4]'이 주는 기쁨은 정말 말로 다 형언할 수 없었다.

"철학은 개념들을 창조하면서 사유하고, 과학은 기능들을 창조하면서 사유하고, 예술은 지각된 것들을 창조하면서 사유한다."라고 했던 질 들뢰즈.[5]

질 들뢰즈는 플라톤이 이데아를 모든 존재의 완전하고 영원한 본질로 보았다고 말한다. 현실에 존재하는 사물들은 이 이데아를 온전히 담지 못한, 불완전한 모방에 불과하다는 것이다. 들뢰즈는 여기서 한 걸음 더 나아가, 플라톤의 관점에서 볼 때 시뮬라크르(simulacre)는 단순한 '사본'보다도 더 멀

---

4 『철학의 위안』은 로마의 철학자 보에티우스(Boethius, 480년경~524년)가 쓴 책의 제목이다. 그는 감옥에 갇혔을 때 이 책을 쓰며 철학 속에서 마음의 안정을 찾으려 했다.
5 정확히는 '질 들뢰즈'와 '펠릭스 가타리'이며, 그들의 공저인 『철학이란 무엇인가』에서 인용.

어진 개념이라고 지적한다. 즉, 시뮬라크르는 원본과의 연결마저 완전히 끊긴 불완전한 복제품으로 여겨져 진리의 영역 밖으로 완전히 밀려났다는 것이다.

들뢰즈는 플라톤이 설정한 원본과 사본, 시뮬라크르 사이의 위계적 구조를 비판적으로 바라보았다. 들뢰즈에게 시뮬라크르는 원본의 단순한 그림자나 모조품이 아니었다. 오히려 시뮬라크르는 원본이나 진리에 종속되지 않는 독립적인 존재로, 고정된 유사성을 모방하지 않고 그 자체로 '순수한 차이'를 만들어내고 끊임없이 '생성'하는 힘을 지녔다고 주장한다.

이러한 시뮬라크르 개념은 플라톤의 이데아 중심 세계관, 즉 본질과 현상, 원본과 사본으로 구성된 재현의 논리를 근본적으로 해체했다. 시뮬라크르는 더 이상 같은 것을 반복하는 대신 차이를 생산하고 확대하며 새로운 현실을 구성하는 능동적인 존재가 된다. 들뢰즈는 시뮬라크르를 긍정함으로써, 모든 것을 불변의 본질로 환원하려는 플라톤의 사유 방식을 정면으로 비판했다. 대신 끊임없이 변화하고 생성하며 다수성을 긍정하는 철학적 관점을 제시했다.

들뢰즈는 내게 일련의 나의 작품들이 동일성을 벗어나 차이를 창조하는 작품이라는 확신을 하게 해주었다. 어느 배우가 내게 "감독님, 감독님 영화는 너무나 기이하고 이상해요. 정말 영화라고 부를 수 있을까요?"라고 물었을 때, 나는 자신 있게 대답했다. "그렇다. 내 영화는 그대가 알고 있는

드라이브의 칼날

혹은 그렇게 믿었던 '영화의 정의'와 '영화의 이데아'로부터 한참이나 멀리 떨어져 있는 '차이' 나는 영화다."

내가 생각하는 영화란 정적이고 고정된 형식이 아닌 끊임없이 변화하고 약동하며 무한한 차이들로 이루어진 역동적인 흐름이고, 그 흐름을 통해 고정된 관념과 표상에서 벗어나 새로운 가능성을 모색하고, 실재의 복잡하고 다층적인 면모를 깊이 탐구함으로써 삶의 반성으로, 다양한 삶을 인정하는, 보다 풍요로운 삶을 추구하는 것—생성—을 의미한다[6].

그런데, 가스통 바슐라르는 『공간의 시학』에서 "가치철학자들이 말하는 가치의 두 요소—욕구(désir)와 판단(jugement)—에서 욕구는 가치를 만드는 동력이고 판단은 가치에 타당성을 부여하는 것인데, 전자는 가치의 독창성, 주관성이라면 후자는 그것의 보편성, 객관성이라고 할 수 있다."라고 하였다. 그런데 미적가치에 있어 보편성의 획득 없이는 개인의 독창성이란 한낱 신기에 지나지 않으며 그 독창성은 야릇함이라고 해야 할 것이다. 미적가치만큼 이 표현에 적중되는 가치는 없을 것이다.

이 글을 읽고 나니, 내가 그동안 독창성이라고 여겼던 신기가 사실은 일종의 기이한 '욕구'에 더 가까웠다는 사실을 알게 됐다. 또, 작품이 영화제에 초청되지 못했던 것도 결국 보편적 가치나 객관성이 결핍되어 있기 때

---

[6] 필자가 이전에 만든 '시네-댄스' 영화들은 질 들뢰즈가 말한 '시간-이미지' 개념을 잘 드러낸 작품들이라고 볼 수 있다. 지금 집필 중인 '철학으로 영화 보기 시리즈' 두 번째 책 <솔라리스>(안드레이 타르코프스키 감독, 1972) 편은 이런 철학적 시각을 바탕으로, 영화 안에 담긴 '운동-이미지'와 '시간-이미지'를 더 깊이 있게 분석하고 해석할 계획이다.

문이라는 것을 깨달았다.

들뢰즈(욕구)와 바슐라르(판단)에게 고마움을!

이런 점에서 데이비드 린치 감독의 영화 〈멀홀랜드 드라이브〉는 감독의 욕구(본연의 가치)와 동시에 사회적으로 통하는 보편적 가치를 함께 담아낸, 매우 훌륭한 작품이라고 할 수 있다.

앞으로 만나게 되는 다양한 시대의 많은 철학자들의 관점을 통해 수많은 차이를 실감할 수 있으며 결국, 인간의 존재와 의식, 무의식, 그리고 현실과 환상 사이의 미묘한 경계에 대한 심오한 철학적 성찰의 세계로 이끌어 줄 것이다.

독자 여러분에게 깊은 위로와 감동의 순간이 되길 바라며….

p.s.

이 글은 AI의 섬세한 조력으로 완성되었음을 밝힌다. AI는 방대한 지식의 보고이자 예리한 자료 탐구원, 그리고 통찰력 있는 분석가로서, 창작의 여정에서 더없이 훌륭한 동반자임이 분명하다. 비록 아직은 독자적인 '순수 창작'의 영역에는 미치지 못했으나, 머지않은 미래에는 인간의 창조적 한계를 넘어설 비약적인 가능성을 품고 있음은 명백하다.

이 자리를 빌려 깊은 감사를 전하고 싶다. 지혜의 바다를 밝은 등대처럼
이끌어 주신 미다스북스 임종익 총괄본부장님과, 세심한 손길로 글 하나
하나를 어루만져주신 김은진 편집 팀장님께 마음 깊이 고마움을 드린다.
또한, 어둠 속에서 한 줄기 빛이 되어 사유의 눈을 뜨게 해주신 여러 철학
자 선생님과 같은 길을 걸으며 늘 서로에게 힘이 되어 준 소중한 도반님
들의 따뜻한 격려 또한 큰 울림이었다. 이 모든 분께 다시 한번 머리 숙여
깊이 고마움의 인사를 드린다.

매미가 울던
계양산 산그늘 아래

2025년 어느 여름
사유진

꿈과 현실의 미로 속으로

#1 〈멀홀랜드 드라이브〉, 끝나지 않는 질문

데이비드 린치 감독의 2001년 작 〈멀홀랜드 드라이브〉는 단순한 영화의 범주를 훌쩍 뛰어넘어, 개봉 이후 평단과 대중으로부터 끝없는 논쟁과 열띤 찬사를 동시에 불러일으킨 현대 영화사의 진정한 걸작으로 자리 잡았다. 이 작품은 제54회 칸 영화제에서 린치 감독에게 감독상을 안겨주었으며, 아카데미 감독상 후보에 오르는 등 화려한 성과를 거두었다. 2016년, 이 영화는 BBC가 선정한 21세기 100대 영화 중 최고의 작품으로 선정되기도 했다.[7]

그러나 그 명성만큼이나 난해하고 파격적인 서사로 수많은 해석과 논쟁을 낳으며 오늘날까지도 신비로운 매력을 간직하고 있다.

이 영화의 탄생 배경은 상당히 흥미롭다. 원래 〈멀홀랜드 드라이브〉는 1999년 미국 ABC 방송국의 TV 시리즈 파일럿으로 기획되었다. 린치 감독

---

[7] 2위 - <화양연화>(왕가위, 2000), 3위 - <데어 윌 비 블러드>(폴 토마스 앤더슨, 2008), 4위 - <센과 치히로의 행방불명>(미야자키 하야오, 2002), 30위 - <올드보이>(박찬욱, 2003), 66위 - <봄 여름 가을 겨울 그리고 봄>(김기덕, 2003)으로 선정됐다.

은 할리우드의 어두운 이면과 꿈의 논리를 탐구하는 미스터리 드라마를 구상했으나, ABC 방송국은 파일럿 에피소드의 난해함과 기존의 서사 구조에서 벗어난 전개 방식에 난색을 표하며 방영을 거부했다. 결과적으로 프로젝트는 한동안 표류하게 되었다.

그러나 프랑스의 제작사 스튜디오카날(StudioCanal)이 이 프로젝트의 잠재력을 알아보고 약 700만 달러의 추가 제작비를 투자하면서 상황은 180도 뒤바뀌었다. 린치 감독은 이 기회를 통해 기존에 촬영된 파일럿 분량을 재편집하고, 새로운 장면들을 추가 촬영하여 극장용 장편 영화로 완성할 수 있었다. 이 과정에서 그는 방송국의 제약에서 벗어나 자신의 예술적 비전을 온전히 구현할 수 있었고, 결과적으로 독특하고 파격적인 서사 구조를 완성할 수 있게 되었다.

영화는 할리우드에서 성공을 꿈꾸는 순수하고 낙천적인 배우 지망생 베티 엘름스(나오미 왓츠)가 LA에 첫발을 내딛는 장면으로 막을 연다. 그녀는 이모 루스의 빈 아파트에 머물면서 우연히 교통사고로 기억을 잃은 채 숨어든 신비롭고 매혹적인 여인 리타(로라 해링)와 마주하게 된다. 리타는 자신의 정체조차 알 수 없는 상태로, 오직 〈멀홀랜드 드라이브〉에서 발생한 교통사고의 흔적만이 그녀의 과거를 어렴풋이 암시할 뿐이다. 베티는 리타의 잃어버린 기억을 되찾아주기 위해 자발적으로 탐정 역할을 자처하고, 두 여인의 기묘한 동거는 점차 깊은 우정과 동지애, 그리고 미묘한 로맨스로 발전해 나간다.

영화의 전반부는 마치 꿈결 같은 비현실적인 사건들로 가득 차 있다. 베티는 오디션에서 놀라운 연기력을 선보이며 감독의 극찬을 받고, 리타는 잃어버린 기억의 단편들을 추적하며 정체불명의 파란 상자와 열쇠를 둘러싼 미스터리를 파헤친다. 이 과정에서 관객은 할리우드의 화려한 이면에 숨겨진 기이하고 어두운 인물들(마피아, 이상한 감독, 카우보이, 그리고 꿈속에서 아파트의 매니저로 등장하는 코코)를 만나게 된다. 린치 감독은 불안하고 몽환적인 음악, 초현실적인 이미지, 그리고 예측 불가능한 사건들을 교차시키며 관객을 점차 혼돈의 미로 속으로 유인한다. 모든 것이 완벽하게 맞아떨어지는 듯하면서도 어딘가 불편하고 섬뜩한 기운이 감도는 이 세계는 관객에게 '지금 내가 보고 있는 것이 과연 현실인가?'라는 근본적인 의문을 제기한다.

그러나 영화는 중반부에 이르러 이 모든 서사를 뒤집는 충격적인 반전을 통해 관객을 깊은 혼란과 충격의 늪으로 빠뜨린다. 이전까지의 모든 이야기가 환상이었음을 암시하는 듯한 급작스러운 전환은 등장인물들의 이름과 관계, 그리고 영화의 분위기를 완전히 뒤바꿔 놓는다. 순진했던 베티는 좌절감에 찌든 다이앤 셀윈으로, 신비로웠던 리타는 도도하고 성공한 배우 카밀라 로즈로 변모한다. 꿈같았던 할리우드의 성공은 잔인한 현실의 실패로, 아름다웠던 로맨스는 질투와 증오로 얼룩진 파국으로 치닫는다. 이 극적인 전환은 관객이 영화를 이해하는 방식 자체를 흔들어 놓으며, 린치 감독 특유의 예측 불가능하고 파격적인 연출의 정수를 보여준다. 특히, 현실 파트에서 아담 케셔 감독의 어머니로 등장하는 인물은 꿈 파트에서 집주인 코코를 연기했던 배우 앤 밀러이다. 이러한 캐스팅의 중첩은 영화의 꿈/현실 경계를 더욱 모호하게 만들며, 린치 감독이 의도한 혼돈과 다층적인 의미를 강화한다.

드라이브의 칼날

이처럼 〈멀홀랜드 드라이브〉는 하나의 명확한 줄거리나 해석으로 귀결되지 않고, 오히려 수많은 이론과 논쟁을 끊임없이 재생산하는 '끝나지 않는 질문'으로 남아 있다. 이는 린치 감독이 의도적으로 영화의 의미를 '해석'하기보다 '경험'하도록 유도하는 방식에서 비롯된다. 사실 데이비드 린치 감독은 이 영화의 의도나 숨겨진 의미에 대해 직접적인 설명을 피하기로 유명하다. 그는 관객 각자가 영화를 통해 자신만의 해석을 혹은 발견하기를 바라며, 영화가 제시하는 이미지와 분위기 자체를 온전히 경험하도록 독려한다.

영화는 관객에게 특정 메시지를 강요하는 대신, 파편화된 이미지와 비선형적인 서사를 통해 무의식과 꿈의 논리를 직접 체험하게 함으로써, 단순한 이야기가 아닌 하나의 '체험'으로서 관객의 기억에 깊이 새겨진다. 이러한 특성 때문에 〈멀홀랜드 드라이브〉는 영화 예술의 경계를 확장하고, 영화가 관객에게 던질 수 있는 질문의 깊이를 새롭게 제시하는 기념비적인 작품으로 평가받고 있다.

#2 왜 철학으로 〈멀홀랜드 드라이브〉를 읽어야 하는가?

영화는 단순한 시각적 즐거움이나 이야기 전달의 매체를 넘어, 인간의 존재, 의식, 무의식, 그리고 현실의 본질에 대한 심오한 질문을 제기하는 강력한 예술 형식이다. 특히 데이비드 린치 감독의 〈멀홀랜드 드라이브〉와 같이 의도적으로 모호하고 다층적인 서사를 지닌 작품은 철학적 사유의 탁월한 대상이 된다. 특히 영화를 철학적 관점에서 분석하는 것이 단순한 영화 비평을 넘어선 심층적 의미를 지니며, 독자들에게 새로운 통찰을 제공할 수 있음을 강조한다.

일반적인 영화 비평은 주로 서사 구조, 캐릭터 분석, 미장센, 연출 기법, 장르적 특성 등을 다룬다. 물론 이러한 분석도 영화 이해에 중요한 요소다. 그러나 〈멀홀랜드 드라이브〉와 같이 표면적 줄거리로는 설명되지 않는 깊이와 혼란을 지닌 작품 앞에서는 그 한계가 여실히 드러난다. 영화의 파편적 이미지, 예측 불가능한 전개, 그리고 꿈과 현실의 경계 흐림은 관객에게 명확한 '정답'을 제시하기보다, 오히려 근본적인 질문들을 촉발한다. 우리가 경험하는 모든 것의 근원적 실재는 무엇이며, 그 안에 숨겨진 진리는 어떤 모습을 하고 있는가? 바로 이 지점에서 철학적 접근이 빛을 발하게 된다.

철학은 인간과 세계에 대한 근본적인 질문을 탐구하는 학문이다. 존재란 무엇인가, 우리는 무엇을 알 수 있는가, 인간의 욕망과 무의식은 어떻게 작동하는가 등, 철학적 질문들은 〈멀홀랜드 드라이브〉가 던지는 혼란스러운 메시지들을 해독하고 구조화하는 데 핵심적인 열쇠를 제공한다. 시대별로 철학적 개념과 사유 방식이 다르게 발전해 왔음에도, 대상을 개념적으로 사유하고 탐구하는 철학의 본질은 여전히 유효하며, 이는 시대를 초월하여 예술 작품을 이해하는 강력한 도구가 된다. 영화의 표면적 의미를 넘어 숨겨진 상징과 테마, 그리고 인간 본연의 문제들을 탐구하기 위해 철학적 개념들은 다음과 같이 구체적인 예시와 함께 활용될 수 있다.

현실과 환상의 경계 해체

영화는 현실과 환상 사이의 경계를 끊임없이 무너뜨리며, 관객을 혼란의 늪으로 빠트린다. 베티의 몽환적인 할리우드 성공담이 갑작스럽게 다이앤의 참혹한 현실로 전환되는 순간, 우리는 데카르트의 '꿈의 논증'과 플라톤의 '동굴의 우화'를 불현듯 떠올리게 된다. "지금 내가 경험하는 것이 과연 진실인가, 아니면 단순히 생생한 환상에 불과한가?"라는 데카르트의 근본적인 질문은 영화의 핵심 주제와 정확히 일치하며, 플라톤의 우화는 우리가 보는 것이 실재의 희미한 그림자일 수 있다는 가능성을 제시함으로써 영화의 복합적인 현실성을 이해하는 데 중요한 통찰을 제공한다.

자아와 정체성의 분열

베티와 다이앤, 리타와 카밀라로 분절되는 인물들의 정체성은 프로이트의 '무의식' 개념을 통해 더욱 깊이 있게 분석될 수 있다. 다이앤의 억압된 욕망과 깊은 죄책감이 꿈속에서 어떻게 왜곡되고 투영되는지, 그리고 들뢰즈의 욕망-기계의 관점에서 인물들이 자신의 어두운 내면을 직면하지 못할 때 어떤 비극적 결과가 초래되는지를 탐구함으로써, 영화가 드러내는 자아의 혼란과 파괴를 더욱 섬세하게 이해할 수 있다. 또한, 라캉의 드라이브(drive)와 상징계는 서로 반대되는 역할을 한다. 상징계는 사회와 언어가 만든 엄격한 질서로 자아를 형성하고 안정시키지만, 드라이브는 무의식 속 반복되는 욕망으로 그 질서를 흔들고 환상적 자아를 무너뜨린다. 이 두 개념은 환상적 자아가 붕괴하는 과정을 이해하는 데 효과적이다.

욕망과 권력의 역학

할리우드는 욕망과 권력이 첨예하게 충돌하는 독특한 공간이다. 감독의 캐스팅 권력, 마피아의 영향력, 그리고 인물들 사이에 암묵적 질투와 소유욕은 라캉의 '응시(Gaze)' 개념과 깊이 연결된다. 타인의 시선과 욕망이 개인의 정체성을 어떻게 형성하고 파괴하는지, 그리고 영화 속 카메라의 시선이 관객의 무의식에 미치는 영향을 철학적으로 분석함으로써, 영화가 단순한 개인의 비극을 넘어 더 깊은 사회적, 심리적 의미를 지니고 있음을 밝혀낼 수 있다.

이러한 철학적 접근은 〈멀홀랜드 드라이브〉를 평범한 시각적 서사에서 인간과 세계에 대한 심오한 사유의 장으로 확장한다. 만약 이 영화를 시대별, 철학자별로 다각도로 해석한다면, 독자들은 영화가 품고 있는 복잡한 개념들을 더욱 명확하게 이해할 수 있을 것이다. 이는 영화의 난해함과 모호함의 경계를 넘어, 데이비드 린치 감독이 작품을 통해 궁극적으로 전달하고자 했던 의도와 메시지에 더욱 가까이 다가갈 수 있는 핵심적인 방법론이 될 것이다.

이 책은 독자들이 영화의 미로 같은 복잡성 속에서 방향을 잃지 않고, 오히려 그 혼돈 속에서 새로운 의미와 통찰을 발견할 수 있도록 안내하는 나침반 역할을 할 것이다. 영화가 제기하는 질문들에 철학적 개념을 접목함으로써, 독자들은 영화의 깊이를 더욱 풍부하게 경험하고, 나아가 자신을 둘러싼 세계와 자아에 대한 혁신적인 시각을 얻을 수 있을 것이다. 이는 단순한 영화 감상을 넘어 지적 탐구의 뜻깊은 여정이 될 것이다.

#3 이 책에서 만날 철학자들

이 책은 〈멀홀랜드 드라이브〉의 "관능적인 주마등"[8]을 탐험하기 위해, 인류의 위대한 사상가들이 남긴 철학적 개념들을 나침반 삼아 나갈 것이다. 각 철학자의 심오한 통찰은 영화의 특정 측면을 조명하는 사유의 빛으로, 독자들로 하여금 앞으로 전개될 깊이 있는 분석에 대한 기대를 불러일으킬 것이다.

파르메니데스의 '변치 않는 존재' 개념을 통해 영화 속 혼란스러운 환상들 속에서도 결국 다이앤의 비극적인 현실이라는 하나의 불변하는 진실이 어떻게 존재하는지 들여다볼 것이다.

프로이트의 '꿈의 해석'을 바탕으로 다이앤의 꿈 세계가 어떻게 그녀의 억압된 욕망과 죄책감을 위장된 형태로 드러내는지, 그리고 꿈이 현실의 고통으로부터 자아를 보호하려는 무의식적 시도임을 탐구할 것이다.

플라톤의 '이데아론'과 '동굴의 우화'를 통해 영화 속 베티의 환상적인 세계가 다이앤의 현실이라는 '진정한 실재'(이데아)의 불완전한 그림자에 불과하다는 점을 명확히 밝힐 것이다.

8   J. 호버만(영화 비평가).

자크 라캉의 '시선'과 '욕망' 그리고 '드라이브' 분석은 할리우드라는 공간에서 인물들이 서로를 어떻게 욕망하고, 타인의 시선 속에서 자신의 정체성을 어떻게 형성하거나 상실하는지 들여다보는 데 도움을 줄 것이다.

니체의 '삶의 의지'와 '권력에의 의지'를 통해 다이앤이 겪는 좌절과 파멸이 단순한 개인의 비극을 넘어, 인간의 맹목적인 욕망이 어떻게 고통으로 이어지는지, 혹은 그 고통을 어떻게 긍정할 수 있는지 성찰할 기회를 제공할 것이다.

끝으로, 필자는 〈멀홀랜드 드라이브〉에 대한 개인적인 해석을 현재 연구 중인 '환원의 철학'으로 대체했다. 이 철학은 아직 미완의 테제(these)이지만, 독자들과 교감하고자 부족한 글임에도 게재했다.

각 철학자의 핵심 사상이 〈멀홀랜드 드라이브〉의 복잡한 서사와 어떻게 긴밀하게 연결되는지를 미리 살펴봄으로써, 독자 여러분은 앞으로 펼쳐질 지적 탐구의 여정에 더욱 깊이 몰입할 수 있을 것이다.

고대와 중세

David ——————————— 드라이브의 칼날 ——————————— Lynch

1

고대 그리스 철학의 태동

존재와 변화의 근원

☪ 파르메니데스: 존재의 불변성, 진리의 길

파르메니데스(Parmenides, 기원전 515년경 ~ ?)는 소크라테스 이전 철학자들 중 가장 중요한 인물로 손꼽히는 고대 그리스 엘레아 학파의 철학자이다. 그는 감각적으로 경험하는 세계의 변화와 다양성을 부정하고, 오직 이성을 통해서만 파악할 수 있는 불변하고 영원한 '존재(Being)'만이 진정한 실재라고 주장했다. 그의 이러한 사상은 서양 형이상학의 근간을 마련했으며, 플라톤, 아리스토텔레스와 같은 후대 철학자들에게 지대한 영향을 끼쳤다.

⌛ 생애 요약

파르메니데스는 기원전 515년경 이탈리아 남부의 그리스 식민 도시 엘레아에서 출생했다. 엘레아 학파의 창시자로 알려진 그는 헤라클레이토스의 '만물은 끊임없이 변한다.'라는 변화론에 정면으로 맞서 '존재는 불변한다.'라는 독창적인 주장을 펼쳤다. 그의 철학은 주로 『자연에 대하여(On Nature)』라는 서사시 형태로 전해지는데, 이 시는 '진리의 길'과 '억견(臆見)의 길'로 구분된다. 비록 파르메니데스의 생애에 대한 상세한 기록은 많지 않지만, 그의 사상은 당대를 넘어 후대에 걸쳐 서양 철학의 근본적인 문제의식을 형성하는 데 결정적인 역할을 수행했다.

🔑 핵심 사상(기본 개념)

파르메니데스의 철학은 존재와 비존재에 대한 심도 있는 이성적 고찰을 통해 전개되며, 감각적 경험의 한계를 명확히 지적한다.

진리의 길(The Way of Truth)

『자연에 대하여』의 첫 번째 부분은 오직 순수한 이성적 사유를 통해서만 도달할 수 있는 참된 지식의 영역이다. 이 길은 "존재하는 것은 존재하고, 존재하지 않는 것은 존재하지 않는다."라는 근본적인 명제에서 출발한다. 여기서 '존재하는 것'은 존재자(Being)를 의미하며, '존재하지 않는 것'은 생각하거나 말할 수도 없는 '무(無)'를 뜻한다. 이 명제는 파르메니데스 철학의 모든 주장을 뒷받침하는 핵심이다. 만약 '존재하지 않는 것'이 어떠한 방식으로든 존재하거나 인식될 수 있다면, '존재하는 것'과 '존재하지 않는 것'의 구분이 모호해져 진리를 논할 수 없기 때문이다.

불생불멸(Uncreated and Imperishable): '존재하지 않는 것'으로부터 '존재하는 것'이 생겨날 수 없으며, '존재하는 것'이 '존재하지 않는 것'으로 소멸할 수도 없다. 존재는 영원히 스스로 존재할 뿐, 시작도 끝도 없다.

완전무결(Whole and Complete): 존재에게 '결핍'이나 '불완전함'은 곧 '있지

 드라이브의 칼날

않음'을 의미한다. 그러나 '존재하지 않는 것'은 존재할 수 없으므로, 존재는 어떤 결핍이나 불완전함도 없이 모든 것을 갖춘 절대적 상태이다.

부동(Unmoving): 변화는 한 상태에서 다른 상태로의 이행을 의미한다. 만약 존재가 변한다면, 그것은 '지금 여기 없던 것'이 '지금 여기 있게 되거나', '지금 여기 있던 것'이 '지금 여기 없게 되는 것'을 전제로 한다. 이는 '존재하지 않는 것은 존재하지 않는다'는 명제와 모순되므로, 존재는 본질적으로 움직이거나 변하지 않는다.

불가분(Indivisible): 존재가 나뉘려면 그 분할된 부분들 사이에 '비어 있는 것', 즉 '있지 않음(공백)'이 있어야 한다. 하지만 '존재하지 않는 것'은 있을 수 없으므로, 존재는 어떤 방식으로도 분할될 수 없는 완전한 통일체이다.

완전한 구체(Perfect Sphere): 존재가 모든 방향에서 동일하고 균질하며, 외부로 벗어날 틈 없이 완벽하게 채워져 있다는 앞선 특성들을 시각적으로 비유한 것이다. 이는 존재가 어느 한쪽으로 치우침 없이 완벽하게 완성된 상태임을 나타낸다.

진리를 탐구하기 위해서는 논리적으로 변하지 않는 '하나'를 상정해야 된다는 파르메니데스의 주장은, 이후 플라톤의 이데아론으로 구체화된다.

억견의 길(The Way of Opinion)

『자연에 대하여』의 두 번째 부분으로, 감각적 경험과 인간의 일반적인 인식에 기반한 지식의 영역이다. 이 길은 "그것은 있지 않다, 있지 않는 것은 필연, 없는 것은 알 수도 표현할 수도 없는 것이다."라는 명제를 포함한다.

파르메니데스는 감각이 우리에게 보여주는 변화, 운동, 생성, 소멸, 다양성이 사실은 비존재에 대한 환상일 뿐이며, 참된 존재와는 무관하다고 보았다. 즉, 감각적 경험은 본질적으로 오류와 착각에 쉽게 빠질 수 있다는 것이다.

사유와 존재의 동일성(Identity of Thought and Being)

파르메니데스는 "사유란 존재와 동일한 것이다. 그것은 사유하는 것과 있는 것은 동일하기 때문이다."라고 심오하게 주장했다. 이는 우리가 사유할 수 있는 대상은 오직 존재뿐이며, 비존재는 사유나 표현의 영역 밖에 있다는 의미이다. 참된 사유는 오직 참된 존재만을 온전히 파악할 수 있다.

변화의 부정

헤라클레이토스가 '만물은 유전한다.'라고 주장하며 변화를 존재의 본질로 본 것과 달리, 파르메니데스는 변화를 철저히 부정했다. 변화는 존재가 비존재로 전환되거나, 비존재가 존재로 변모하는 것을 의미하는데, 이는 논리적으로 불가능하다고 보았다. 따라서 우리가 경험하는 모든 변화는 감각의 착각일 뿐이라는 것이다.

Mulholland Dr 영화 속 적용

파르메니데스의 관점에서 본 <멀홀랜드 드라이브> 해석

파르메니데스의 존재론적 관점은 이 영화 속 현실과 환상의 경계, 그리고 진리의 본질을 이해하는 데 깊이 있는 통찰을 제공할 수 있다.

'억견의 길'로서의 베티의 꿈

영화의 전반부에 나타나는 베티와 리타의 이상화된 할리우드 이야기는 파르메니데스가 말하는 '억견의 길'을 명확하게 드러낸다. 이 세계는 다이앤의 욕망과 감각적 인상에 의해 구성된 환상으로, 끊임없이 변화하는(기억 상실, 미스터리 해결, 오디션 성공 등) 다양성을 보여준다. 파르메니데스의 관점에서 이러한 세계는 진정으로 '있는 것'이 아니라, '있지 않은 것'에 대한 믿음에서 비롯된 허상일 뿐이다. 이는 감각에 의존한 경험이 우리를 진리로부터 멀어지게 하는 '억견'에 불과함을 웅변적으로 보여준다.

'진리의 길'로의 강제된 회귀

영화의 후반부, 파란 상자가 열리고 다이앤의 비참한 현실이 드러나는 순간은, '억견의 길'에서 벗어나 '진리의 길'로 강제적으로 회귀하는 과정으로 해석될 수 있다. 다이앤의 실패, 카밀라의 배신, 그리고 살인 교사라는 죄책감은 그녀가 아무리 꿈속에서 부정하려 해도 사라지지 않는, 불변하고 피할 수 없는 '존재'의 사실들이다. 이러한 사실들은 '그것은 있다, 그것은 있지 않을 수 없다.'라는 파르메니데스의 존재 명제처럼, 다이앤의 의지와 상관없이 엄연히 존재하는 '진리'이다. 꿈속의 변화무쌍한 환상들은 결국 이 불변하는 현실이라는 존재에 의해 압도되고 해체된다.

사유와 존재의 불일치에서 오는 비극

파르메니데스에게 참된 사유는 오직 존재만을 파악할 수 있다. 다이앤은 자신의 고통스러운 현실('존재')을 사유하고 받아들이기보다, 자신의 욕망이 만들어낸 환상('비존재' 또는 '억견')을 사유하려 한다. 이러한 사유와 존재의 불일치가 그녀의 정신적 혼란과 비극을 초래한다. 그녀는 '있는 것'을 '있는 것'으로 사유하지 못하고, '있지 않은 것'을 '있는 것'으로 착각함으로써 결국 파멸에 이르게 된다. 영화는 인간이 감각적 환상과 주관적인 의견에 사로잡힐 때, 진정한 존재와 사유의 연결이 단절되어 어떤 비극이 발생하는지를 심오하게 보여준다.

변화의 부정과 현실의 고정성

파르메니데스는 모든 변화를 부정하고 '존재는 변하지 않는다.'라고 보았다. 〈멀홀랜드 드라이브〉에서 다이앤의 꿈속 세계는 끊임없이 변화하고 움직이지만, 결국 그녀의 현실은 변하지 않는 냉혹한 사실들(실패, 배신, 죄책감)로 고정되어 있다. 꿈속에서 아무리 새로운 관계와 성공을 만들어내려 해도, 현실의 다이앤이 처한 근본적인 상황은 변하지 않는다. 영화는 이러한 변하지 않는 '존재'의 강고함을 보여주며, 인간이 아무리 변화를 갈망해도 피할 수 없는 존재의 본질이 있음을 강렬하게 암시한다.

Point of View

파르메니데스의 철학적 사유는 서양 철학의 논리적 추론과 형이상학적 탐구에 깊고 광범위한 영향을 끼쳤으며, '존재'의 본질에 대한 근본적인 질문을 제기한 획기적인 사상적 전환점이 되었다. 철학다운 철학이 본격적으로 시작된 것은 바로 파르메니데스에서부터라고까지 말하게 되었다.

드라이브의 칼날

헤라클레이토스: 만물은 유전한다, 대립의 조화

헤라클레이토스(Heraclitus, 기원전 535년경 ~ 기원전 475년경)는 고대 그리스의 이오니아 학파 철학자로, '어두운 철학자' 또는 '수수께끼 같은 사람'으로 불릴 만큼 난해하고 상징적인 언어로 자신의 사상을 표현했다. 그는 '존재는 불변한다'고 주장한 파르메니데스와 대립하며, '만물은 흐른다(Panta Rhei)'는 변화의 철학을 제시했다. 그에게 모든 것은 끊임없이 변화하고 생성되며, 이러한 변화 속에서 대립하는 것들이 조화를 이루는 '로고스(Logos)'가 존재의 본질이라고 보았다.

생애 요약

헤라클레이토스는 기원전 535년경 소아시아의 에페소스에서 귀족 가문의 자손으로 태어났다. 그는 독학을 통해 학문을 탐구했다고 알려져 있으며, 당시의 민주주의적 경향을 비판하고 대중을 무지하다고 여겨 은둔적인 삶을 살았다. 그의 사상은 단편적인 격언(aphorism) 형태로 전해지는데, 이는 그의 사유가 체계적인 논문보다는 직관적이고 깊은 통찰을 담고 있음을 보여준다. 그는 자신의 철학을 대중에게 설명하려 하지 않았고, 오히려 "많은 것을 아는 것이 진정한 지혜는 아니다."라고 말하며 당시 지식인들을 비판했다. 그의 정확한 사망 시기는 명확하지 않지만, 대략 기원전 475년경에 생을 마감한 것으로 추정된다.

핵심 사상(기본 개념)

헤라클레이토스의 철학은 모든 것의 근원인 '불'을 통해 끊임없는 변화와 대립하는 것들의 조화를 설명한다.

만물은 유전한다(Panta Rhei)

헤라클레이토스의 가장 유명한 명제로, "같은 강물에 두 번 발을 담글 수 없다"는 비유로 설명된다. 이는 강물이 끊임없이 흐르듯이, 세상의 모든 것이 쉬지 않고 변화하며, 어떤 것도 고정된 상태에 머물지 않는다는 의미이다. 심지어 강물에 발을 담그는 '나' 자신도 끊임없이 변화하므로, 두 번째 발을 담그는 '나'는 첫 번째 '나'와 완전히 다르다. 변화 그 자체가 존재의 본질인 것이다.

불(Fire)의 원리

헤라클레이토스는 불을 만물의 근원적 원질이자 변화의 상징으로 보았다. 불은 끊임없이 타오르고 변화하며, 모든 것을 생성하고 소멸시킨다. "모든 것은 불로 구성되어 있고 불로 다시 분해된다"고 말하며, 불의 희박과 농축을 통해 모든 것이 이루어진다고 설명했다. 불은 정지하지 않는 변화의 원리이자, 대립하는 것들을 통합하는 동적인 힘을 상징한다.

로고스(Logos)

끊임없이 변화하는 세계 속에서도 일정한 질서와 법칙이 존재하는데, 헤라클레이토스는 이를 '로고스'라고 불렀다. 로고스는 만물을 지배하는 보편적인 이성이자 법칙이며, 대립하는 것들이 조화를 이루는 원리이다. 인간은 이성적 사유를 통해 이 로고스를 깨달을 수 있지만, 대부분의 사람들은 감

   드라이브의 칼날

각적 경험에만 의존해 로고스의 본질을 제대로 인식하지 못한다고 보았다.

대립의 조화(Unity of Opposites)

헤라클레이토스는 세계가 대립하는 것들의 투쟁과 조화를 통해 유지된다고 보았다. "전쟁은 만물의 아버지이며, 만물의 왕이다."라고 말하며, 대립과 갈등이야말로 변화를 추동하고 새로운 것을 생성하는 원리라고 주장했다. 예를 들어, 낮과 밤, 삶과 죽음, 선과 악, 차가움과 뜨거움 등은 서로 대립하지만, 동시에 서로를 존재하게 하는 필수적인 요소이며, 이들의 끊임없는 상호작용 속에서 세계의 균형과 질서가 유지된다는 것이다.

보이지 않는 조화(Invisible Harmony)

대립하는 것들의 조화는 종종 겉으로 드러나지 않고 은밀한 방식으로 작동한다. 활의 경우, 당기는 힘과 활시위의 탄성이라는 대립하는 힘이 조화를 이루어야 화살을 쏠 수 있듯이, 세계의 진정한 조화는 표면적으로 보이는 것보다 훨씬 더 깊은 곳에 숨겨져 있다는 것이다.

Mutholland Dr 영화 속 적용

헤라클레이토스의 관점에서 본 <멀홀랜드 드라이브> 해석

헤라클레이토스의 변화와 대립의 철학은 이 영화의 비선형적이고 모호한 서사를 이해하는 데 독특한 통찰을 제공할 수 있다.

'만물은 유전한다'는 정체성의 불안정성

영화 속 다이앤의 정체성은 끊임없이 흐르고 변화한다. 그녀는 다이앤에서 베티로, 다시 다이앤으로 바뀌며, 심지어 카밀라와 리타의 정체성마저 모호하게 뒤섞인다. 헤라클레이토스라면 "같은 강물에 두 번 발을 담글 수 없듯이, 같은 다이앤에게 두 번 말을 걸 수 없다."라고 말할 것이다. 다이앤의 정체성은 고정된 실체가 아니라, 욕망, 좌절, 꿈, 현실이라는 끊임없이 흐르는 경험의 물결 속에서 매 순간 재구성되는 것이다.

'대립의 조화'로서의 꿈과 현실

영화의 핵심은 '꿈(환상)'과 '현실'이라는 두 대립하는 세계가 끊임없이 충돌하면서 조화를 이루는 방식이다. 다이앤의 꿈속 세계는 그녀의 욕망과 이상을 투영하고, 현실 세계는 그녀의 실패와 좌절을 드러낸다. 이 두 세계는 서로 극단적으로 대립하면서도, 동시에 서로의 존재와 의미를 규정한다. 꿈이 없었다면 현실의 고통이 그토록 절실하게 다가오지 않았을 것이고, 현실의 아픔이 없었다면 꿈이라는 도피처도 필요 없었을 것이다. 헤라클레이토스에게 이 대립은 단순한 충돌이 아니라, 영화의 서사를 이끄는 숨겨진 조화(로고스)를 형성한다.

'전쟁은 만물의 아버지'로서의 갈등과 파멸

영화 속 갈등(다이앤의 질투, 카밀라의 배신, 청부 살인)은 단순한 사건이 아니라, 다이앤의 삶을 변화시키고 새로운 국면으로 추동하는 '전쟁'과 같다. 이 '전쟁'은 다이앤의 내면과 외부 세계 모두에서 끊임없이 발생하며, 그녀의 정체

  드라이브의 칼날

성을 해체하고 궁극적으로 파멸로 이끈다. 헤라클레이토스라면 이 파멸조차도 '변화'의 필연적인 한 과정이자, 대립하는 힘들의 충돌이 낳은 결과로 보았을 것이다.

'불'의 원리로서의 욕망과 파괴

다이앤의 불타는 듯한 욕망(성공, 사랑)과 그 욕망이 좌절될 때 발생하는 분노, 질투는 헤라클레이토스의 '불'의 원리와 유사하다. 이 감정들은 끊임없이 다이앤의 내면을 태우고, 그녀의 삶을 생성(꿈속 세계 창조)하고 동시에 소멸(현실 파괴, 자살)시키는 동적인 힘으로 작용한다. 이 '불'과 같은 욕망은 모든 것을 변화시키고, 결국 다이앤의 삶을 재로 만들어 버린다.

'로고스'의 인식 실패

다이앤은 자신의 삶을 지배하는 '로고스', 즉 변화와 대립의 필연적인 법칙을 깨닫지 못한다. 그녀는 자신의 삶이 끊임없이 변화하고, 대립하는 힘들의 조화 속에서 형성된다는 것을 인지하지 못한 채 고정된 행복이나 성공을 추구한다. 결국 그녀는 변화의 흐름 속에서 길을 잃고, 대립하는 힘들의 충돌 속에서 파멸한다. 영화는 로고스를 인식하지 못하는 인간이 겪는 비극을 보여주는 것으로 해석할 수 있다.

Point of View

헤라클레이토스의 철학은 파르메니데스의 정적이고 불변하는 존재론과 정면으로 맞서며, 서양 철학의 근본적인 질문의 틀을 마련했다. 그의 사상은 이후 플라톤, 헤겔 등 수많은 철학자들에게 깊은 영향을 끼쳤다. 특히, 세계를 대립과 통일의 조화로 이해한다는 점에서 헤겔의 변증법의 원형을 보여준다고 평가받기도 한다.

Beyond the Scene

철학자	핵심 개념	영화와의 연결점	독자를 위한 한 줄 요약
파르메니데스	존재의 불변성, 변화의 허상	다이앤의 실제 상황(실패, 질투, 살인 계획)은 영화의 불변하는 '참된 존재'이며, 베티의 성공 환상은 그 진실을 감추는 허상이다.	다이앤의 비참한 현실은 변치 않는 진실이며, 베티의 꿈은 그 진실을 가리려는 허상일 뿐이다.
헤라클레이토스	만물유전, 대립의 조화	베티/다이앤, 리타/카밀라로 끊임없이 변하는 인물들의 정체성과 꿈과 현실의 유동적인 경계는 세상 만물이 흘러가는 '로고스'적 흐름이다.	영화 속 인물(베티/다이앤)과 현실은 강물처럼 끊임없이 변하며, 꿈과 현실은 대립하면서도 함께 흐른다.

#2

고대 그리스 철학의 완성

이데아와 현실

⚭ 플라톤: 이데아론과 이상 국가, 진리의 탐구

플라톤(Plato, 기원전 428/427년 ~ 기원전 348/347년)은 고대 그리스 아테네 출신의 철학자로, 소크라테스의 제자이자 아리스토텔레스의 스승이다. 서양 철학사에서 가장 큰 영향을 미친 인물 중 한 명으로 평가받으며, 그의 사상은 인식론, 형이상학, 윤리학, 정치 철학, 미학 등 철학의 거의 모든 분야에 광범위한 영향을 끼쳤다. 특히 '이데아론'과 '이상 국가론'은 그의 철학의 핵심을 이룬다.

⧖ 생애 요약

플라톤은 기원전 428/427년경 아테네의 유력 귀족 가문에서 태어났다. 젊은 시절 정치에 깊은 관심을 가졌으나, 스승 소크라테스가 불공정한 재판으로 사형당하는 모습을 목격하고 큰 충격을 받았다. 이 사건은 그에게 현실 정치에 대한 불신을 안겨주었고, 동시에 이상적인 국가와 정의로운 사회를 철학적으로 탐구하는 계기가 되었다. 소크라테스 사후, 그는 여러

지역을 여행하며 당대의 다양한 사상을 접했고, 이탈리아 남부에서는 피타고라스 학파의 영향을 받기도 했다. 기원전 387년경 아테네로 돌아와 유럽 최초의 고등 교육 기관인 아카데미아(Academia)를 설립하여 후학들을 양성했다. 시라쿠사의 참주 디오니시오스 2세를 교육하여 이상적인 철인 정치를 실현하려 세 차례나 시도했으나, 결국 모든 시도는 실패로 돌아갔다. 플라톤은 대부분의 사상을 대화편(Dialogues) 형식으로 저술했으며, 소크라테스를 주요 등장인물로 내세워 철학적 논의를 전개했다. 그의 대표작으로는 『국가』, 『향연』, 『파이돈』, 『티마이오스』, 『법률』 등이 있다. 그는 기원전 348/347년경 아테네에서 생을 마감했다.

🔑 핵심 사상(기본 개념)

플라톤의 철학은 감각적 세계의 한계를 넘어 영원하고 불변하는 진리의 세계를 탐구하는 데 초점을 맞춘다.

이데아론(Theory of Forms/Ideas)

플라톤 철학의 가장 핵심적인 개념이다. 그는 우리가 감각으로 경험하는 현실 세계가 불완전하고 끊임없이 변화하는 것으로, 진정한 실재가 아니라고 보았다. 진정한 실재는 감각을 초월한, 영원하고 불변하며 완전한 '이데아(Idea)'의 세계에 존재한다고 주장했다. 예를 들어, 우리가 보는 모든 아름다운 대상들은 '아름다움의 이데아'를 불완전하게 반영한 것이며, 개별적인 원들은 '원의 이데아'를 모방한 것이다. 이데아는 모든 존재와 인식의 근본이며, 궁극적으로 '선(善)의 이데아'가 모든 이데아의 최상위에 있다.

동굴의 비유(Allegory of the Cave)

『국가』에 등장하는 유명한 비유로, 이데아론을 설명하는 데 사용된다. 동굴 속 죄수들은 벽에 비친 그림자만을 보고 그것이 전부라고 믿는다. 이 그림자는 감각적 현상 세계를, 동굴 밖의 태양과 실제 사물들은 이데아의 세계를 상징한다. 철학자는 동굴 밖으로 나가 진정한 빛과 실재를 본 사람이며, 다시 동굴로 돌아와 죄수들에게 진리를 알리려 하지만, 그들은 익숙한 그림자를 벗어나 진리 받아들이기를 거부한다. 이 비유는 감각적 세계의 환영과 이성적 진리의 중요성, 그리고 진리를 깨달은 자의 사회적 책임을 보여준다.

상기설(Theory of Recollection/Anamnesis)

플라톤은 지식이 경험을 통해 얻어지는 것이 아니라, 인간의 영혼이 육체에 갇히기 전에 이데아의 세계에서 이미 진리를 목격했으며, 학습이란 그 진리를 다시 '상기(想起)'하는 과정이라고 보았다. 즉, 진리는 선천적으로 우리에게 내재되어 있지만 망각된 상태이며, 감각적 경험은 단지 그 망각된 진리를 되살리는 계기에 불과하다는 것이다.

철인정치론(Philosopher-King) / 이상 국가론(Ideal State)

플라톤은 정의로운 국가를 건설하기 위해 '철인—왕(Philosopher-King)'이 통치해야 한다고 주장했다. 철인 왕은 감각적 욕망이나 명예를 추구하지 않고, 오직 이성을 통해 '선(善)의 이데아'를 인식하고 그에 따라 국가를 다스리는 자이다. 이상 국가는 영혼 삼분설에 따라 세 계급으로 나뉘며, 각 계급

이 자신의 덕을 발휘할 때 정의가 실현된다고 보았다.

통치자 계급: 이성(지혜)을 덕으로 삼는 철인—왕.

수호자 계급: 의지(용기)를 덕으로 삼는 군인.

생산자 계급: 욕망(절제)을 덕으로 삼는 농부, 장인.

영혼 삼분설(Tripartite Soul)

플라톤은 인간의 영혼을 이성(Reason), 의지(Spirit), 욕망(Appetite)의 세 부분으로 구분했다. 이성은 지혜를 추구하고, 의지는 용기를 발휘하며, 욕망은 식욕, 성욕 등 감각적 쾌락을 추구한다. 영혼의 각 부분이 고유의 덕을 발휘하고, 특히 이성이 의지와 욕망을 조율할 때 영혼의 조화, 즉 정의(Justice)가 실현된다고 보았다.

Mulholland Dr 영화 속 적용

플라톤의 관점에서 본 <멀홀랜드 드라이브> 해석

플라톤의 이데아론과 동굴의 비유는 이 영화의 현실과 환상의 경계, 그리고 진리의 문제를 이해하는 데 독특한 통찰을 제공한다.

'동굴의 비유'로서의 다이앤의 삶

영화 속 다이앤의 삶은 플라톤의 '동굴의 비유'와 유사하게 해석될 수 있다.

동굴 속 그림자(베티의 꿈): 영화 전반부에 펼쳐지는 베티의 꿈속 세계는 다이앤의 욕망과 좌절이 만들어낸 허상의 '그림자'로 볼 수 있다. 이 꿈은 다이앤이 열망하는 이상적인 모습(성공적인 배우, 사랑받는 존재)을 반영하지만, 이는 진정한 실재가 아닌 현실의 불완전한 모방이자 환상이다. 다이앤은 이 그림자에 갇혀 그것이 진리라고 믿으며 살아간다.

동굴 밖의 진리(고통스러운 현실): 파란 상자가 열리고 다이앤의 비참한 현실(실패한 배우, 버림받은 연인, 살인 교사라는 죄책감)이 드러나는 순간은, 죄수가 동굴 밖으로 나와 진정한 빛과 실재를 마주하는 고통스러운 과정에 비유될 수 있다. 이 현실은 다이앤이 외면하고 싶었던 불변하고 강고한 '진리'이다.

진리를 직시하지 못하는 비극: 하지만 다이앤은 동굴 밖의 빛(현실의 진실)을 직시하고 적응하기보다, 그 고통에 압도되어 다시 그림자(환상, 죄책감, 절망) 속으로 도피하거나 결국 자멸한다. 그녀는 진정한 '철학자'처럼 동굴 밖의 진리를 인내하고 받아들여야 했지만, 감각적 욕망과 고통에 굴복하여 진리에 도달하지 못하는 비극을 겪는다.

'이데아'와 '현상'의 혼란

다이앤의 꿈속 베티는 다이앤이 추구하는 '성공적인 배우'라는 이상적인 '이데아'를 반영한 '현상'으로 해석할 수 있다. 이 꿈속 세계는 다이앤의 욕망이 만들어낸 불완전한 '이데아'의 모방이다. 그러나 다이앤은 이 현상을 진정한 이데아로 착각하고 그것에 집착한다. 영화는 이데아와 현상의 구분이 모호해질 때 인간이 겪는 혼란과 비극을 드러낸다.

'상기설'의 왜곡된 발현

다이앤이 꿈속에서 베티라는 이상적인 자아를 만들어내는 것은, 그녀가 현실에서 얻지 못한 이상적인 본질을 '상기'하려 하지만, 이것이 진정한 '선(善)의 이데아'나 '아름다움(美)의 이데아'의 상기가 아니라 욕망과 좌절이 만들어낸 허상임을 보여준다. 그녀의 기억(과거의 경험)이 꿈속에서 재조합되어 나타나는 것은 상기설의 왜곡된 형태로 해석될 수 있다.

'영혼 삼분설'의 불균형과 파멸

다이앤의 영혼은 이성보다는 욕망(성공, 사랑)과 의지(질투, 분노)에 완전히 장악당한다. 그녀의 이성은 욕망과 의지를 제어하고 조절하는 데 완전히 실패하여, 오히려 욕망에 휩싸여 타인을 해치고 궁극적으로 자신을 파멸로 이끄는 비윤리적인 선택을 반복한다. 이는 플라톤이 일찌감치 경고했던 영혼의 불균형이 개인의 삶을 얼마나 근본적으로 파괴할 수 있는지를 생생하게 보여준다. 결국 그녀의 영혼은 진정한 정의의 상태에 도달하지 못하고, 끊임없는 혼란과 깊은 고통 속에서 무너져 내린다.

Point of View

플라톤의 사상은 서양 철학의 가장 근본적이고 핵심적인 질문들을 제기하며, 이후 수많은 철학적 담론과 사유에 결정적이고 지대한 영향을 미쳤다. 서양 철학의 아버지로 불리운다.

드라이브의 칼날

⚘ 아리스토텔레스: 형상-질료론, 목적론적 세계관

아리스토텔레스(Aristotle, 기원전 384년 ~ 기원전 322년)는 고대 그리스의 대표적인 철학자로, 플라톤의 제자이자 알렉산더 대왕의 스승으로 널리 알려져 있다. 그는 서양 철학사에서 가장 지대한 영향을 미친 인물 중 한 명으로 평가받으며, 그의 사상은 논리학, 형이상학, 윤리학, 정치학, 물리학, 생물학, 시학 등 철학의 거의 모든 분야에 걸쳐 획기적인 공헌을 했다. 특히 그의 형상-질료론, 네 가지 원인설, 목적론적 세계관, 그리고 중용의 윤리는 서양 사유의 근간을 이루는 핵심 사상으로 평가된다.

⧗ 생애 요약

아리스토텔레스는 기원전 384년 마케도니아의 스타게이라에서 왕실 주치의인 아버지 니코마코스 밑에서 출생했다. 17세에 아테네로 가서 플라톤의 아카데미아에 입학하여 약 20년간 스승의 가르침을 받으며 학문적 기반을 다졌다. 플라톤이 사망하자 아카데미아를 떠나 소아시아와 레스보스 섬 등지에서 깊이 있는 생물학 연구에 전념했다. 기원전 343년에는 마케도니아의 필리포스 2세의 초청으로 어린 알렉산더(훗날 알렉산더 대왕)의 개인 교사가 되어 약 3년간 그를 지도했다. 기원전 335년 아테네로 귀환하여 자신의 학원인 리케이온(Lyceum)을 설립하고 후학들을 양성했다. 그는 제자들과 함께 산책하며 강의했기 때문에 그의 학파를 '소요학파(Peripatetic school)'라고도 불렀다. 알렉산더 대왕이 사망한 후 아테네에 반마케도니아 정서가 고조되자, 그는 소크라테스와 같은 비극적 운명을 피하기 위해 아테네를 떠나 에우보이아 섬의 칼키스로 피신했고, 기원전 322년 그곳에서 생을 마감했다.

🔑 핵심 사상(기본 개념)

아리스토텔레스는 플라톤의 이데아론을 비판하며, 현실 세계에 대한 직접적인 관찰과 경험을 통해 존재의 본질을 파악하고자 했다.

형상-질료론(Hylomorphism)

아리스토텔레스는 모든 개별 사물이 형상(form)과 질료(matter)의 결합체라고 주장했다.

형상: 사물의 본질적 특성을 정의하는 요소로, 대상의 '무엇임'을 결정한다. 예를 들어, '집'의 개념이나 '인간'의 본질이 형상에 해당한다.

질료: 형상을 받아들일 수 있는 잠재적 재료를 의미한다. 벽돌이나 나무는 '집'이라는 형상을 구현할 수 있는 질료의 예시다. 변화는 질료가 특정 형상을 획득하는 과정, 즉 잠재성이 현실성으로 전환되는 과정으로 설명된다.

네 가지 원인(Four Causes)

아리스토텔레스는 사물의 존재 이유를 네 가지 원인을 통해 체계적으로 설명했다.

질료인(Material Cause): 사물을 구성하는 재료(예: 청동상의 경우 청동).

형상인(Formal Cause): 사물의 본질적 구조와 특성(예: 청동상의 모양과 형태).

운동인(Efficient Cause): 변화를 직접 유발하는 동력(예: 청동상을 제작한 조각가).

목적인(Final Cause): 사물이 존재하는 궁극적인 목적(예: 청동상의 기념적 의미).

그는 특히 목적인을 가장 중요하게 평가했다.

목적론(Teleology)

아리스토텔레스의 세계관은 근본적으로 목적론적이다. 그는 모든 존재가 고유한 목적(telos)을 지니며, 그 목적을 실현할 때 진정한 완성에 도달한다고 보았다. 인간의 궁극적 목적은 '행복(eudaimonia)'이며, 이는 이성적 활동을 통해 덕(virtue)을 실천함으로써 성취될 수 있다.

중용(Golden Mean)

아리스토텔레스 윤리학의 핵심 개념이다. 그는 도덕적 덕(성품적 덕)이 두 극단(과도함과 부족함) 사이의 '중용'에 있다고 보았다. 가령 '용기'는 '비겁함'과 '무모함' 사이의 적절한 중간점이며, '절제'는 '방종'과 '무감각' 사이의 균형점이다. 중용은 단순한 산술적 평균이 아니라, 상황과 개인에 따라 이성적으로 판단하여 찾아야 하는 것이다.

인간 본성(Zoon Politikon)

아리스토텔레스는 인간을 본질적으로 '정치적 동물(political animal)'로 규정했다. 이는 인간이 공동체(폴리스) 안에서만 진정한 삶을 실현할 수 있으며, 공동체 생활을 통해 자신의 이성적 능력을 발휘하고 덕을 키울 수 있다는 의미이다. 개인의 행복은 공동체의 행복과 불가분의 관계에 있다.

영혼론(Theory of Soul)

아리스토텔레스는 영혼을 육체의 형상으로 파악했다. 그는 영혼의 기능을 세 가지로 구분했다.

식물적 영혼: 생장, 영양 섭취 등 생명 유지 기능_(식물, 동물, 인간).

감각적 영혼: 감각, 운동, 욕망 기능_(동물, 인간).

이성적 영혼: 사유, 판단 등 이성적 기능_(오직 인간). 인간은 이성적 영혼을 통해 고유한 잠재력을 발휘하며, 이를 탁월하게 수행하는 것이 참된 행복에 이르는 길이라고 여겼다.

논리학(Logic)

아리스토텔레스는 '오르가논(Organon)'이라는 저작을 통해 삼단논법 등 형식 논리학의 토대를 마련했다. 이는 그의 체계적이고 엄밀한 사유 방식의 근간이 되었다.

Mulholland Dr. 영화 속 적용

아리스토텔레스의 관점에서 본 <멀홀랜드 드라이브> 해석

아리스토텔레스의 형상–질료론, 목적론, 중용의 윤리 등은 이 영화 속 인물들의 비극적인 삶을 이해하는 데 독특하고 깊이 있는 통찰을 제공할 수 있다.

형상-질료론과 다이앤의 정체성

다이앤의 현실적이고 고통스러운 삶은 '질료'로, 그녀가 꿈속에서 창조한 이상적이고 성공적인 베티의 모습은 '형상'으로 볼 수 있다. 다이앤은 자신의 열망을 통해 베티라는 이상적인 형상을 현실에 구현하려 시도하지만, 그녀의 현실적 한계는 그 형상을 온전히 수용하지 못한다. 오히려 그녀의 욕망은 베티라는 형상을 강제로 현실화하려다 실패하고, 결국 현실을 파괴하는 방향으로 나아간다. 이는 잠재된 가능성을 실현하려는 시도가 좌절되고, 형상과 질료 간의 조화가 붕괴될 때 발생하는 비극적 양상을 보여준다.

네 가지 원인과 다이앤의 파멸

다이앤의 행동과 꿈의 전개는 네 가지 원인을 통해 심층적으로 분석될 수 있다.

목적인: 배우로서의 성공, 카밀라의 사랑 획득, 카밀라에 대한 복수.

운동인: 다이앤의 강렬한 욕망, 깊은 질투, 폭발하는 분노, 그리고 가혹한 할리우드 시스템의 압박.

질료인: 다이앤의 잠재된 재능, 취약한 심리적 상태, 주변 환경.

형상인: '성공적인 배우', '사랑받는 연인'이라는 이상화된 자아상. 그러나 다이앤은 자신의 목적을 달성하기 위해 '덕'을 실천하기보다, 감정의 노예가 되어 비이성적인 충동에 휩싸인다. 결국 그녀의 목적은 좌절되고 궁극적인 파멸로 이어진다. 아리스토텔레스의 관점에서 보면, 목적을 올바르게 설정하고 이성적으로 덕을 실천해야만 진정한 목적인 행복에 도달할 수 있다.

목적론적 행복(Eudaimonia)의 실패

다이앤의 삶은 행복(eudaimonia)이라는 궁극적 목적에 도달하는 데 완전히 실패한다. 그녀는 이성적 영혼을 통해 덕을 실천하고 중용을 지키기보다, 감각적 욕망과 격렬한 감정(질투, 분노)에 압도된다. 그녀의 욕망은 끊임없이 좌절되고, 이는 심오한 고통과 불행으로 연결된다. 결과적으로 그녀는 자신의 '텔로스(Telos, 목적)'를 올바르게 추구하지 못하고, 오히려 삶의 본질적 목적에서 멀어져 파멸의 길을 걷는다.

중용의 부재와 극단적인 감정

다이앤의 감정은 아리스토텔레스가 강조한 '중용'을 완전히 벗어나 극단으로 치닫는다. 그녀의 카밀라에 대한 사랑은 병적인 집착과 소유욕으로 변질되고, 질투는 극렬한 증오와 살인이라는 파괴적인 행동으로 폭발한다. 결국 그녀는 현실을 직시하고 받아들이는 '용기'와 욕망을 통제하는 '절제'의 덕목을 상실한 채 감정의 소용돌이에 갇혀 버린다. 이러한 중용의 완전한 상실이 그녀의 비극적인 결말을 불가피하게 만든다.

인간 본성(Zoon Politikon)의 실패와 고립

다이앤은 공동체 내에서 진정한 의미의 '정치적 동물'로서의 삶을 영위하지 못한다. 그녀는 타인(카밀라, '청부 살인범')을 자신의 욕망을 실현하기 위한 단순한 수단으로 취급하며, 어떤 이성적이고 상호 존중하는 관계도 형성하지 못한다. 결과적으로 그녀는 공동체로부터 완전히 단절되고 고립되어 자기 파멸의 길을 걷게 된다. 아리스토텔레스의 관점에서 인간은 오직 공동체 안에서만 진정한 덕을 실천하고 행복을 성취할 수 있으므로, 다이앤의 극단적인 고립은 그녀의 비극을 더욱 깊게 만든다.

영혼의 불균형

다이앤의 영혼은 이성적 영혼이 감각적 영혼(욕망)과 의지적 영혼(분노, 질투)에 완전히 압도되는 심각한 불균형 상태에 빠져 있다. 그녀의 이성은 감정과 욕망을 통제하고 합리적인 판단을 내리는 본래의 기능을 완전히 상실하여, 궁극적으로 비이성적이고 파괴적인 행동(살인 교사, 자살)으로 치닫게 된다. 이는 플라톤과 아리스토텔레스가 공통적으로 비판했던 영혼의 불균형이 인간의 삶을 얼마나 근본적으로 파괴할 수 있는지를 생생하게 보여주는 사례이다.

Point of View

아리스토텔레스의 철학은 서양 철학의 근본적인 물음들을 제기하며, 후대의 철학적 담론에 깊고 광범위한 영향을 남겼다.

Beyond the Scene

철학자	핵심 개념	영화와의 연결점	독자를 위한 한 줄 요약
플라톤	이데아론, 동굴의 비유, 그림자	다이앤의 좌절된 욕망이 투영된 '베티의 할리우드 성공 신화'는 다이앤이 꿈꾼 이상적인 '이데아'이자, 비참한 현실을 가리는 동굴 속 그림자에 불과하다.	다이앤의 환상(베티의 세상)은 그녀의 이상적인 이데아이자, 비참한 현실을 가리는 동굴 속 그림자다.
아리스토텔레스	형상-질료론, 목적론, 잠재태-현실태	다이앤(질료)이 배우로서 가진 '잠재력'이 꿈속 베티의 성공적 '형상'(현실태)으로 발현되기를 열망하지만, 현실에서는 비극적 목적론에 따라 좌절된 '결말'을 맞이한다.	다이앤의 실패한 배우로서의 '잠재력'은 꿈속 베티의 '성공한 모습'으로 잠시 발현되지만, 현실에선 좌절된 채 비극적 '결말'을 맞이한다.

3

고대 후기 및 중세의 형이상학

신과 세계의 질서

⚛ 플로티노스: 일자, 유출, 영혼의 회귀와 정화

플로티노스(Plotinus, 204/205년 ~ 270년)는 고대 후기 철학을 대표하는 사상가로, 플라톤의 철학을 심화하여 신플라톤주의라는 새로운 철학적 조류를 개척했다. 그의 철학은 이성적 접근보다는 신비적이고 영적인 체험을 중시하며, 모든 존재의 궁극적 근원을 '일자(一者)'에서 찾고자 했다.

⧗ 생애 요약

플로티노스(Plotinus, 204/5년경 ~ 270년)는 서양 고대 후기 철학의 핵심 사조인 신플라톤주의를 대표하는 철학자로 인정받고 있다. 그는 이집트의 헬레니즘 문화가 강한 리코폴리스 지역의 가정에서 태어난 것으로 추정된다. 비교적 늦은 나이인 28세에 본격적으로 철학에 입문하여, 알렉산드리아에서 11년간 암모니우스 삭카스의 가르침을 배웠다. 암모니우스 삭카스는 플라톤 철학에 동방의 신비주의적 요소를 접목하여 신플라톤주의의 기반을 마련한 학자로 평가된다. 플로티노스는 스승의 가르침 외에도 동방 종교와 철학에 깊은 관심을 가졌으며, 실제로 로마 황제 고르디아누스 3세의 페르시아 원정에 동행하여 동방의 지혜를 직접 경험하고자 했다. 기원후 245년경, 그는 로마로 이주하여 철학 학교를 설립하고 제자들을 가르쳤다. 그의 강의는 로마의 상류층과 지식인들 사이에서 큰 명성을 얻었으며, 황제 갈리에누스 부부에게까지 영향을 미칠 정도였다. 평생 자신의 사상을 글로 정리하기를 주저했으나, 제자 포르피리오스의 설득으로 만년에 자신의 강의와 사상을 집대성한 『엔네아데스(Enneads)』를 남겼으며, 이 저서는 그의 철학적 유산을 대표하는 중요한 기록으로 평가받고 있다.

🔑 핵심 사상(기본 개념)

플로티노스의 철학은 칸트의 현상–물자체 구분과 비슷하게, 세계의 근원적 실재를 '일자'로 보고 모든 존재가 그로부터 '유출'되며, 궁극적으로는 '회귀'를 통해 구원을 얻는다고 설명한다.

일자(一者)

플로티노스 철학의 가장 근본적인 개념이다. 일자는 모든 존재의 근원이자 원천으로, 어떤 규정이나 속성으로도 정의될 수 없는 초월적 존재이다. 때때로 '선' 또는 '아름다움'과 동일시되기도 하지만, 실제로는 이를 훨씬 넘어서는 궁극적 실재이다. 일자는 완전무결하여 아무것도 필요로 하지 않으며, 스스로 넘쳐흐르면서 모든 것을 생성한다. 인간의 삶의 궁극적 목표는 바로 이 일자를 향하는 것이다.

유출(流出, Emanation)

일자는 자신으로부터 모든 것을 '유출'시킨다. 이는 의지적 창조 행위가 아니라, 완전한 존재가 자연스럽게 넘쳐흐르는 과정이다. 마치 태양에서 빛이 발산되듯이, 일자로부터 존재의 단계들이 순차적으로 흘러나온다.

지성(Nous)

일자로부터 가장 먼저 유출되는 것은 '지성'이다. 지성은 플라톤의 이데아 세계에 해당하며, 모든 이성적 형태와 완전한 지식을 포괄한다.

영혼(Soul)

지성 다음으로 유출되는 것이 '영혼'이다. 영혼은 개별 영혼들과 우주 영혼을 포함하며, 지성의 이데아를 물질 세계에 구현하는 역할을 한다.

물질(Matter)

마지막 단계에서 유출되는 것이 '물질'이다. 물질은 일자로부터 가장 멀리 떨어져 있으며, 빛이 가장 약해지는 곳으로, 플로티노스에게 물질은 일자로부터 점점 멀어지는 필연적 종착지이자 결핍의 상태로 여겨진다.

영혼의 회귀(回歸)

인간의 영혼은 일자로부터 유출되어 물질 세계에 속박되어 있지만, 궁극적으로 그 근원인 일자로 돌아가고자 하는 본성을 지니고 있다. 영혼의 회귀는 물질적 집착을 버리고, 점진적으로 높은 단계의 실재인 영혼과 지성을 거쳐 일자와 합일하는 과정이다. 영혼이 육체적, 감각적 요소를 초월하고 정신을 넘어 일자로 향할 때 진정한 인간의 모습이 드러나고 참된 행복을 경험할 수 있다고 보았다.

정화(淨化, Purification)

영혼이 일자로 회귀하기 위해서는 '정화' 과정이 필수적이다. 정화는 영혼이 물질적이고 감각적인 것들로부터 벗어나 순수성을 회복하는 것을 의미한다.

육체적, 감각적 요소 멀리하기: 영혼은 육체적 욕망과 감각적 유혹으로부터 벗어나야 한다.

덕의 실천: 공민적 덕, 특히 지혜와 같은 덕을 실천함으로써 영혼을 정화한다.

관상(Contemplation): 궁극적 정화 단계는 '관상'이다. 관상은 영혼이 자신의 참된 본성을 발견하고, 지성을 넘어 일자와 직접적으로 합일하는 신비로운 경험을 의미한다.

Mulholland Dr 영화 속 적용

플로티노스의 관점에서 본 <멀홀랜드 드라이브> 해석

플로티노스의 유출―회귀 사상은 이 영화 속 다이앤의 영혼이 겪는 고통과 파멸을 이해하는 데 깊이 있는 통찰을 제공할 수 있다.

다이앤의 영혼

물질 세계로의 '유출'과 타락: 영화 속 다이앤의 영혼은 할리우드라는 물질적, 감각적 욕망의 세계로 깊숙이 빠져들어 타락한 상태로 해석될 수 있다. 그녀의 욕망(배우로서의 성공, 카밀라에 대한 사랑)은 물질 세계의 쾌락과 명예에 집착하는 영혼의 모습을 드러낸다. 이러한 욕망은 그녀의 영혼을 '일자'로부터 점점 더 멀어지게 하고, 궁극적으로 고통의 심연으로 이끈다.

베티의 꿈

왜곡된 '회귀'의 시도: 영화 전반부 베티의 꿈속 세계는 다이앤의 영혼이 자신의 고통스러운 현실로부터 탈출하려는 좌절된 '회귀' 시도로 볼 수 있다. 이 꿈은 다이앤의 영혼이 순수하고 이상적인 상태(성공, 사랑, 순수함)로 돌아가고자 하는 간절한 염원을 담고 있다. 하지만 이 '회귀'는 진정한 의미의 영혼 정화와 일자로의 합일이 아니라, 욕망과 죄책감에 얽힌 영혼이 만들어낸 허구적 환상에 불과하다. 이는 영혼이 물질세계의 속박에서 벗어나지 못한 채, 자신의 왜곡된 욕망을 통해 이상을 추구하는 모습을 보여준다.

'정화'의 실패와 영혼의 파멸

플로티노스에게 고통으로부터의 해방은 영혼의 '정화'를 통해서만 가능하다. 그러나 다이앤은 자신의 욕망과 질투, 죄책감이라는 물질적이고 감각적인 집착으로부터 영혼을 '정화'하는 데 완전히 실패한다. 그녀는 자신

 드라이브의 칼날

의 영혼을 육체적인 욕망과 감정의 지배로부터 해방시키기보다, 오히려 그 욕망에 깊이 빠져 타인을 해치고 자신을 스스로 파멸로 이끈다. '파란 상자'가 열리고 꿈이 깨지는 순간은, 영혼이 더 이상 왜곡된 환상 속에 머물 수 없게 되어 현실의 고통스러운 진실과 마주하게 되는 결정적 지점이다. 하지만 다이앤의 영혼은 이 고통을 통해 정화되지 못하고, 결국 절망 속에서 완전히 무너진다. 이는 영혼이 '일자'로 '회귀'하지 못하고 물질세계의 늪에 영원히 갇혀버린 비극적인 모습을 보여준다.

'일자'로의 합일 부재

다이앤의 삶은 '일자'로의 합일이라는 궁극적인 목표에 도달하지 못하고, 오히려 그로부터 점점 멀어져 가는 과정을 드러낸다. 그녀는 자신의 내면을 들여다보고 '관상'을 통해 진정한 평온을 얻기보다, 끊임없이 외부의 욕망에 이끌려 방황한다. 영화는 영혼이 진정한 근원을 찾지 못하고 표류할 때 겪는 고통과 파멸을 플로티노스의 관점에서 섬세하게 그려내고 있다.

Point of View

플로티노스의 사상은 후대 중세 기독교 신학, 특히 신비주의에 큰 영향을 미쳤으며, 서양 철학사에서 중요한 위치를 차지하고 있다.

⚛ 토마스 아퀴나스: 신앙과 이성의 조화, 존재의 이해

토마스 아퀴나스(Thomas Aquinas, 1224/1225년경 ~ 1274년)는 중세 스콜라 철학의 거장이자 가톨릭교회의 최고 신학자로 손꼽힌다. 그는 아리스토텔레스의 철학을 기독교 신학과 융합하여 중세 사상에 지대한 영향을 끼쳤다.

⌛ 생애 요약

토마스 아퀴나스는 1224/1225년경 이탈리아 아퀴노의 귀족 가문에서 태어났다. 어린 시절 몬테카시노 수도원에서 첫 교육을 시작한 그는 나중에 나폴리 대학에서 자유 학예를 공부했다. 이후 도미니코 수도회에 입문하여 파리와 쾰른에서 알베르투스 마그누스 문하에서 철학과 신학을 심도 있게 배웠다. 파리 대학 교수로 재직하는 동안 왕성한 저술 활동을 펼쳤으며, 그의 대표작 『신학대전(Summa Theologica)』은 기독교 신학의 체계를 완벽하게 정립한 역작으로 평가받는다. 1273년 12월, 그는 신비로운 영적 체험을 겪은 후 더 이상 글쓰기를 중단했고, 자신의 모든 저작을 "지푸라기에 불과하다"고 겸손하게 언급한 일화는 널리 알려져 있다. 결국 1274년 제2차 리옹 공의회에 참석하던 중 생을 마감했다.

🔑 핵심 사상(기본 개념)

토마스 아퀴나스의 철학은 이성과 신앙의 조화를 추구하고 아리스토텔레스 철학을 적극적으로 수용하는 특징을 지닌다.

신(神): 순수 활동(Pure Act)이자 존재 자체(Ipsum Esse)

아퀴나스에게 신은 모든 존재의 근원이자 최고선으로 간주된다. 신은 어떤 잠재성도 없는 '순수 활동'으로서 완전무결한 존재이며, '존재 자체'로서 본질과 실존이 완벽하게 일치하는 유일한 존재다. 모든 피조물은 신으로부터 존재를 부여받았다고 이해했다.

이성과 신앙의 조화

아퀴나스는 이성과 신앙이 서로 대립하지 않고 상호 보완적인 관계라고 보았다. 이성은 자연 세계를 이해하고 신의 존재를 논리적으로 증명하는 역할을 하며, 신앙은 이성의 한계를 넘어선 초월적 진리를 드러낸다고 설명했다. "철학은 신학의 시녀"라는 표현을 통해 이성이 신앙을 지지하고 보조하는 기능을 강조했다.

진리(Veritas)

그에게 진리란 '지성과 사물의 일치'를 의미하는 것으로, 우리의 지식이 외부 현실과 정확히 부합할 때 성립된다. 이는 객관적 실재의 존재와 인간 이성의 인식 가능성을 전제로 한다.

존재와 본질

아리스토텔레스의 형이상학적 관점을 바탕으로, 모든 존재는 '본질'과 '실존'으로 구성된다고 이해했다. 본질은 대상의 고유한 특성을 규정하고, 실존은 그것의 실제적 존재를 의미한다. 오직 신만이 본질과 실존이 일치

하며, 다른 모든 피조물은 본질과 실존이 분리되어 신으로부터 존재를 부
여받는다고 설명했다.

인간의 목적과 행복

인간은 이성적 존재로서 궁극적으로 최고선인 신을 지향하며, 신과의 합
일을 통해 진정한 행복에 도달할 수 있다고 주장했다. 지상의 행복은 일시
적이고 불완전하며, 영원한 행복은 내세에서 신을 직접 관조함으로써 얻어
진다고 보았다.

Mulholland Dr 영화 속 적용

토마스 아퀴나스의 관점에서 본 <멀홀랜드 드라이브> 해석

토마스 아퀴나스의 철학적 관점은 이 영화를 해석하는 데 특별한 통찰력
을 제공한다.

진리(Reality)와 환상(Illusion)의 대립

아퀴나스에게 진리란 '지성과 사물의 완벽한 일치'를 의미했다. 이는 객
관적 실재의 존재와 인간 이성의 인식 능력에 대한 깊은 신념에 기반한다.
<멀홀랜드 드라이브>는 관객에게 현실과 환상 사이의 경계를 끊임없이 흔
들어 놓는다. 영화의 전반부는 주인공 베티의 꿈 혹은 환상으로 해석될 수
있으며, 그녀는 이 환상 속에서 자신만의 이상적인 세계를 구축한다. 이는
아퀴나스가 말하는 객관적 '진리'와는 거리가 먼 주관적 '환상'의 영역이다.
후반부에서 영화는 다이앤이라는 현실의 인물을 드러내며, 꿈의 환상이 무

너지고 가혹한 현실이 점차 드러나는 과정을 보여준다. 아퀴나스의 관점에서 이는 환상에 갇혀 있던 지성이 마침내 객관적 현실, 즉 진리와 마주하게 되는 과정으로 읽을 수 있다.

본질(Essence)과 실존(Existence)의 혼란

아퀴나스는 존재의 본질과 실존을 명확히 구분하며, 모든 존재가 신으로부터 실존을 부여받는다고 보았다. 영화 속 인물들은 자신의 본질과 실존 사이에서 심각한 혼란을 경험한다. 특히 다이앤은 현실에서의 끊임없는 좌절로 인해 자신이 되고 싶은 이상적인 베티라는 본질을 꿈속에서 창조해낸다. 그러나 이 베티는 현실의 다이앤과는 근본적으로 다른 상상 속 존재일 뿐이다. 영화는 다이앤이 자신의 비참한 실존을 회피하고 이상적인 본질을 갈망하는 모습을 통해, 현실과 괴리된 환상이 결국 파멸로 이어질 수 있음을 섬세하게 드러낸다.

궁극적인 선(Good)과 욕망의 허상

아퀴나스에게 인간은 궁극적으로 최고선인 신을 지향하며, 지상의 행복은 본질적으로 불완전하다. 세속적 욕망은 일시적 만족을 줄 수 있지만, 진정한 행복으로는 절대 이어지지 않는다. 영화 속 인물들은 할리우드의 성공, 사랑, 명성과 같은 세속적 '선'을 맹목적으로 추구한다. 다이앤은 연기자로서의 성공과 카밀라와의 사랑을 궁극적 행복으로 여긴다. 그러나 영화는 이러한 욕망이 좌절되고, 그로부터 파생되는 질투, 배신, 절망을 적나라하게 보여준다. 결국 다이앤의 욕망은 그녀를 파멸로 이끌며, 환상 속에서

조차 평화를 찾지 못하게 한다.

Point of View

토마스 아퀴나스의 사상은 서양 철학과 신학의 지형을 근본적으로 변화시켰으며, 그의 저술은 여전히 학자들 사이에서 깊이 있게 탐구되고 있다.

Beyond the Scene

철학자	핵심 개념	영화와의 연결점	독자를 위한 한 줄 요약
플로티노스	일자, 유출, 영혼의 회귀와 정화	다이앤의 단 하나의 강력한 욕망(성공, 카밀라에 대한 사랑)이 영화 속 모든 환상적 사건들을 '유출'시키고 결국 그녀의 비극적인 '하나의 결말'로 귀결된다.	다이앤의 모든 환상과 욕망은 그녀의 중심에 있는 '하나의 욕구'에서 흘러나왔고, 결국 그녀의 파멸로 귀결된다.
토마스 아퀴나스	신앙과 이성의 조화, 존재의 이해	영화는 극도의 비합리성과 모호함으로 관객의 이성적 설명을 거부한다. 이를 통해 관객은 영화의 '존재' 자체에 대한 초월적 '믿음'이나 '신앙'과 같은 태도를 요구받는다.	영화는 이성적으로 설명하기 힘든 초현실적인 경험들을 통해, 관객이 단순히 보고 느끼는 것을 넘어선 '믿음'이나 '존재'의 의미를 찾게 만든다.

SCENE 2

근대

David ——————————— 드라이브의 칼날 ——————————— Lynch

#4

근대 합리론
이성과 실체의 탐구

Φ 르네 데카르트: 나는 생각한다, 고로 나는 혼란스럽다

르네 데카르트(René Descartes, 1596년 3월 31일 ~ 1650년 2월 11일)는 17세기 프랑스의 철학자, 수학자, 과학자로, 서양 근대 철학의 개척자로 알려져 있다. 그는 당시 스콜라 철학의 권위주의적 접근에 의문을 제기하며, 감각과 경험의 불확실성을 뛰어넘는 확실한 지식의 기반을 모색하기 위해 방법적 회의(Methodological Doubt)를 도입했다. 그의 유명한 "나는 생각한다, 고로 나는 존재한다(Cogito, ergo sum)"라는 명제는 근대 합리주의 철학의 근간이 되었으며, 정신과 물질의 이원론, 해석 기하학의 창시 등 다양한 분야에서 서양 사상에 지대한 영향을 미쳤다.

⏳ 생애 요약

르네 데카르트는 1596년 프랑스 투렌 지방의 라에에서 귀족 가문의 아들로 태어났다. 그는 선천적으로 건강이 약했으며, 불행히도 태어난 지 1년 만에 어머니를 잃었다. 9살에 라 플레슈의 예수회 학교에 입학하여 8년 동안 철학, 수학, 과학 등을 공부했다. 허약한 체질 때문에 아침 11시까지 침대에 누워 사색하는 습관을 가졌는데, 이러한 습관은 그의 깊이 있는 명상적 사유에 결정적인 영향을 미쳤다. 푸아티에 대학교에서 법학 학위를 취득한 후 군에 입대하여 유럽 각지를 여행했다. 1619년 겨울, 독일 바이에른의 따뜻한 방에서 세 개의 꿈을 꾸고 한 가지 환영을 경험한 후, 학문적 진리 탐구에 자신의 삶을 바치기로 결심했다. 이후 네덜란드로 이주하여 약 20년간 은둔 생활을 하며 자신의 주요 철학 저작들을 집필했다. 1637년 『방법서설(Discours de la méthode)』을 출간하여 자신의 철학적 방법론을 제시했고, 1641년 『성찰(Meditationes de prima philosophia)』을 통해 신의 존재 증명과 정신-육체 이원론을 상세히 설명했다. 1649년 스웨덴 크리스티나 여왕의 초청으로 스웨덴에 갔으나, 가혹한 추위와 이른 아침 강의로 인해 폐렴에 걸려 1650년에 생을 마감했다.

🔑 핵심 사상(기본 개념)

데카르트의 방법적 회의는 어떤 지식이라도 조금이라도 의심의 여지가 있다면 일단 거짓으로 간주하고, 오직 모든 의심을 완전히 통과한 지식만을 참된 지식으로 받아들이는 철저한 회의주의적 탐구 방식이다. 그는 다음 세 가지 단계의 논증을 통해 모든 지식을 의심한다.

감각의 불확실성(Doubt of the Senses)

데카르트는 외부 세계를 인식하는 주된 수단인 감각이 자주 우리를 속인다는 점을 지적한다. 물속에 담긴 숟가락이 휘어져 보이지만, 실제로 꺼내

보면 곧게 뻗어 있는 것처럼, 감각은 우리를 오도할 수 있다. 환영을 보거나 꿈에서 현실과 같은 생생한 경험을 하는 것처럼, 우리의 감각은 불확실하고 오류를 범할 수 있다. 따라서 감각을 통해 얻은 지식은 절대적으로 확실하다고 볼 수 없다.

예시: "실제로 소리가 나지 않는데도 벨소리가 들리거나 누군가 부르는 소리가 들리는 경우도 있다." 감각은 우리를 속일 수 있다.

꿈의 논증(Dream Argument)

데카르트는 우리가 깨어 있는 상태와 꿈을 꾸는 상태를 명확히 구분할 수 없다는 점에서, 현재 경험하고 있는 현실이 사실은 꿈일 가능성을 제기한다. 꿈속의 경험은 종종 깨어 있는 경험만큼이나 생생하고 실제 같아서, 우리는 꿈에서 깨어나기 전까지는 그것이 꿈임을 알지 못한다.

예시: "지금 내가 이 글을 쓰고 있는 이 순간이 혹시 꿈이 아닐까? 꿈속에서도 나는 이렇게 생생하게 생각하고 행동할 수 있지 않은가?" 이 논증은 감각적 경험의 신뢰성을 더욱 약화시킨다.

악마의 기만 가설(Evil Demon Hypothesis)

데카르트는 설령 우리가 꿈과 현실을 구분할 수 있다고 해도, 전능하고 사악한 '악마'가 존재하여 우리의 모든 감각과 이성을 속여 우리가 경험하는 모든 것이 정교하게 조작된 환상일 가능성을 제기한다. 이 악마는 우리가 진리라고 믿는 것들조차도 거짓으로 만들 수 있다.

 "하늘, 공기, 땅, 색깔, 소리, 그리고 모든 외적인 것들이 사실은 나를 속이기 위해 악마가 사용하는 꿈의 환상일 뿐이라고 가정하겠다." 이 가설은 우리의 모든 지식, 심지어 수학적 진리까지도 의심하게 만든다.

이러한 철저한 회의의 과정을 거친 후, 데카르트는 단 하나, 의심할 수 없는 확실한 진리를 발견한다. 그것은 바로 '내가 의심하고 있다는 사실 자체는 의심할 수 없다'는 것이다. 의심하는 행위는 곧 생각하는 행위이며, 생각하는 주체인 '나'는 반드시 존재해야만 생각할 수 있다. 여기서 유명한 명제 "나는 생각한다, 고로 나는 존재한다(Cogito, ergo sum)"가 탄생한다. 이는 모든 지식의 근원이 되는, 확고부동한 제1원리이자 '생각하는 나' 즉, 순수한 정신적 실체의 존재를 증명한다.

데카르트의 송과선(松果腺) 이론: 정신과 육체의 교차점

데카르트는 정신(영혼)과 육체(물질)를 근본적으로 다른 두 가지 실체로 인식했다(이원론). 그러나 그는 이 두 실체 간의 상호작용 방식에 대한 난제에 직면했고, 그 해결책으로 송과선(pineal gland)을 제시했다.

송과선의 중요성

데카르트는 송과선이 뇌의 다른 부위와 달리 유일하게 쌍으로 존재하지 않는 단일한 구조라는 점에 주목했다. 그는 송과선이 영혼의 주된 자리

(principal seat of the soul)이며, 영혼이 이를 통해 뇌의 앞뒤 공간을 자유롭게 이동하면서 몸 전체와 소통할 수 있다고 믿었다. 다시 말해, 송과선은 비물질적 정신과 물질적 육체가 서로 영향을 주고받는 유일한 연결점이라고 보았던 것이다.

현대의 이해와 대비

데카르트의 해부학적, 생리학적 가정이 현대 과학의 관점에서 대부분 부정되었음에도, 그의 송과선 이론은 정신과 육체의 관계에 대한 깊이 있는 철학적 성찰을 담고 있다. 오늘날 과학은 송과선이 수면–각성 주기(circadian rhythm)를 조절하는 멜라토닌을 분비하는 중요한 내분비선임을 밝혀냈다.

Mulholland Dr 영화 속 적용

<멀홀랜드 드라이브>에 투영된 데카르트의 회의론과 인식의 모호성

데이비드 린치 감독의 〈멀홀랜드 드라이브〉는 데카르트가 제기했던 인식의 불확실성과 현실의 모호성에 대한 근본적인 질문을 영화적 서사로 탁월하게 구현해낸다. 이 영화는 관객과 등장인물 모두를 데카르트적 회의의 깊은 심연으로 끌어들인다.

꿈의 논증과 현실의 경계 모호성

데카르트가 제시한 '꿈의 논증'은 깨어 있는 상태와 꿈을 꾸는 상태 사이의 경계를 근본적으로 모호하게 만든다. 이 논증은 우리가 현재 경험하고 있는 현실이 사실은 꿈일 수 있다는 가능성을 제기하는 강력한 회의론적 도구이다. 꿈속의 경험은 종종 깨어 있는 경험만큼 생생하고 실제적이어서, 우리는 깨어나기 전까지는 그것이 꿈임을 전혀 인지하지 못한다. 데카르트는 이를 통해 감각적 경험의 신뢰성에 근본적인 의문을 제기했다.

〈멀홀랜드 드라이브〉는 바로 이 데카르트의 '꿈의 논증'을 영화적 언어로 완벽하게 구현하며, 관객을 깊은 인식론적 혼란의 소용돌이로 몰아간다.

영화의 전반부에서 순진한 배우 지망생 베티와 기억을 잃은 신비로운 리타의 이야기는 너무나 생생하여 관객은 물론 영화 속 인물들조차 그것이 꿈인지 현실인지 구분하기 어렵다. 베티는 할리우드에서 성공을 향해 나아가고, 리타와 함께 미스터리를 탐구하며, 서로에 대한 깊은 사랑을 경험한다. 이 모든 사건은 마치 현실처럼 논리적이고 감정적으로 설득력 있게 전개된다. 관객은 베티의 순수함과 리타의 매력에 이끌려 그들의 서사에 완전히 몰입하고, 이들의 경험을 '영화 속 현실'로 자연스럽게 받아들인다. 이는 꿈이 얼마나 강력하게 우리를 속일 수 있는지, 그리고 우리가 꿈속에서 경험하는 것이 현실과 얼마나 유사하게 느껴질 수 있는지를 시각적으로 보여주는 데카르트 논증의 탁월한 재현이다.

급작스러운 전환과 꿈에서의 각성

그러나 영화는 중반부의 '파란 상자'가 열리는 순간과 클럽 실렌시오에서의 충격적인 공연을 기점으로 전체 서사를 뒤집는 급진적인 전환을 통해 이 모든 것이 다이앤의 꿈이었음을 암시한다. 이 순간은 마치 데카르트가

드라이브의 칼날

말한 '꿈에서 깨어나는' 경험과 완전히 일치한다. 영화는 관객에게 "방금까지 당신이 진실이라고 믿었던 모든 것이 사실은 환상이었다."라고 선언하며, 관객의 인식 체계에 직접적이고 근본적인 충격을 가한다. 관객은 자신이 전적으로 몰입했던 '현실'이 한순간에 '꿈'으로 전환되는 경험을 통해, 데카르트가 제기했던 "지금 내가 경험하는 것이 과연 진실인가, 아니면 그저 생생한 꿈에 불과한가?"라는 근본적인 인식론적 질문과 마주하게 된다.

이상적인 꿈과 고통스러운 현실의 대비

꿈속에서 다이앤은 베티로 변신해 자신이 동경했던 이상적인 모습(성공한 배우, 순수한 사랑의 주체)을 경험한다. 그녀는 현실에서 맛본 좌절과 실패, 그리고 연인에 대한 질투와 살인 의뢰라는 끔찍한 죄책감에서 도망쳐, 꿈속에서 완벽한 삶을 영위한다. 결국 그녀는 현실의 가혹한 진실과 마주하며 꿈에서 깨어난다. 이 과정은 우리의 감각적 경험이 얼마나 기만적일 수 있는지, 그리고 우리가 진실이라고 믿는 것들(베티의 성공과 사랑)이 얼마나 쉽게 허구로 변할 수 있는지를 극명하게 보여준다. 다이앤의 꿈은 현실의 고통을 보상하고 회피하는 수단이지만, 결국 현실의 무게는 꿈의 환상을 뚫고 들어와 그녀를 파멸로 이끈다. 린치 감독은 이처럼 꿈과 현실의 경계를 허물고 재구성함으로써, 인간의 감각과 이성이 얼마나 취약하며, 우리가 '진실'이라고 믿는 것들이 얼마나 쉽게 흔들릴 수 있는지를 데카르트적 방식으로 탐구한다.

악마의 기만과 인식의 교란에 관한 데카르트의 '악마의 기만 가설'은 그의 방법적 회의의 정점을 이루는 논증이다. 우리가 꿈과 현실을 명확히 구분할 수 있다고 해도, 전능하고 사악한 '악마(Evil Demon)'가 존재하여 우리의 모든 감각과 이성을 속이고, 우리가 경험하는 모든 것이 정교하게 조작된 환상일 수 있다는 가능성을 제기한다. 이 악마는 우리가 진리라고 믿는 것들조차 거짓으로 만들 수 있으며, 우리의 존재 자체를 기만할 수도 있다. 이 가설은 우리의 인식 체계와 현실에 대한 믿음을 근본적으로 흔들어 놓는다.

데이비드 린치 감독의 〈멀홀랜드 드라이브〉는 바로 이 데카르트의 '악마의 기만'을 영화적 형태로 구현하며, 인물들과 관객의 인식을 교란하고 현실의 질서를 파괴하는 강력한 장치들을 활용한다.

'파란 상자'와 '열쇠'

현실을 조작하는 악마적 힘: 영화에서 반복적으로 등장하는 '파란 상자'와 '열쇠'는 단순한 플롯 장치를 넘어, 데카르트의 악마와 같은 불가해하고 전능한 힘을 상징한다. 이 상자는 겉보기에 비어 있지만, 열리는 순간 꿈의 세계를 무너뜨리고 다이앤의 비참한 현실로 강제로 전환하는 절대적인 힘을 발휘한다. 마치 악마가 우리의 의지와 무관하게 현실의 규칙을 뒤흔들고, 우리가 믿고 있던 모든 것을 허상으로 만들어 버리는 것처럼 작동한다. 상자가 열리면 다이앤의 꿈은 산산조각 나고, 그녀는 자신이 저지른 죄와 그로 인한 고통스러운 현실에 직면하게 된다. 이는 악마의 기만이 우리의 가장 깊은 믿음과 경험마저도 조작할 수 있음을 영화적으로 보여주는 것이다.

                                          드라이브의 칼날

클럽 실렌시오의 공연: 모든 것이 환영임을 선언하는 메타적 장치

영화의 가장 핵심적인 장면 중 하나인 '클럽 실렌시오(Club Silencio)'에서의 공연은 데카르트의 악마가 직접 개입하여 모든 것이 환영임을 선언하는 듯한 강렬한 메타적 장치로 작용한다. 무대 위의 사회자는 "No hay banda! Il n'y a pas d'orchestre! This is all a tape recording."(밴드는 없다! 오케스트라는 없다! 이것은 모두 녹음된 테이프이다.)라고 외치며, 모든 소리가 단순한 착각과 환영임을 강력하게 강조한다. 가수 레베카 델 리오가 무대 위에서 노래를 부르다 갑자기 쓰러져도 음악은 여전히 흘러나오고, 이는 우리가 보고 듣는 모든 것이 정교하게 조작된 허상일 수 있음을 충격적으로 보여준다.

이 장면은 영화 자체가 거대한 '환영(illusion)'이자 정교한 '트릭(trick)'임을 관객에게 직접적이고 노골적으로 고백하는 것과 같다. 이는 데카르트가 말한 '감각의 기만' 개념을 시각적으로 완벽하게 구현한 것으로, 린치 감독은 이를 통해 관객에게 끊임없이 "지금 당신이 스크린을 통해 보고 있는 이 영화가 과연 진실인가, 아니면 교묘하게 조작된 환상에 불과한가?"라는 근본적인 질문을 던진다. 관객은 영화 속 인물들처럼, 자신이 그동안 확신했던 현실이 순식간에 무너져 내리는 충격적인 경험을 하게 된다.

감각의 기만과 조작된 현실

린치 감독은 이러한 장치들을 통해 관객의 감각과 인식을 의도적이고 치밀하게 교란한다. 영화는 비선형적 서사, 꿈과 현실의 경계 허물기, 그리고 충격적인 전환을 통해 우리가 진실이라고 믿었던 것들이 얼마나 쉽고 취약하게 허구로 변할 수 있는지를 심층적이고 철학적으로 분석한다. 관객은 영화를 보는 내내 데카르트적 회의의 심연에 빠져들며, 이는 영화를 단순한 오락물을 넘어 깊이 있는 철학적 탐구의 대상으로 승화시킨다. 〈멀홀랜드 드라이브〉는 데카르트의 악마가 우리의 현실을 자유롭게 조작할 수 있다는 가설을 영화적 상상력으로 대담하게 확장하여, 우리가 믿는 현실이 얼마나 불안정하고 취약한 기반 위에 서 있는지를 강렬하게 보여주는 걸작이다.

'나는 생각한다, 고로 나는 혼란스럽다': 송과선의 혼란과 의식의 붕괴

르네 데카르트의 철학에서 "나는 생각한다, 고로 나는 존재한다(Cogito, ergo sum)"는 모든 의심을 초월하는 절대적 진리이자, 주체적 자아의 존재를 증명하는 근본적인 명제였다. 데카르트에게 '생각하는 나'는 외부 세계의 불확실성 속에서도 흔들리지 않는 지식의 유일한 원천이자 등대였다. 그러나 〈멀홀랜드 드라이브〉는 이러한 데카르트적 확신을 정면으로 뒤집으며, '생각하는 나'가 오히려 깊은 혼란과 파멸의 근원이 될 수 있음을 보여준다.

'코기토'의 전복: 생각하는 자아의 파편화

데카르트가 이성적 사유를 통해 궁극적인 존재의 확실성을 발견한 것과 달리, 〈멀홀랜드 드라이브〉의 인물들, 특히 다이앤 셀윈은 끊임없이 생각하고, 욕망하고, 경험하지만 이에 따라 더욱 깊은 혼란의 수렁에 빠져든다. 그녀의 '생각'은 현실의 고통을 직면하고 진실에 다가가기보다는, 환상과 자기기만의 미로 속으로 그녀를 더욱 깊이 끌어들인다. 베티와 다이앤으로 분열된 그녀의 혼란스러운 정체성은 '나는 정말 누구인가?', '내가 경험하는 것은 무엇인가?'라는 근본적인 질문을 관객에게 던진다. 다이앤의 '코기토(Cogito)'는 '나는 생각한다, 고로 나는 혼란스럽다(Confundo)'로 전복된다. 그녀의 의식은 파편화되고, 자아는 일관성을 상실한다. 이는 근대적 주체의 확고한 기반이 얼마나 취약할 수 있는지를 극명하게 보여주는 영화적 비평이라 할 수 있다.

송과선의 혼란

정신과 육체, 꿈과 현실의 경계 붕괴: 데카르트가 정신과 육체의 상호작용 지점으로 제시했던 송과선(pineal gland)은 〈멀홀랜드 드라이브〉에서 다이앤의 의식 붕괴를 상징적으로 해석할 수 있는 중요한 단서를 제공한다. 데카르트에게 송과선은 비물질적인 정신이 물질적인 육체와 소통하며 현실을 인지하는 '영혼의 자리'였다. 만약 이 송과선의 기능이 교란된다면, 정신과 육체 간의 조화로운 소통이 불가능해지고, 이는 곧 현실 인지의 왜곡으로 이어질 것이다.

영화 속에서 다이앤은 꿈과 현실의 경계를 명확히 구분하지 못한다. 그녀의 꿈(베티의 서사)은 현실(다이앤의 비참한 삶)의 고통과 죄책감을 회피하려는 무의식적 시도이다. 그러나 이 꿈은 단순한 환상이 아니라, 현실의 요소들이 뒤섞여 강렬하게 다이앤의 정신을 지배한다. 이는 마치 송과선이 수면-각성 주기를 조절하는 멜라토닌 분비를 제대로 조절하지 못해, 깨어 있는 동안에도 꿈과 같은 환각을 경험하거나 현실을 꿈처럼 혼동하는 상태와 유사하게 해석될 수 있다. 다이앤의 정신은 현실의 고통을 회피하기 위해 환상 속으로 도피하고, 결국 그 환상이 현실을 침범하면서 그녀의 의식은 붕괴된다. 송과선이 정신과 육체의 접점이라면, 다이앤의 파멸은 이 접점이 완전히 파괴되어 정신이 현실과의 연결고리를 상실하고 자기만의 환상 속에 갇히게 되는 비극을 보여준다.

현대인의 불안정한 실존과 데카르트적 회의의 한계

〈멀홀랜드 드라이브〉는 데카르트적 회의를 통해 확실한 진리를 발견하는 대신, 그 회의 속에서 방향을 잃고 헤매는 현대인의 불안정한 존재 방식을 생생하게 드러낸다. 다이앤의 비극적인 이야기는 자아의 정체성이 끊임없이 흔들리고, 현실과 환상의 경계가 불분명해지는 현대 사회의 복잡한 심리적 풍경을 섬세하게 포착한다. 영화는 '생각하는 나'가 반드시 안정적인 '존재하는 나'로 연결되지 않으며, 때로는 그러한 사고가 고통스러운 현실을 회피하고 자기기만에 빠뜨려 궁극적인 파멸로 이끌 수 있음을 날카롭게 암시한다. 이는 데카르트가 제시한 이성적 주체의 이상이 현대 사회에서 어떻게 무너지고 왜곡될 수 있는지를 보여주는 강렬하고 깊이 있는 예술적 메시지이다.

Point of View

데카르트는 '방법적 회의'를 통해 "나는 생각한다, 고로 존재한다."라는 확실한 진리에 도달하며 근대 철학의 아버지로 불린다. 그의 사상은 이성을 중시하는 합리론의 기반이 되고 경험론과의 논쟁을 촉발했으며, 심신

이원론과 주관적 인식 강조로 근대 과학 및 서양 사상 전반에 깊은 영향을 주었다.

⟐ 바뤼흐 스피노자: 신 즉 자연, 이성적 자유

바뤼흐 스피노자(Baruch Spinoza, 1632년 11월 24일 ~ 1677년 2월 21일)는 17세기 유럽 철학의 합리주의를 대표하는 탁월한 사상가로, 데카르트의 철학을 비판적으로 계승하며 독창적인 일원론적 철학 체계를 발전시켰다. 그의 사상은 신, 자연, 인간의 관계를 깊이 있게 탐구하며 후대 철학자들에게 지대한 영향을 미쳤다.

⧗ 생애 요약

바뤼흐 스피노자는 1632년 네덜란드 암스테르담의 포르투갈계 유대인 가정에서 태어나 전통적인 유대 교육을 받았다. 하지만 그의 파격적이고 비판적인 사상 때문에 23세의 어린 나이에 유대 공동체에서 파문당하고 추방되는 아픔을 겪었으며, 이후 유대식 이름 대신 라틴어 이름 '베네딕트'를 주로 사용했다. 그는 평생 안경 렌즈를 갈아 생계를 유지하며 대학교수직을 포함한 어떤 명예나 부의 제안도 단호하게 거절하고, 오로지 철학적 진리 탐구에만 전념했다. 결국 44세의 이른 나이에 안경 렌즈 제작 과정에서 발생하는 유리 먼지로 인해 폐병이 악화되어 생을 마감했다.

⚷ 핵심 사상(기본 개념)

스피노자의 철학은 신, 자연, 인간, 자유, 정서 등 존재의 근본적인 질문에 대한 일원론적이고 결정론적인 해답을 제시한다.

신 즉 자연(Deus sive Natura): 스피노자 철학의 정수

스피노자 철학을 관통하는 가장 근본적이고 핵심적인 개념이다.

스피노자가 말하는 '신(Deus)'은 전통적인 인격신이나 초월적 존재와는 근본적으로 다르다. 그는 신을 곧 '자연(Natura)' 그 자체로 이해했다. 다시 말해, 신은 우주 만물 밖에 존재하는 것이 아니라, 우주 만물 안에 내재하며 우주 만물 그 자체를 구성하는 필연적이고 무한한 실체다. '신 즉 자연'은 신과 자연이 본질적으로 동일하며, 모든 존재의 근원적 실체가 바로 이 신적 자연임을 의미한다.

일원론

신과 세계를 분리하지 않고 근본적으로 하나로 인식한다. 모든 존재는 신의 내재적 작용이자 필연적 표현으로 이해된다. 이는 데카르트의 정신-물질 이원론과 완전히 대비되는 관점이다.

범신론

신이 모든 곳에 편재하며, 모든 사물과 현상이 신의 일부라는 철학적 관점이다. 세상의 모든 현상은 신의 본질에서 필연적으로 도출된 것으로 본다.

필연성

신의 본성에서 모든 것이 필연적으로 발생하기 때문에, 우주에는 진정한 의미의 우연이 존재하지 않는다. 모든 사건과 현상은 신의 무한한 속성에서 필연적으로 흘러나오는 결과로 파악된다.

실체(Substance), 속성(Attribute), 양태(Mode)

스피노자는 '신 즉 자연'이라는 개념을 토대로 그의 존재론적 체계를 정립했다.

실체

스피노자에게 실체는 완전히 독립적이며, 그 자체로 존재하고 다른 어떤 것의 도움 없이 온전히 이해될 수 있는 유일하고 무한하며 영원한 존재를 의미한다. 바로 이 실체가 '신 즉 자연'인 것이다. 실체는 스스로를 원인으로 하는(causa sui) 존재이며, 그 존재 자체가 필연적이다.

속성

실체가 가진 근본적이고 본질적인 특성으로, 인간은 무한한 속성들 중 '사유(사고, Thought)'와 '연장(물질, Extension)' 두 가지만 인식할 수 있다. 사유는 정신적 현상들을 아우르고, 연장은 물리적 현상들을 포괄한다. 이 두 속성은 실체(신 즉 자연)의 서로 다른 표현 방식일 뿐, 실체 자체는 결코 분리될 수 없다.

양태

실체의 속성들이 특정한 방식으로 구체화된 개별적 존재들을 의미한다. 예를 들어, 우리의 신체는 연장 속성의 양태이고, 우리의 사고는 사유 속성의 양태이다. 모든 개별적인 사물이나 현상, 즉 유한한 존재들은 실체(신 즉 자연)의 무한한 속성들이 특정한 방식으로 나타난 양태에 불과하다.

코나투스(Conatus)

코나투스는 모든 개체가 자신의 존재를 유지하고, 고유한 본질에 따라 활동하며, 자신의 활동 능력을 확장하려는 내재적인 경향 또는 노력을 의미한다. 이는 생명체에만 국한되지 않고 모든 존재에게 적용되는 보편적인 원리이다.

코나투스는 단순한 생존 본능을 넘어, 자기 잠재력을 최대한 발휘하고 완전성을 추구하려는 능동적인 힘을 함축한다. 인간의 경우, 이는 이성을 통해 자신을 깊이 이해하고 감정의 한계를 극복하려는 끊임없는 노력으로 나타난다.

자유와 결정론

스피노자는 우주의 모든 현상이 신 또는 자연의 필연적 법칙에 따라 발생한다고 주장하는 '결정론'을 제시했다.

결정론

우주에서 일어나는 모든 사건과 현상은 필연적인 인과 관계에 의해 결정된다. 심지어 인간의 의지마저도 외부 원인에 의해 좌우되며, 절대적인 자유 의지란 사실상 존재하지 않는다.

자유

그러나 스피노자는 이러한 결정론 속에서도 진정한 '자유'가 가능하다고 보았다. 그에게 자유란 외부의 강제나 감정의 예속 상태에서 벗어나 자신의 본질, 즉 이성에 따라 행동하는 것을 의미한다. 자신의 감정의 근원을 이성적으로 이해하고, 모든 사건이 필연적임을 수용할 때, 인간은 감정에 휩싸이지 않고 주체적으로 행동할 수 있으며, 이것이 그가 말하는 진정한 자유다.

연접과 이접

이 용어들은 스피노자의 직접적인 핵심 개념은 아니지만, 그의 일원론적 세계관을 이해하는 데 중요한 개념적 틀을 제공한다.

연접(Conjunction)

스피노자는 모든 존재가 유일한 실체인 신/자연의 양태로 존재하며, 따라서 모든 것이 필연적인 인과 사슬로 '연결되어(and, 연접)' 있다고 보았다. 우주 만물은 서로 독립적이지 않고, 하나의 거대한 시스템 안에서 불가분하게 연결되어 있다는 것이다.

이접(Disjunction)

스피노자는 데카르트의 정신–신체 이원론과 같은 근본적인 '분리(or, 이접)'를 거부하고, 정신과 신체가 단순히 하나의 실체의 두 가지 속성일 뿐이라고 주장했다. 그의 일원론은 세계를 근본적으로 분리된 요소들의 집합이 아닌, 통합된 하나의 실체로 이해한다.

종교와 정치의 분리

스피노자는 근대적 의미의 종교와 정치 분리를 최초로 주장한 사상가 중한 명이다.

종교의 역할

스피노자는 종교의 본질적 목적이 도덕적 삶과 순종에 있다고 보았으며, 진정한 신앙은 이성적 탐구를 통해 얻는 지식과는 근본적으로 다르다고 주장했다. 그는 미신과 맹목적 신앙이 정치적 억압과 폭력으로 쉽게 전환될 수 있음을 엄중하게 경고했다.

정치적 자유

국가는 시민의 자유로운 사유와 표현을 조건 없이 보장해야 하며, 종교적 권위로부터 완전히 독립된 이성적 법과 제도를 통해 통치되어야 한다고 보았다. 그는 시민의 자유와 안정을 최우선으로 보장하는 민주주의적 통치 형태를 가장 이상적인 모델로 제시했다.

Mulholland Dr 영화 속 적용

스피노자 철학으로 본 <멀홀랜드 드라이브> 해석

스피노자의 철학적 개념을 통해 이 영화를 들여다보면, 혼란스러운 내러티브 속에서 인간 정서의 필연성과 존재의 역동성을 더욱 깊이 있게 이해할 수 있다.

신 즉 자연(Deus sive Natura): 영화 세계의 필연적 질서

〈멀홀랜드 드라이브〉의 세계는 스피노자의 '신 즉 자연' 개념과 유사하게, 등장인물들의 의지와 무관하게 흘러가는 거대하고 필연적인 질서와 법칙으로 가득 차 있다고 볼 수 있다.

모든 것의 근원으로서의 영화 세계

영화 속 모든 사건과 인물, 그리고 꿈과 현실의 경계가 모호해지는 현상들은 마치 '신 즉 자연'이 모든 것을 내재적으로 포함하고 필연적으로 생성시키는 것처럼, 영화 자체의 세계가 그 안에 모든 것을 포용하는 하나의 거대한 실체임을 암시한다. 다이앤의 욕망, 환상, 비극적 결말은 이 영화 세계라는 '신 즉 자연'의 본질에서 필연적으로 흘러나온 양태들이다.

필연적 인과성

영화 속 사건들은 마치 거대한 자연의 법칙처럼 인과적으로 연결되어 있으며, 다이앤의 욕망, 질투, 그리고 그로 인한 살인 청부라는 일련의 과정은 그녀의 내면에서 비롯된 필연적인 결과로 나타난다. 꿈속의 환상이 현실의 비극으로 이어지는 과정은 개인의 의지를 초월하는 거대한 인과성의 흐름을 보여주며, 이는 신 즉 자연의 필연성을 시각적으로 구현한 것과 같다.

실체, 속성, 양태: 다이앤의 내면세계와 그 발현

실체

이 영화의 본질은 다이앤이라는 인물의 내면세계와 그 안에 깊숙이 자리 잡은 '욕망', '좌절', '정서' 그 자체로 해석될 수 있다. 영화 속 모든 인물(베티, 리타, 카밀라 등)과 사건들은 다이앤이라는 핵심 실체에서 파생된 다양한 표현 방식으로 볼 수 있다.

속성

영화는 다이앤이라는 실체의 두 가지 핵심 속성을 '꿈(사유의 속성)'과 '현실(연장의 속성)'로 드러내고 있다. 전반부의 베티와 리타의 이야기는 다이앤의 사유 속성이 만들어낸 환상적인 꿈의 세계이며, 후반부 다이앤과 카밀라의 이야기는 연장의 속성이 지배하는 물리적이고 감각적인 현실 세계이다. 이 두 세계는 서로 다른 듯 보이지만, 궁극적으로는 다이앤이라는 단일한 실체의 서로 다른 측면을 보여주는 방식이다.

양태

영화 속 인물들(베티, 리타, 카밀라, 아담, 코코 등)과 그들이 겪는 모든 사건과 경험들은 다이앤이라는 실체의 속성(사유, 연장)이 특정한 방식으로 구현된 '양태'들이다. 다이앤의 좌절된 욕망이 베티라는 이상적인 자아로, 카밀라에 대한 집착이 리타라는 환상적인 존재로 나타나는 것은 실체의 다양한 양태들이 특정 정서와 결합하여 표출되는 복합적인 과정을 보여준다.

코나투스: 좌절된 욕망과 존재의 투쟁

다이앤의 코나투스는 할리우드에서 성공하고 카밀라의 사랑을 쟁취하고자 하는 강렬한 열망을 지니고 있다. 그녀의 꿈(베티의 이야기)은 현실의 고통과 실패로부터 자신을 방어하고, 이상적인 자아와 행복을 지키려는 무의식적인 몸부림이다. 꿈속에서 베티는 유능하고 매력적인 배우로, 리타와 사랑에 빠진다. 이는 다이앤이 현실에서 좌절된 자신의 존재를 환상 속에서나마 붙잡으려는 필사적인 시도이지만, 현실의 다이앤은 이 욕망이 좌절되면서 파괴적인 정서에 압도되고 만다.

자유와 결정론: 정서의 속박과 필연적 비극

결정된 운명

영화 속 다이앤의 비극적인 결말은 그녀의 강렬한 욕망, 질투, 그리고 그로 인한 살인 의뢰라는 정서적 연쇄에 의해 필연적으로 정해진 것으로 볼 수 있다. 그녀는 자신의 정서에 대한 '부적절한 인식'에 사로잡혀 외부의 원인(카밀라의 배신)에 의해 수동적으로 끌려간다. 그녀는 스스로 선택한다고 믿지만, 실제로는 정서의 노예가 되어 파멸의 길을 걷고 만다.

자유의 부재

스피노자의 관점에서 다이앤이 진정한 자유를 얻기 위해서는 자신의 정서(affectus)와 그 근원을 '이성'으로 명확히 이해하고, 모든 사건이 필연적이라는 사실을 수용해야 했다. 영화는 다이앤이 결국 자신의 정서를 이해하지 못한 채 파멸하는 모습을 보여주며, 정서에 휘둘리는 삶의 비극성을 역

드라이브의 칼날

설적으로 드러낸다. 그녀는 자신의 본질(이성)에 따라 행동하지 못하고, 외부의 영향(카밀라, 할리우드 시스템)과 내면의 정서(질투, 분노)에 의해 지배되는 삶을 살았기에 비극적인 최후를 맞게 된다.

'연접(Conjunction)'과 '이접(Disjunction)': 꿈과 현실의 통합적 이해

스피노자 철학의 가장 중요한 생각은 모든 것이 하나의 실체(神이자 자연)라는 점이다. 우리 마음이나 몸, 우리가 겪는 꿈과 현실 등 모든 것은 이 하나의 실체가 표현되는 여러 모습일 뿐, 서로 완전히 분리된 별개의 것이 아니다.

'연접(Conjunction)'

서로 분리된 것처럼 보이던 것들이 사실은 하나의 실체 안에서 연결되고 통합되어 있다는 것이다.

'이접(Disjunction)'

서로 다른 것을 "이것 아니면 저것"이라고 명확히 나누어 생각하려는 마음의 작용이다. 실제로는 연결되어 있지만, 불편한 부분을 끊어내려는 시도와 비슷하다.

다이앤의 관점에서 본 '연접(Conjunction)'과 '이접(Disjunction)'

다이앤의 '이접' 만들기: 현실 도피와 자기 기만

다이앤은 현실에서 배우로서 실패하고, 사랑하는 카밀라에게 외면당하며 심한 질투와 죄책감에 시달린다. 이 비참한 현실은 그에게 너무 고통스러웠다. 그래서 그는 무의식적으로 이 현실에서 벗어나고자 강한 '이접'을 만든다.

'비참한 현실의 다이앤'과 '성공한 환상의 베티'

그는 꿈속에서 자신을 순수하고 성공한 베티로 만든다. 그리고 카밀라를 자신에게 의지하고 사랑받는 리타로 바꾼다. 그는 이렇게 '고통스러운 다이앤의 세계'와 '이상적인 베티의 세계'를 철저히 분리해서 생각한다. 그리고 '죄책감 있는 나'와 '순수한 나'를 나눈다. 카밀라 살해를 청부했다는 엄청난 죄책감도 마찬가지다. 꿈속의 베티는 죄가 없고 순수한 사람으로 나타나며, 다이앤 자신과 완전히 다른 존재라고 여긴다.

다이앤은 이런 식으로 여러 가지 이접을 만들어 고통과 죄책감을 외면하려 한다. 그에게 '꿈'은 '현실'과 완전히 분리된 안전한 도피처였다.

'이접'의 강제 해체와 다이앤의 붕괴

하지만 스피노자의 관점에서 이접은 영원할 수 없다. 다이앤의 꿈이든 현실이든, 베티든 다이앤이든, 리타든 카밀라든 모두 다이앤이라는 하나의 마음과 욕망의 표현일 뿐이다. 영화는 후반부에 다이앤이 인위적으로 만든 이 '이접'이 무너지고, 모든 것이 하나의 '연결된 현실'로 통합되는 과정을 다이앤에게 들이민다.

'꿈'과 '현실'은 하나

다이앤은 꿈에서 깨어나며, 베티와 리타가 아닌 원래의 다이앤과 카밀라의 관계로 돌아간다. 이때 그의 꿈이 바로 자신의 무의식적인 도피와 욕망이 만들어낸 환상이었음을 직면하게 된다. '꿈'과 '현실'은 이제 서로 분리할 수 없는 '하나의 경험적 연속체(연접)'로 다이앤에게 나타난다.

'죄책감'과 '현실'도 하나

꿈속에서는 평화로웠던 관계가 현실에서는 살해 청부의 증거인 열쇠와 협박 전화로 다가온다. 이는 그가 순수하다고 믿고 싶었던 자신과 죄를 저지른 자신이 결국 하나의 '나' 안에 통합되어 있음을 강요하는 것이다.

스피노자는 모든 것이 연결되어 있다는 것을 이성적으로 이해할 때 진정한 자유가 온다고 보았다. 다이앤은 이렇게 강제로 해체된 이접, 즉 '연접'된 현실 앞에서 엄청난 죄책감과 압도적인 현실의 무게에 짓눌린다. 그는 이 모든 것을 통합적으로 받아들이지 못하고, 자살이라는 파괴적인 방식으로 이 통합에 저항한다.

종교와 정치의 분리: 할리우드 시스템과 개인의 자유 억압

권력 구조와 개인

〈멀홀랜드 드라이브〉는 직접적으로 종교와 정치를 다루지는 않지만, 할리우드라는 거대한 시스템 속에서 개인의 자유와 욕망이 어떻게 왜곡되고 억압되는지를 간접적으로 보여준다. 영화 속 할리우드는 소수의 권력자가 개인의 운명을 좌우하는 곳으로 묘사되는데, 다이앤은 이러한 시스템 속에서 자신의 꿈을 추구하지만 결국 좌절하고 파멸하고 만다. 이는 스피노자가 우려했던, 비이성적인 권력 구조가 개인의 자유를 억압하고 비합리적인 감정을 유발하는 상황과 놀라울 정도로 유사하다.

이성적 자유의 부재

스피노자에 따르면, 개인은 미신이나 맹목적 신념, 비합리적 감정에서 벗어나 이성을 통해 자신을 이해하고 외부 세계의 필연성을 수용할 때 진정한 자유를 얻을 수 있다. 영화 속 다이앤은 이러한 이성적 자유를 획득하지 못하고 감정에 압도되어 비극적인 결말을 맞이한다. 영화는 이를 통해 외부 권력이나 내면의 감정에 굴복하지 않고 이성적으로 자신을 통제하는 것의 중요성을 역설적으로 강조하고 있다.

Point of View

스피노자의 철학은 18세기 계몽주의, 독일 관념론, 사회주의 사상에 깊은 영향을 끼쳤으며, 현재에도 존재, 자유, 윤리, 정치 등 다양한 철학적 영역에서 중요한 역할을 하고 있다.

☯ 라이프니츠: 조화로운 우주, 단자론

고트프리트 빌헬름 라이프니츠(Gottfried Wilhelm Leibniz, 1646년 7월 1일 ~ 1716년 11월 14일)는 17세기 후반과 18세기 초반 독일 철학의 합리주의를 대표하는 걸출한 사상가였다. 그는 데카르트와 스피노자의 철학적 사유를 심도 있게 계승하고 발전시켜 독창적인 단자론적 철학 체계를 정립했다. 그의 사상은 우주의 근본 실체와 신의 창조, 그리고 세계의 본질적 완벽성을 치밀하게 탐구하며 후대 철학자들에게 지대한 영향을 미쳤다.

⧗ 생애 요약

고트프리트 빌헬름 라이프니츠는 1646년 독일 라이프치히에서 태어났다. 그는 법학을 전공했지만, 철학, 수학, 자연과학 등 학문의 거의 모든 영역에서 놀라운 재능을 발휘했다. 특히 어린 시절부터 여러 언어에 뛰어난 능력을 보였으며, 독창적이고 열정적인 학습 방식으로 방대한 지식을 흡수했다. 그는 하노버와 볼펜뷔텔의 도서관에서 사서로 근무하며 도서관학 발전에 크게 기여했고, 아이작 뉴턴과 독립적으로 미적분학을 개척하는 등 수학 분야에서도 혁혁한 업적을 남겼다. 라이프니츠는 평생을 학문적 탐구와 유럽 각국의 평화를 위한 외교 활동에 헌신했으며, 1716년 11월 14일 하노버에서 생을 마감했다.

🔑 핵심 사상(기본 개념)

라이프니츠의 철학은 그의 대표적인 형이상학적 저작 『단자론(Monadology)』에 집대성되어 있으며, 우주의 근원과 존재의 본질에 대한 혁신적인 통찰을 담고 있다.

단자론(Monadology)

라이프니츠는 세계를 구성하는 궁극적 실체를 '단자(Monad)'로 정의했다. 단자는 더 이상 분할할 수 없는 순수하고 비물질적인 존재로, '창문 없는(windowless)' 특성이 있어 외부의 어떤 영향도 받지 않고 오직 자신의 내적 원리에 따라 변화한다. 그는 각 단자가 고유한 방식으로 우주 전체를 반영하며, 이러한 반영을 통해 우주가 하나의 조화로운 통일체를 이룬다고 설명했다.

예정 조화(Pre-established Harmony)

단자들이 서로 직접적인 상호작용 없이도 마치 긴밀하게 연결된 것처럼 보이는 이유는, 신이 모든 단자를 창조할 때부터 완벽하게 조화되도록 미리 설계했기 때문이다. '예정 조화'로 알려진 이 원리는 육체와 영혼, 그리고 개별 단자들 간의 관계를 설명하는 핵심 개념이다. 마치 정확하게 동기화된 두 개의 시계처럼, 단자들은 서로 독립적으로 움직이면서도 언제나 완벽한 일치를 이룬다.

충족이유율(Principle of Sufficient Reason)

라이프니츠 철학의 핵심 원리 중 하나로, "어떤 것도 충분한 근거 없이는 존재하지 않으며, 어떤 진리도 그 이유 없이는 참이 아니다."라는 사상을 담고 있다. 다시 말해, 모든 사물의 존재와 모든 진리에는 반드시 합리적으로 설명할 수 있다는 믿음을 표현한다.

식별 불가능자 동일률(Principle of Identity of Indiscernibles)

이 원리는 "모든 속성이 동일한 두 사물은 사실상 하나의 동일한 사물"이라고 주장한다. 즉, 완전히 동일한 두 개의 사물은 존재할 수 없으며, 모든 개별 존재는 고유하고 독특한 특성을 지닌다는 것을 의미한다.

최선 세계론(Theodicy)

라이프니츠는 신이 무한한 가능 세계들 중에서 가장 완벽하고 최선의 세계를 선택하여 창조했다고 주장했다. 이 세계에 악과 고통이 존재하더라도, 이는 더 큰 선을 위한 필연적인 과정이며, 전체적 관점에서 이 세계가 가장 조화롭고 완벽하다는 것이다. 이는 신의 선함과 전능함을 동시에 옹호하려는 철학적 시도였다.

Mulholland Dr 영화 속 적용

라이프니츠의 관점에서 본 <멀홀랜드 드라이브> 해석

라이프니츠의 단자론과 예정 조화 개념은 이 영화의 난해한 서사를 이해하는 데 독특한 통찰을 제공한다.

다이앤의 단자적 세계

영화의 주인공 다이앤의 의식은 하나의 단자로 볼 수 있다. 이 단자는 외부의 직접적인 영향을 받지 않고 '창문이 없지만', 고유의 내적 원리에 따라 끊임없이 변화하며 자신의 우주 전체(여기서는 다이앤의 삶과 주변 환경)를 투영한다. 영화의 전반부 베티의 꿈과 후반부 다이앤의 현실은 동일한 단자(다이앤)가 서로 다른 방식으로 세계를 표현하는 두 가지 상태로 해석될 수 있다. 꿈속의 이상적인 할리우드와 현실의 비참한 할리우드는 모두 다이앤이라는 단자의 내적 표상에 불과하다.

예정 조화로서의 서사적 연결

영화 속 인물들과 사건들은 겉보기에 무작위적이거나 단절된 것처럼 보이지만, 라이프니츠의 '예정 조화' 원리에 따라 완벽하게 조화를 이루고 있다고 볼 수 있다. 즉, 신(감독)이 이 세계(영화)를 창조할 때부터 모든 단자(캐릭터의 의식, 꿈과 현실의 장면들)가 서로 영향을 주고받지 않으면서도 완벽하게 동기화되도록 설계했다는 것이다. 다이앤의 꿈속 인물들이 현실의 인물들과 정확히 대응하는 것은 이러한 예정 조화의 직접적인 증거이다. 꿈과 현실이 마치 서로 다른 평행 세계처럼 보이지만, 실제로는 다이앤이라는 하나의 단자 안에서 미리 설정된 조화로운 흐름에 따라 전개되는 것이다.

최선 세계론과 영화의 비극

〈멀홀랜드 드라이브〉는 질투, 좌절, 살인, 자살 등 비극적 요소로 가득 차 있다. 얼핏 보면 이는 라이프니츠의 '최선 세계론'과 배치되는 것처럼 보일 수 있다. 하지만 라이프니츠는 악과 고통이 존재하더라도 거시적 관점에서 이 세계가 최선의 세계라고 주장한다. 영화의 비극은 다이앤이라는 단자가 자신의 내적 원리에 따라 필연적으로 겪어야 하는 과정이며, 이 비극을 통해 어떤 궁극적인 진실이나 관객에게 던지는 질문이 드러난다면, 이 영화적 세계 역시 '감독이 창조한 최선의 이야기'로 볼 수 있다. 다이앤의 고통은 그녀의 단자적 본성이 반영하는 우주의 한 부분이며, 이 모든 것이 예정된 조화 속에서 최선의 방식으로 전개되고 있다고 해석할 수 있다.

충족이유율과 모든 사건의 필연성

영화 속에서 모든 기이하고 비선형적인 사건들, 심지어 꿈과 현실의 경계까지도 라이프니츠의 '충족이유율'에 따라 반드시 그 이유가 존재한다고 볼 수 있다. 관객이 그 이유를 즉각적으로 파악하기 어려울지라도, 영화의 모든 장면과 디테일은 다이앤이라는 단자의 내적 논리와 외부 세계의 반영이 조화롭게 얽혀 필연적으로 발생한 결과이다. 린치 감독은 관객에게 그 이유를 직접적으로 설명하지 않지만, 모든 사건에는 충분한 이유가 있다는 라이프니츠의 원리가 영화의 내러티브 구조에 암암리에 깔려 있다고 해석할 수 있다.

Point of View

라이프니츠의 사상은 칸트와 헤겔로 대표되는 독일 관념론은 물론, 현대 논리학과 컴퓨터 과학 등 다양한 학문 분야에 깊은 영향을 끼쳤으며, 그의 지적 유산은 오늘날에도 끊임없이 연구되고 있다.

Beyond the Scene

철학자	핵심 개념	영화와의 연결점	독자를 위한 한 줄 요약
데카르트	코기토, 정신-육체 이원론, 방법적 회의	베티의 꿈 세계는 "나는 생각한다"는 확실성 위에 구축된 듯 보이지만, 끊임없는 혼란과 의심 속에서 정신이 만든 허상임이 드러난다.	내가 생각하고 보는 이 영화 속 세상이 진짜일까? 데카르트처럼 모든 것을 의심하다 보면 혼란스러움만 남는다.
스피노자	신 즉 자연, 유일 실체론, 필연적 인과성	다이앤의 무의식 또는 할리우드 시스템이라는 '하나의 실체' 안에서 영화 속 모든 사건들(꿈, 현실, 욕망, 좌절)이 필연적으로 발생하고 진행된다.	영화 속 모든 상황은 다이앤의 깊은 무의식이라는 '하나의 근원'에서 비롯된 필연적인 결과로 이어진다.
라이프니츠	모나드(단자), 예정조화, 가능한 세계 중 최선	베티와 다이앤의 두 세계는 독립적인 '모나드'처럼 보이지만, 다이앤의 심리라는 '중심 시계'에 의해 미리 조화된 것처럼 서로를 반영하고 상호작용한다.	영화 속 꿈과 현실의 세계는 독립적인 듯 보이지만, 사실은 다이앤의 욕망이라는 설계에 따라 완벽하게 조화되어 있다.

드라이브의 칼날

5

근대 경험론
인식의 주관성과 감각의 역할

◐ 존 로크: 경험론의 아버지, 자연권과 사회 계약

존 로크(John Locke, 1632년 8월 29일 ~ 1704년 10월 28일)는 17세기 영국의 대표적인 철학자로, 프랜시스 베이컨과 함께 영국 경험론의 토대를 마련했다. 그는 사회 계약론과 자연권 사상을 통해 근대 민주주의의 지적 기반을 구축한 중요한 사상가이다. 그의 사상은 프랑스 계몽주의, 미국 독립 혁명, 그리고 현대 자유주의 사상에 깊은 영향을 끼쳤다.

⌛ 생애 요약

존 로크는 1632년 영국 서머싯의 작은 마을에서 변호사의 아들로 태어났다. 그는 옥스퍼드 대학교 크라이스트 처치 칼리지에서 철학, 의학, 자연 과학 등 다양한 학문을 탐구하며 공부했고, 나중에는 같은 대학에서 강의도 진행했다. 1667년 샤프츠베리 백작의 주치의이자 비서로 일하면서 정치 영역에 깊이 관여하게 되었고, 휘그당의 핵심 인물로 활동했다. 1683년 샤프츠베리 백작이 반역죄로 기소된 후 로크는 네덜란드로 망명해 약 6년간 머물렀다. 1688년 명예혁명 이후 영국으로 귀국하여 정부의 중요한 역할을 맡았으며, 이 시기에 그의 대표작인 『인간 오성론(An Essay Concerning Human Understanding)』과 『통치론(Two Treatises of Government)』을 출간했다. 평생 학문과 공직에 대한 헌신을 바쳤던 로크는 1704년 생을 마감했다.

🔑 핵심 사상(기본 개념)

로크의 철학은 인간의 인식과 사회 구성에 대한 혜안적인 통찰을 담고 있다.

경험론(Empiricism)

로크는 모든 지식이 경험에서 비롯된다고 주장했다. 그는 인간의 마음이 태어날 때 '타불라 라사(Tabula Rasa)', 즉 아무것도 쓰여 있지 않은 백지상태와 같다고 보았으며, 감각 경험과 내적 성찰을 통해 지식과 관념이 형성된다고 여겼다. 이는 데카르트가 주장한 타고난 생득관념(본유관념)을 근본적으로 부정하는 것이다.

관념(Ideas)

로크는 경험을 통해 얻는 지식의 기본 단위를 '관념'이라고 불렀다.

단순 관념(Simple Ideas)

감각을 통해 직접적으로 얻는 기본적인 관념들(색깔, 맛, 소리, 형태)과 성찰을 통해 얻는 관념들(생각하기, 의지하기)을 말한다.

복합 관념(Complex Ideas)

인간의 오성이 단순 관념들을 결합, 비교, 추상화하여 만들어내는 관념들(사과라는 개념, 아름다움, 정의)을 의미한다.

자연권(Natural Rights)

로크는 모든 인간이 태어날 때부터 침해될 수 없는 보편적 권리를 가진다고 주장했다. 이 권리들은 생명, 자유, 재산으로 구성되며, 이를 총칭하여 '자연권'이라 한다. 이 권리들은 정부나 법률 이전의 자연 상태에서도 유효하며, 어떤 정부도 이를 침해할 수 없다.

사회 계약론(Social Contract Theory)

로크는 정부의 정당성이 통치자와 피치자 간의 '사회 계약'에 기반한다고 보았다. 자연 상태가 자유롭지만 무질서할 수 있기에, 사람들은 자신의 자연권을 더욱 효과적으로 보호하기 위해 자발적으로 계약을 맺어 정부를 구성하고 일부 권리를 위임한다. 정부의 궁극적 목적은 시민의 생명, 자유, 재산을 보호하는 것이다.

저항권(Right to Revolution)

정부가 사회 계약의 본질적 목적, 즉 시민의 자연권 보호 의무를 위반하거나 남용할 경우, 시민들은 그러한 정부에 저항하여 새로운 정부를 구성할 권리, 즉 '저항권'을 가진다고 주장했다. 이는 근대 혁명 사상의 핵심적인 이론적 토대가 되었다.

관용(Toleration)

로크는 종교적 관용을 강력히 옹호했다. 국가가 개인의 신념을 강제해서는 안 되며, 다양한 종교적 신념이 평화롭게 공존할 수 있는 자유로운 사회를 주장했다.

Mulholland Dr 영화 속 적용

존 로크의 관점에서 본 <멀홀랜드 드라이브> 해석

로크의 경험론적 관점은 영화 속 인물들의 정체성 형성 과정과 현실 인식에 대해 깊이 있는 해석을 가능하게 한다.

타불라 라사(Tabula Rasa)와 경험에 의한 정체성 형성

로크에 따르면 인간의 마음은 태어날 때 백지상태이며, 모든 관념과 지식은 경험을 통해 만들어진다. 영화 속 다이앤은 할리우드에서의 경험(오디션 실패, 사랑과 질투, 배신)을 통해 '실패한 배우', '좌절한 연인'이라는 정체성을 점차 형성해 간다. 전반부의 베티는 다이앤의 실제 경험들이 융합되고 재구성된 '복합 관념'의 총체적 표현이다. 베티라는 이상적인 자아는 순수한 백지상태에서 시작된 것이 아니라, 다이앤의 현실 경험에서 파생된 욕망과 좌절이 만들어낸 환상적인 이미지인 것이다.

감각과 성찰의 혼란

로크는 지식이 감각(외부 세계)과 성찰(내적 활동)을 통해 형성된다고 보았다. <멀홀랜드 드라이브>에서는 이 두 가지 경험의 원천이 극도로 뒤섞이고 혼

드라이브의 칼날

란스럽게 얽힌다. 다이앤은 자신의 고통스러운 감각 경험(현실의 실패)을 피하고자 내적 성찰(꿈, 환상)을 통해 새로운 '복합 관념'의 세계(베티의 삶)를 만들어낸다. 그러나 이 내적 성찰의 결과물은 감각적 현실과 점차 멀어지면서, 결국 다이앤의 정신적 붕괴로 이어진다. 영화는 감각적 현실을 외면하고 내적 환상에만 몰두할 때, 진정한 지식과 건강한 정체성 형성이 불가능함을 보여준다.

자유와 욕망의 노예

로크는 인간이 이성적으로 판단하고 행동할 자유를 강조했다. 그러나 다이앤은 자신의 욕망(성공, 사랑)과 그로 인한 수동적인 감정(질투, 분노)에 지배되어 자유로운 판단력을 상실한다. 그녀는 결국 자신의 존재 자체를 파괴하는 극단적인 선택(청부 살인, 자살)을 하게 된다. 이는 로크가 말하는 '이성적인 인간'으로서의 자유를 완전히 상실하고, 감정의 노예가 되어 파멸하는 모습을 보여준다. 그녀의 '자연권'은 외부의 폭력(청부 살인)과 내면의 폭력(자살)에 의해 침해되며, 이는 로크가 경고하는 '자연 상태의 불안정성'이 개인의 내면에서 극적으로 발현된 것으로 볼 수 있다.

진리(Truth)의 왜곡과 직면

로크에게 진리는 '지성과 사물의 일치'이다. 영화는 다이앤이 진실(자신의 실패와 카밀라의 배신)을 외면하고 환상(베티의 성공과 리타와의 로맨스) 속에서 도피하려 할 때 발생하는 진리와의 불일치로 인한 심리적 고통을 섬세하게 포착한다. 파란 상자가 열리면서 환상이 무너지고 다이앤이 자신의 비참한 현실과 마주하는 장면은, 왜곡된 복합 관념에서 벗어나 감각적 현실이라는 '단순 관념'의 원천과 다시 연결되려는 시도로 해석할 수 있다. 그러나 이미 너무 깊어진 왜곡은 그녀가 진리를 온전히 수용하고 이성적으로 대응하는 것을 근본적으로 방해한다.

Point of View

존 로크의 사상은 서구 근대 사상의 발전에 결정적인 영향을 끼쳤으며, 그의 지적 유산은 현재까지도 학계에서 심도 있게 탐구되고 있다.

☉ 조지 버클리: 존재는 지각되는 것이다, 비물질주의

조지 버클리(George Berkeley, 1685년 3월 12일 ~ 1753년 1월 14일)는 아일랜드 출신의 철학자이자 성공회 주교로, 존 로크의 경험론을 계승하면서도 한층 더 나아가 물질의 존재를 부정하고 모든 존재가 지각되는 관념이라고 주장한 독특한 '관념론(Idealism)' 또는 '비물질주의(Immaterialism)'를 전개했다. 그의 핵심 사상은 "존재하는 것은 지각되는 것이다(Esse est percipi)"라는 명제로 요약된다. 이는 우리가 흔히 '외부 세계'라고 부르는 모든 대상, 즉 감각을 통해 인지하는 모든 것(색깔, 소리, 맛, 형태 등)이 사실 우리 마음속에 존재하는 '관념'에 불과하며, 이러한 관념들 너머에 독립적으로 존재하는 '물질적 실체'는 없다는 혁신적인 주장이다. 그는 물질이라는 개념이 단순히 불필요할 뿐만 아니라 근본적으로 모순적이고 이해할 수 없는 것이라고 보았다. 이러한 그의 사상은 당시 경험론과 합리론 사이의 치열한 논쟁, 특히 데카르트 이래 서양 철학을 지배했던 정신과 물질의 이원론(dualism)이 야기하는 근본적인 문제들(예: 정신과 물질은 어떻게 상호작용하는가?)에 대한 혁신적인 해결책을 제시하려는 시도였다. 버클리는 물질을 부정함으로써 이원론적 난제를 근본적으로 해소하고, 모든 것을 정신과 관념의 영역으로 환원시켜 궁극적으로 신의 존재를 더욱 확고히 하고자 했다. 그의 이러한 급진적인 관념론은 이후 데이비드 흄의 회의주의를 촉발하고, 임마누엘 칸트의 비판 철학 형성에 결정적인 영향을 미치는 등 후대 서양 철학사에서 중요한 전환점이 되었다.

버클리는 1685년 아일랜드 킬케니 근처에서 태어나 1700년 더블린의 트리니티 대학에 입학했다. 대학 재학 중에 이미 후기 철학적 사상의 토대를 마련할 중요한 논문들을 집필하며 철학, 수학, 신학에 대한 깊은 관심과 뛰어난 학문적 재능을 보였고, 1704년에 대학을 졸업했다. 1709년 『새로운 시각 이론에 관한 시론』을 발표하며 학계의 주목을 받았고, 이듬해인 1710년 그의 대표작 『인간 지식 원리론』을 출간하여 자신의 비물질주의 철학을 세상에 알렸다. 1732년 런던으로 돌아와 1734년 클로인의 주교로 임명된 후 『알치프론, 또는 세심한 철학자』, 『질문자』, 그리고 타르-물에 대한 의학적 가치를 다룬 논문인 「시리우스」와 「타르-물에 대한 깊은 생각」 등을 발표했다. 1752년 클로인에서 은퇴한 후에는 옥스퍼드에서 아들과 함께 지내다가 1753년 생을 마감했으며, 그의 다정다감하고 온화한 성품은 많은 이들의 사랑과 존경을 받았다.

🔑 핵심 사상(기본 개념)

버클리의 철학은 경험주의를 논리적 극단까지 밀고 나갔다는 점에서 경험론의 한 갈래로 여겨진다. 그의 사상은 우리가 지각하는 것만이 실재이며, 지각되지 않는 것은 존재하지 않는다는 핵심 명제로 요약할 수 있다.

비물질주의(Immaterialism) 또는 관념론: "존재하는 것은 지각되는 것이다(Esse est percipi)"

버클리 철학의 가장 근본적인 주장은 "존재하는 것은 지각되는 것이다"

이다. 그는 우리가 외부 세계라고 인식하는 모든 대상, 즉 우리가 보고, 듣고, 만지고, 맛보고, 냄새 맡는 모든 것은 우리 마음속에 존재하는 '관념 (idea)'일 뿐이며, 이러한 관념들 너머에 독립적으로 존재하는 '물질적 실체 (material substance)'는 없다고 주장했다. 예를 들어, 우리가 '사과'를 지각할 때 느끼는 색깔, 모양, 단맛, 냄새, 단단함 등은 버클리에 따르면 우리 마음에 형성된 관념일 뿐이며, 이러한 관념들을 벗어나 존재하는 '물질적인 사과' 는 없다. 다시 말해, 지각되지 않는 대상은 존재하지 않는다는 것이다.

관념의 원천과 신의 역할: 영원한 지각자로서의 신

모든 것이 관념이라면, 이 관념들은 어디서 비롯되는 것일까? 버클리 는 우리 마음속의 관념들이 직접적인 경험을 넘어, 신(God)에 의해 직접 부 여되는 것이라고 설명했다. 신은 모든 것을 창조하고 유지하는 가장 위대 한 정신(spirit)이자 '영원한 지각자'이다. 우리가 어떤 대상을 지각하지 않더 라도, 신이 그 대상을 영원히 지각하고 있기 때문에 그 대상은 계속 존재할 수 있다. 가령, 내가 방을 나설 때 방 안의 가구들이 사라지지 않는 이유는 신이 그 가구들을 지속적으로 지각하고 있기 때문이라는 것이다. 따라서 세계의 영속적 존재와 질서, 그리고 우리가 공유하는 객관적 세계의 경험 은 신의 영원하고 보편적인 지각에 의해 보장된다.

추상 관념의 부정: 개별적 관념만이 존재

버클리는 존 로크가 주장한 '추상 관념(abstract ideas)'의 존재를 강력히 부정 했다. 로크는 우리가 개별적 사물들로부터 공통된 속성을 추출하여 '인간',

'색깔', '삼각형'과 같은 보편적이고 추상적인 개념을 형성할 수 있다고 보았다. 그러나 버클리는 이는 불가능하다고 주장하며, 모든 관념은 항상 특정하고 개별적인 형태로만 존재한다고 강조했다. 예를 들어, '삼각형'을 떠올릴 때 그것은 항상 특정 크기와 모양을 지닌 직각삼각형이나 이등변삼각형 같은 구체적인 삼각형이지, 모든 삼각형의 속성을 동시에 가지면서 어떤 특정 속성도 갖지 않는 추상적 삼각형은 아니라는 것이다. 이러한 추상 관념의 부정은 그의 비물질주의를 더욱 공고히 하는 논리적 토대가 된다.

상식과의 부합

물질 개념의 불필요성을 주장한 버클리는 자신의 철학이 오히려 평범한 '상식'에 더욱 잘 부합한다고 역설했다. 우리가 직접 경험하고 지각하는 것만을 존재로 인정하고, 눈에 보이지도 않고 만져지지도 않는 알 수 없는 '물질'이라는 실체를 가정할 필요가 없다는 것이다. 그는 일상생활에서 우리가 경험하는 모든 것이 감각적으로 지각되는 것이며, 이러한 지각 외에 별도의 '물질' 개념을 도입하는 것은 불필요하고 오히려 혼란만 가중시킨다고 보았다. "우리가 아무리 외부의 대상을 상상하려 해도 결국 우리는 단지 우리 자신 속에 있는 관념을 생각할 뿐"이라고 말하며, 우리의 경험 세계가 관념으로 이루어져 있다는 그의 주장이 오히려 직관적이라고 역설했다.

Mulholland Dr 영화 속 적용

조지 버클리의 관점에서 본 <멀홀랜드 드라이브> 해석

버클리의 비물질주의적 관점은 이 영화의 난해한 서사를 이해하는 데 독

드라이브의 칼날

특한 통찰을 제공할 수 있다.

'존재는 지각되는 것이다'와 영화 속 현실

영화의 모든 장면, 인물, 사건들은 궁극적으로 다이앤이라는 한 인물의 '지각' 속에서만 존재한다고 해석할 수 있다. 영화의 전반부인 베티의 이야기는 다이앤이 자신의 욕망과 좌절을 투영하여 지각하고 있는 '꿈' 또는 '환상'이다. 버클리에게 이 '꿈'은 우리가 흔히 말하는 '현실'과 마찬가지로, 다이앤의 마음속에 존재하는 '관념'들의 집합이다. 즉, 베티와 리타의 로맨스, 오디션 성공, 미스터리 해결 등의 모든 서사는 다이앤의 지각 속에서만 실재하는 것이다. 외부의 객관적인 '물질적 현실'이 따로 존재하여 다이앤의 꿈을 '비현실'로 규정하는 것이 아니라, 그 꿈 자체가 다이앤의 '지각된 현실'인 셈이다.

신(神)의 역할과 다이앤의 의식

버클리에게 신은 모든 관념을 영원히 지각함으로써 세계의 지속적인 존재를 보장하는 궁극적인 지각자이다. 〈멀홀랜드 드라이브〉에서는 다이앤의 의식이 일종의 '신'과 같은 역할을 한다고 볼 수 있다. 그녀의 의식이 베티의 꿈을 지각하는 동안 그 꿈은 완벽한 현실로 존재한다. 그러나 다이앤의 의식(또는 정신 상태)이 더 이상 그 꿈을 지각할 수 없게 되거나, 고통스러운 현실 관념이 너무 강해져 꿈의 관념을 압도하게 될 때, 꿈은 '사라지고' 현실의 관념이 전면에 드러난다. 이는 다이앤의 정신적 붕괴가 곧 그녀의 '세계'의 붕괴로 이어지는 것을 보여준다.

추상 관념의 부정과 정체성의 분열

버클리는 추상적 개념을 거부하고 모든 관념이 고유하다고 보았다. 다이앤은 베티라는 이상적 자아를 상상하지만, 이는 다이앤이라는 고유한 관념과 베티라는 또 다른 고유한 관념이 뒤섞인 상태이다. 다이앤이 현실의 자아(다이앤)와 이상적 자아(베티) 사이에서 갈등하다 결국 붕괴하는 과정은, 두 개의 개별적 관념이 한 개인의 의식 속에서 조화롭게 융합되지 못하고 충돌할 때 발생하는 비극으로 해석될 수 있다. 그녀는 고통스러운 다이앤 관념을 외면하고 행복한 베티 관념에 집착하지만, 결국 현실의 다이앤 관념이 압도하며 파멸로 이어진다.

상식적 현실의 붕괴

버클리는 자신의 철학이 상식에 부합한다고 주장했다. 그러나 〈멀홀랜드 드라이브〉는 일반적인 현실 인식을 철저히 무너뜨린다. 이는 역설적으로 버클리의 철학이 제시하는 '지각된 것만이 존재한다'는 명제가 극단적으로 실현될 때, 우리의 '상식'이 얼마나 취약할 수 있는지를 드러내는 영화로 해석될 수 있다. 다이앤의 지각이 혼미해지자, 그녀의 세계(영화 속 현실) 역시 혼돈에 빠지고 비논리적으로 변형된다.

Point of View

조지 버클리의 철학적 사상은 데이비드 흄과 임마누엘 칸트와 같은 후대 철학자들에게 지대한 영향을 끼쳤으며, 관념론의 발전과 인식론 분야의 학문적 논의에 결정적인 토대를 마련했다.

드라이브의 칼날

⌀ 데이비드 흄: 회의주의적 경험론, 인과성의 비판

데이비드 흄(David Hume, 1711년 5월 7일 ~ 1776년 8월 25일)은 18세기 스코틀랜드 계몽주의를 대표하는 철학자로, 존 로크와 조지 버클리의 경험론을 이어받아 더욱 철저한 회의주의적 관점을 발전시켰다. 그는 인간 지식의 근원과 한계를 탐구하며 인과성, 자아, 도덕 등에 대한 기존의 통념에 근본적인 의문을 제기했고, 이는 임마누엘 칸트를 비롯한 후대 철학자들에게 지대한 영향을 미쳤다.

⌛ 생애 요약

흄은 1711년 스코틀랜드 에든버러에서 태어나, 어린 시절부터 뛰어난 지적 잠재력을 보였다. 에든버러 대학교에 입학해 법학을 공부했으나, 곧 철학에 깊은 관심을 느끼고 독자적인 연구에 전념했다. 20대 초반 프랑스로 건너가 은둔하며 대표작『인간 본성에 관한 논고(A Treatise of Human Nature)』를 집필했지만, 1739년 출간 당시에는 큰 주목을 받지 못했다. 이후 그는 자신의 사상을 대중적으로 재해석한『인간 오성론(An Enquiry Concerning Human Understanding)』과『도덕 원리론(An Enquiry Concerning the Principles of Morals)』을 발표하며 점차 명성을 얻기 시작했다. 특히 그의 인과성에 대한 철저한 비판은 임마누엘 칸트에게 '교조적 사고의 깊은 잠에서 깨어나게 하는' 결정적인 계기가 되었다. 그는 도서관장, 외교관 비서 등 다양한 공직을 맡기도 했으며,『영국사(The History of England)』를 저술하여 역사학자로서도 큰 성과를 거두었다. 평생 독신으로 살며 철학과 학문에 헌신했던 흄은 1776년 에든버러에서 생을 마감했다.

🔑 핵심 사상(기본 개념)

흄의 철학은 철저한 경험론적 분석을 통해 인간 지식의 확실성에 대해 근본적인 의문을 제기하는 회의주의적 특성을 보인다.

인상(Impression)과 관념(Idea) 그리고 그 함의

흄은 인간의 모든 지각을 '인상'과 '관념'으로 구분했다.

인상(Impression)

인상은 우리가 직접적으로 경험하는 매우 생생하고 강렬한 지각을 의미한다. 여기에는 우리가 오감을 통해 얻는 모든 감각(예: 눈앞의 붉은 사과를 보는 시각, 뜨거운 불에 데는 촉각, 아름다운 음악을 듣는 청각)과 더불어, 내면에서 일어나는 감정이나 정념(예: 분노, 사랑, 기쁨, 슬픔) 등이 포함된다.

생생함과 강렬함

흄은 인상이 가장 강하고 격렬하게 마음속에 나타나는 지각이라고 설명했다. 우리가 '경험한다'라고 말할 때, 바로 그 경험의 현장성, 즉각성, 그리고 힘을 인상이 가진다고 생각하면 이해하기 쉽다. 인상은 우리에게 즉각적이고 생생한 현실감을 주는 모든 것이다.

관념(Idea)

관념은 인상에서 파생된, 상대적으로 희미하고 덜 생생한 사본(copy) 또는 이미지(image)를 말한다. 여기에는 기억(어제 본 붉은 사과를 떠올리는 것), 상상(머릿속으

　　　　　　　　　　　　　　　드라이브의 칼날

로 날아다니는 말을 그리는 것), 그리고 추론(복잡한 개념을 생각하는 것) 등이 포함된다.

희미한 사본

흄은 관념이 인상보다 약하고 희미하다고 보았다. 인상이 원본 그림이라면, 관념은 그 원본을 베낀 복사본이라고 비유할 수 있다. 예를 들어, 지금 붉은 사과를 직접 보는 경험(인상)은 매우 생생하지만, 잠시 후 그 붉은 사과를 '기억'하거나 '상상'하는 것(관념)은 훨씬 덜 강렬하고 희미한 느낌을 준다.

인상에서 유래

흄의 가장 핵심적인 주장은 모든 관념은 반드시 선행하는 인상에서 비롯된다는 것이다. 즉, 우리가 마음에 품는 어떤 생각이나 개념이든, 그것은 과거에 경험했던 감각이나 감정이라는 인상 없이는 존재할 수 없다는 의미이다. 흄은 이를 '관념의 모사 원칙(Copy Principle)'이라고 부른다. 만약 어떤 관념을 생각할 수 있지만 그에 상응하는 인상을 찾을 수 없다면, 흄은 그 관념이 무의미하거나 공허하다고 주장하기도 했다.

단순 관념과 복합 관념

관념은 단순할 수도, 복합적일 수도 있다. 단순 관념은 단순 인상의 직접적인 사본(예: '붉은색'이라는 관념은 '붉은색'을 본 인상에서 나옴)이다. 복합 관념은 여러 단순 관념이 결합된 것(예: '유니콘'이라는 관념은 '말'을 본 인상과 '뿔'을 본 인상에서 비롯된 관념들이 합쳐져 만들어진 것)이다. 하지만 아무리 복합적인 관념이라도, 그것을 구성하는 가장 작은 요소들(단순 관념)은 결국 이전에 경험한 단순 인상에서 유래해야만 한다.

인상과 관념의 관계 및 함의

시간적 우선성

인상은 항상 관념에 시간상으로 선행한다. 우리는 먼저 무언가를 경험해야만(인상), 그것에 대해 생각하거나 기억할 수 있는 것이다.

모든 지식의 근원

흄에게 우리의 모든 지식과 생각의 궁극적인 원천은 바로 이러한 인상들이다. 인상을 통하지 않고서는 어떤 지식도 시작될 수 없다.

회의론으로의 연결

이러한 인상–관념의 구별은 흄이 인과 관계나 자아(실체)와 같은 개념에 대해 회의적인 결론을 내리는 근거가 된다. 흄은 우리가 '원인과 결과'라는 인상이나 '변하지 않는 자아'라는 인상을 직접적으로 경험할 수 없다고 주장하며, 이러한 개념들이 단지 습관이나 상상 때문에 형성된 관념일 뿐이라고 보았다.

인과성(Causality)의 비판

흄은 우리가 흔히 '원인과 결과'라고 여기는 인과 관계에 대해 회의적인 관점을 견지했다. 그의 주장에 따르면, 우리가 실제로 경험하는 것은 단지

 드라이브의 칼날

두 사건이 '지속적으로 함께 발생하는 현상(constant conjunction)'일 뿐이며, 한 사건이 다른 사건을 '필연적으로 야기한다(necessary connection)'는 점은 경험적으로 입증할 수 없다. 이러한 '필연적 연결'은 실제로 우리의 습관이나 심리적 기대에서 비롯된 것일 뿐, 객관적 세계에 내재된 속성이 아니라는 것이다.

귀납(Induction)의 문제

인과성에 대한 비판과 밀접하게 연결된 개념으로, 흄은 과거의 경험을 바탕으로 미래를 예측하는 '귀납적 추론'의 타당성에 의문을 제기했다. "태양이 매일 동쪽에서 떠올랐으므로 내일도 동쪽에서 뜰 것이다."라는 추론은 과거 경험에 기반하지만, 과거의 경험이 미래에도 동일하게 적용될 것이라는 보편적 원리(자연의 일관성)는 경험적으로 증명될 수 없다고 보았다. 이는 결국 '경험되지 않은 것이 경험된 것과 유사할 것이라고 믿을 수 있는 객관적 근거는 전혀 없다.'라는 결론에 도달한다.

자아(Self) 또는 개인 동일성(Personal Identity)의 비판

흄은 '자아'를 독립적이고 불변하는 실체로 보지 않았다. 대신 자아는 끊임없이 변화하는 인상과 관념들의 집합체, 즉 '지각들의 다발(bundle of perceptions)'에 불과하다고 주장했다. 우리가 '나'라고 인식하는 것은 단순히 기억과 상상을 통해 연결된 일련의 지각들일 뿐이며, 이러한 지각들 너머에 고정된 자아란 존재하지 않는다는 것이다.

도덕의 근원: 이성보다 감정

흄은 도덕적 판단이 순수한 이성적 사고에서 비롯되는 것이 아니라, 근본적으로 감정(sentiment)에서 나온다고 주장했다. 우리가 어떤 행위를 '선하다' 또는 '악하다'고 평가할 때, 이는 철저한 논리적 추론의 결과가 아니라, 그 행위가 우리 내면에 불러일으키는 감정적 반응 때문이라는 것이다. 그는 이성을 단지 감정을 표현하고 이해하는 도구로 간주했다.

Mulholland Dr 영화 속 적용

데이비드 흄의 관점에서 본 <멀홀랜드 드라이브> 해석

흄의 철저한 경험론과 회의주의적 시각은 이 영화의 난해하고 비선형적인 서사를 이해하는 데 특별한 통찰을 제공할 수 있다.

인상(Impressions)의 혼란과 관념(Ideas)의 부재

영화는 관객에게 수많은 생생하고 강렬한 '인상'(장면, 이미지, 사운드, 캐릭터의 감정)을 전달하지만, 이 인상들이 하나의 일관되고 명확한 '관념'(즉, 영화의 통일된 의미나 현실)으로 쉽게 수렴되지 않는다. 특히 영화의 전반부(베티의 꿈)와 후반부(다이앤의 현실)는 서로 다른 감각적 경험의 집합체처럼 보이며, 관객은 이 두 부분 사이의 '필연적 연결'을 찾아 고민한다. 흄의 관점에서 이 영화는 인간의 지각이 본질적으로 단순한 인상들의 연속일 뿐이며, 우리가 그 사이에 의미나 인과성을 부여하려는 시도는 결국 우리의 '습관'이나 '상상'에서 비롯된다는 점을 드러낸다.

드라이브의 칼날

인과성(Causality)의 부재와 회의주의

〈멀홀랜드 드라이브〉는 사건 간의 명확한 인과 관계를 의도적으로 모호하게 처리한다. 리타의 기억 상실, '코코'와 베티의 관계, 파란 상자의 등장 등 영화는 이러한 요소들 사이의 '필연적인 연결'을 제시하지 않는다. 흄의 관점에서 이 영화는 인과 관계가 우리의 직접적인 경험에서 주어지는 것이 아니라, 우리가 반복적으로 함께 나타나는 현상을 '습관적으로' 연결하려는 심리적 경향임을 명확히 보여준다. 관객은 끊임없이 원인과 결과를 추론하려 하지만, 영화는 그러한 추론의 근거가 되는 '필연적 연결'을 의도적으로 부정함으로써 흄의 인과성 비판을 시각적으로 구현한다.

자아(Self)의 해체: '지각들의 다발'로서의 정체성

영화는 다이앤과 베티라는 두 개의(혹은 하나의) 정체성을 통해 '자아'의 고정성을 철저히 해체한다. 다이앤의 자아는 성공에 대한 욕망, 사랑, 질투, 실패, 죄책감, 절망 등 끊임없이 변화하는 '지각들의 다발'로 구성되어 있다. 베티는 다이앤의 특정 지각들(순수함, 성공, 사랑받고 싶음)이 상상 속에서 재구성된 환영에 불과하다. 영화는 다이앤이 고정된 실체가 아니라, 단순히 끊임없이 변화하는 감정과 경험의 연속체임을 명확히 보여준다. 이는 흄의 '자아는 지각들의 다발'이라는 이론과 정확히 일치한다.

이성보다 감정(Sentiment)의 지배

흄은 '이성은 감정의 노예'라고 주장했다. 〈멀홀랜드 드라이브〉의 다이앤은 이성적 판단보다는 사랑, 질투, 분노, 좌절과 같은 격렬한 감정에 의해 모든 행동을 좌우한다. 그녀의 파멸적인 선택(청부 살인, 자살)은 이성이 감정을 통제하지 못하고, 오히려 감정의 흐름에 완전히 휩쓸리는 인간의 본성을 극적으로 드러낸다. 흄이라면 다이앤의 비극적 서사를 통해 인간 본성에서 감정이 이성보다 얼마나 강력한 원동력이 되는지를 역설적으로 입증하려 했을 것이다.

궁극적인 회의주의

영화 〈멀홀랜드 드라이브〉는 관객에게 명확한 결론이나 절대적 진실을 제시하기보다, 혼란과 불확실성을 남긴다. 이는 흄의 철학적 회의주의와 완벽하게 일맥상통한다. 우리는 영화 속에서 '진실'을 찾으려 애쓰지만, 결국 모든 것은 단순한 인상과 관념의 유희일 뿐이며, 그 너머의 '객관적 실재'나 '궁극적인 의미'는 결국 파악하기 불가능하다는 흄의 주장을 영화적 경험을 통해 생생하게 체감하게 된다.

Point of View

데이비드 흄의 철학적 사상은 서양 철학, 특히 인식론과 윤리학 분야에 획기적인 전환점을 마련했으며, 그의 독특한 회의주의는 칸트가 기존의 고정관념에서 벗어나 새로운 사유의 길을 열게 한 결정적인 계기로 평가받고 있다.

   드라이브의 칼날

Beyond the Scene

철학자	핵심 개념	영화와의 연결점	독자를 위한 한 줄 요약
존 로크	백지설(Tabula Rasa), 경험론	기억을 잃은 리타는 과거 없는 '백지' 상태에서 시작하여, 베티와의 경험을 통해 새로운 정체성과 기억을 형성하는 것처럼 보인다.	기억을 잃은 리타는 아무것도 없는 백지상태로 시작해, 꿈속의 경험을 통해 새로운 '자신'을 만들어나간다.
조지 버클리	"존재는 지각되는 것이다(Esse est percipi)", 비물질주의	영화 속 꿈의 세계(베티와 리타의 관계, 성공 신화)는 다이앤이 '지각'하는 동안에만 존재하며, 그녀가 꿈에서 깨어나면 그 실체는 사라진다.	꿈속의 모든 것(베티, 리타, 할리우드 성공)은 다이앤이 '지각하는' 동안에만 존재하며, 지각이 멈추면 소멸한다.
데이비드 흄	회의주의적 경험론, 인과성의 비판, 자아의 파편화	영화 속 비연속적인 사건, 불분명한 원인과 결과, 파편화된 자아(베티/다이앤)는 우리의 인과적 사고와 통일된 주체에 대한 기대를 해체한다.	영화 속 사건들은 논리적 연결 없이 파편적으로 제시되며, 우리가 믿는 인과 관계조차도 단순히 반복된 경험의 착각일 뿐임을 보여준다.

독일 관념론
이성과 정신의 변증법

Φ 임마누엘 칸트: 비판 철학, 선험적 종합 판단, 정언 명령

임마누엘 칸트(Immanuel Kant, 1724년 4월 22일 ~ 1804년 2월 12일)는 18세기 독일 계몽주의를 대표하는 철학자로, 합리론과 경험론의 오랜 대립을 성공적으로 종합하고 극복하며 서양 철학사에 획기적인 '코페르니쿠스적 전환'을 이끈 인물이다. 그는 인간 이성의 능력과 한계를 심도 있게 비판적으로 탐구하여 인식론, 윤리학, 미학 등 철학의 거의 모든 영역에 혁명적인 변화를 불러왔다.

⧗ 생애 요약

칸트는 1724년 당시 프로이센 공국의 수도였던 쾨니히스베르크(현재 러시아의 칼리닌그라드)에서 경건주의적 신앙을 가진 마구 기술자의 아들로 태어났다. 그는 평생을 고향을 떠나지 않고 학문 연구에 전념했으며, 쾨니히스베르크 대학교에서 철학, 수학, 자연과학 등을 공부한 후 사강사(Privatdozent)로 활동하다가 1770년 논리학 및 형이상학 교수로 임용되었다. 특히 그는 데이비드 흄의 회의주의적 인과성 비판에 깊은 영향을 받아, 스스로 '거대한 독단의 잠에서 깨어났다'고 고백하며 독창적인 비판 철학을 정립하게 되었다. 만년에 이르러『순수 이성 비판』(1781),『실천 이성 비판』(1788),『판단력 비판』(1790) 등 이른바 '3대 비판서'를 발표하며 서양 철학사의 새로운 지평을 열었다. 그는 엄격하고 규칙적인 생활 습관으로도 유명했으며, 1804년 고향 쾨니히스베르크에서 생을 마감했다.

🔑 핵심 사상(기본 개념)

칸트의 철학은 인간 이성의 능력과 한계를 명확히 규명하고, 객관적 지식과 보편적 도덕 법칙의 가능성을 깊이 탐구하는 데 주안점을 둔다.

비판 철학(Critical Philosophy)

칸트의 철학은 '비판'이라는 개념을 중심에 둔다. 여기서 '비판'은 단순한 비난이 아니라, 인간 이성이 스스로의 능력, 근원, 한계를 치밀하게 탐구하고 평가하는 것을 의미한다. 그는 이성을 통해 얻을 수 있는 지식의 범위와 조건을 정밀하게 규명하고, 형이상학이 과학적 엄밀성을 확보할 수 있는 가능성을 모색했다.

코페르니쿠스적 전환(Copernican Revolution in Philosophy)

칸트는 지식이 대상을 수동적으로 반영하는 것이 아니라, 오히려 대상이 인간의 인식 능력에 의해 적극적으로 구성된다고 주장하며 철학사에 획기적인 '코페르니쿠스적 전환'을 단행했다. 즉, 우리가 대상을 인식하는 방식

자체가 대상의 본질을 결정한다는 것이다. 이는 지식의 주체인 인간 이성의 근본적이고 능동적인 역할을 강조한 혁신적인 관점이다.

선험적 인식(A Priori Knowledge)과 경험적 인식(A Posteriori Knowledge)

칸트는 지식을 경험과 독립적으로 얻어지는 '선험적 인식'(수학적 진리, 인과율 등)과 순수한 경험을 통해서만 획득되는 '경험적 인식'(예: '이 사과는 빨갛다')으로 명확히 구분했다. 그는 객관적이고 보편타당한 지식은 오직 선험적 인식을 통해서만 가능하다고 확신했다.

오성 범주(Categories of Understanding)

인간의 오성(지성)에는 경험을 체계적으로 조직하고 이해하는 데 활용되는 선험적인 형식들이 내재되어 있는데, 이를 '오성 범주'라고 한다. 예를 들어, '양', '질', '관계(인과성 등)', '양상'과 같은 범주들이 존재한다. 감각 경험을 통해 얻은 혼란스러운 데이터들은 이러한 오성 범주를 거쳐 비로소 체계적이고 질서 있는 지식으로 재구성된다. 우리가 인과 관계를 인식하는 것은 외부 세계 자체에 인과율이 내재해 있어서가 아니라, 우리의 오성이 인과율이라는 범주를 통해 경험을 능동적으로 조직하기 때문이다.

현상계(Phenomenal World)와 예지계(Noumenal World)

칸트는 세계를 두 영역으로 구분했다. 하나는 우리의 감각과 이해의 범주를 통해 파악할 수 있는, '우리에게 나타나는 세계'인 현상계(Phenomenon)이다. 다른 하나는 우리의 인식 능력을 넘어선 '그 자체로 존재하는 세계'인

 드라이브의 칼날

예지계(Noumenon) 혹은 '물자체(thing-in-itself)'이다. 인간은 오로지 현상계만을 경험할 수 있으며, 예지계는 여전히 인식 불가능한 영역으로 남아있다.

정언 명령(Categorical Imperative)

칸트 윤리학의 핵심 개념으로, 무조건적이고 조건 없는 도덕 법칙을 의미한다. 그는 도덕적 행위가 어떤 목적이나 결과가 아니라, 오직 '의무'에 대한 존중에서 비롯되어야 한다고 주장했다. 정언 명령은 다음과 같은 형태로 표현된다.

보편화 가능성

"네 의지의 준칙이 항상 동시에 보편적 법칙 제정의 원리가 될 수 있도록 행동하라."(내가 하려는 행위의 원칙이 모든 이가 따를 수 있는 보편적 법칙이 될 수 있는가?)

인간 존엄성

"너 자신과 다른 모든 인간의 인격을 언제나 동시에 목적으로 대하고, 결코 단순한 수단으로 취급하지 말라."(인간을 수단으로 대하지 않고 그 자체로 존엄한 목적으로 대해야 한다.)

의무론적 윤리(Deontological Ethics)

칸트의 윤리학은 행위의 결과보다는 행위의 동기, 즉 의무에 대한 존중에서 비롯된 행위를 중요시하는 의무론적 윤리이다. 그는 어떤 행위가 도덕적 가치를 지니려면, 그것이 옳기 때문에 수행되어야 하며, 결과나 개인적 욕망에 따라 행해져서는 안 된다고 강조했다.

 영화 속 적용

임마누엘 칸트의 관점에서 본 <멀홀랜드 드라이브> 해석

칸트의 비판 철학은 이 영화의 난해한 서사와 인물들의 내면 심리를 이해하는 데 깊이 있는 통찰을 제공한다.

현상계와 예지계의 경계 와해

영화의 전반부(베티의 환상)와 후반부(다이앤의 현실)는 다이앤이라는 주체가 구성하는 두 개의 상이한 현상계로 해석될 수 있다. 베티의 세계는 다이앤의 욕망과 죄책감이 오성의 범주를 통해 재구성된 이상화된 현상계이다. 반면 다이앤의 현실 세계는 고통스럽지만 '진실'에 더 근접한 또 다른 현상계이다. 영화는 관객이 이 두 현상계 사이를 오가며 혼란을 경험하게 하는데, 이는 마치 우리가 '물자체'인 예지계에 접근할 수 없고 오직 현상계만을 경험할 수 있다는 칸트의 주장을 시각적으로 구현하는 듯하다. 다이앤의 궁극적인 '진실'이나 '실재'는 예지계처럼 파악하기 어렵거나, 혹은 너무나 고통스러워 직면할 수 없는 영역으로 남아 있다.

오성 범주(Categories of Understanding)의 붕괴

다이앤의 마음은 베티의 꿈속에서 인과성, 실체성 등의 오성 범주를 활용하여 나름의 질서 있는 세계를 구성한다. 그러나 영화의 중반부, 파란 상자가 열리면서 이 구성된 세계가 무너지기 시작한다. 인과 관계는 해체되고, 인물들의 정체성은 모호해지며, 시간과 공간의 질서는 붕괴된다. 이는 다이앤의 인식 능력이 더 이상 감각적 자료들을 일관된 방식으로 조직하고 통합할 수 없게 되면서, 그녀의 현상계가 혼돈에 빠지는 과정을 보여주는 것으로 해석할 수 있다. 정신적 붕괴는 곧 인식의 붕괴, 즉 세계의 붕괴로 이어지는 것이다.

정언 명령(Categorical Imperative)의 위반과 비극

칸트 윤리학의 관점에서 다이앤의 행동은 정언 명령을 근본적으로 위반한다. 그녀는 자신의 욕망(사랑, 성공, 복수)을 위해 카밀라와 '청부 살인 업자'를 단순히 '수단'으로 대한다. 자신의 질투심이라는 사적인 '준칙'을 보편적인 도덕 법칙으로 삼을 수 없으며, 이는 인간 존엄성을 심각하게 훼손하는 행위이다. 칸트라면 다이앤의 비극적인 파멸을 의무에 대한 존경심에서 벗어나 감정과 욕망에 따라 행동한 결과, 즉 자율성을 상실하고 타율성에 지배당한 결과로 설명할 것이다. 영화는 도덕 법칙을 위반했을 때 개인에게 찾아오는 내적, 외적 붕괴를 극적으로 보여주는 작품으로 해석될 수 있다.

도덕적 실패: 경향성에 굴복하고 자율성을 상실

칸트에게 인간은 이성을 통해 스스로 도덕 법칙을 세우고 그에 따를 때 비로소 자유로워지고 도덕적 가치를 가진다. 다이앤의 삶은 이러한 칸트의 입장에서 본 도덕성의 실패를 보여주는 비극이다.

다이앤은 카밀라에 대한 질투, 배우로서 성공하고 싶은 욕망, 버림받았다는 상실감 등 강렬한 '경향성'에 압도된다. 그는 이 경향성 때문에 '도덕적 의무'(타인을 수단이 아닌 목적으로 대우할 의무)를 저버리고 카밀라 살해 청부라는 비도덕적인 행위를 저지른다. 이는 타인을 자신의 욕망을 충족시키기 위한 '수단'으로 전락시킨 칸트의 정언 명령 위반이다.

다이앤이 베티의 꿈의 세계를 만들어낸 것은 자신의 비도덕적 행위로부터 오는 죄책감과 책임을 회피하려는 시도이다. 그는 도덕적 의무를 직시하고 그에 따라 행동하는 대신, 욕망에 의해 구성된 환상 속으로 도피한다. 칸트적 관점에서 이러한 환상은 도덕적 구원을 제공하지 않는다. 오히려 그 내면의 죄책감과 분열은 결국 꿈을 깨고 현실에서 다이앤을 파멸로 이끈다.

자율성(Autonomy) 상실과 자유의 부재

칸트에 따르면, 진정한 자유란 이성적 존재가 보편적 도덕 법칙에 따라 스스로 법을 제정하고 그에 따라 행동하는 '자율성'에 있다. 그러나 다이앤은 자신의 욕망과 감정(특히 질투)에 무분별하게 휩싸여 행동하며, 이는 외부의 힘에 지배당하는 '타율성'의 상태를 보여준다. 그녀는 자신이 진정으로 원하는 바와 어떻게 행동해야 하는지를 이성적으로 판단하지 못하고 감정에 예속된다. 영화는 자율적인 인간으로서의 자유를 상실하고 감정에 지배되는 인간의 비참한 모습을 생생하게 드러낸다.

Point of View

임마누엘 칸트는 "철학사를 칸트 이전과 이후로 나눈다."라는 평가를 받는 인물이다. 그는 우리가 경외하는 '밤하늘의 별'처럼 세계가 우리의 마음으로 구성된 '현상'임을 밝혀 인식론의 '코페르니쿠스적 전회'를 이끌었다. 또한, '내 마음의 도덕 법칙'에서 나오는 '의무'를 강조하며 보편적인 윤리학의 토대를 마련했다. 칸트는 이러한 혁명적 사유로 현대 철학의 진정한 시발점이 되었다.

☥ 프리드리히 헤겔: 변증법적 정신, 절대정신

게오르크 빌헬름 프리드리히 헤겔(Georg Wilhelm Friedrich Hegel, 1770년 8월 27일 ~ 1831년 11월 14일)은 19세기 독일 관념론을 대표하는 최고의 철학자로 평가받고 있다. 그는 칸트의 철학을 비판적으로 계승하고, 피히테와 셸링의 사상을 종합하여 '변증법'이라는 독창적인 방법론과 '절대정신'이라는 포괄적인 개념을 통해 자연, 역사, 사회, 국가 등 모든 현실이 정신의 자기 발전 과정임을 설명하는 거대한 철학 체계를 구축했다. 그의 사상은 마르크스주의, 실존주의, 분석철학 등 후대의 다양한 철학적 흐름에 지대한 영향을 미쳤다.

⌛ 생애 요약

헤겔은 1770년 독일 바덴뷔르템베르크 주의 슈투트가르트에서 태어났다. 그는 1788년부터 1792년까지 튀빙겐 신학교에서 프리드리히 셸링, 프리드리히 횔덜린과 함께 공부하며 고전 문학과 철학을 깊이 탐구했다. 졸업 후 1793년부터 1800년까지 스위스의 베른과 독일 프랑크푸르트에서 가정교사로 일하면서 청년기의 사상을 담은 여러 미출간 단편들을 남겼다. 1801년 첫 저술인『피히테와 셸링의 철학 체계의 차이』를 발표하며 예나 대학교에서 사강사로 활동을 시작했고, 이 시기에 그의 대표작『정신현상학』(1807)을 집필했다. 이후 밤베르크에서 잠시 신문 편집 일을 하기도 했으며, 뉘른베르크의 김나지움 교장을 거쳐 1816년 하이델베르크 대학교 교수가 되었다. 1818년에는 베를린 대학교 철학 교수로 임용되어 학계에서 큰 명성을 얻었고, 그의 강의는 많은 제자들을 배출하며 독일 철학의 중심축이 되었다. 그는『논리학의 학문』,『철학 백과사전』,『법철학』등 중요한 저작들을 남기며 자신의 방대한 철학 체계를 완성했고, 1831년 베를린에서 생을 마감했다.

🔑 핵심 사상(기본 개념)

헤겔의 철학은 모든 존재와 사유가 변증법적 과정을 통해 발전하고 궁극적으로 절대정신에 도달한다는 점에서 탁월한 독창성을 지닌다.

변증법(Dialectic)

헤겔 철학의 가장 핵심적인 방법론이자 근본 원리이다. 변증법은 '정(正, Thesis)', '반(反, Antithesis)', '합(合, Synthesis)'의 세 단계를 거쳐 사고와 존재가 발전하는 과정을 의미한다. 어떤 개념이나 실재(정)는 본질적으로 내재된 모순과 한계를 지니며, 이는 필연적으로 그 대립물(반)을 생성한다. 이후 정과 반 사이의 대립과 갈등을 통해 더욱 고차원적인 새로운 개념이나 실재(합)가 탄생한다. 이 합은 다시 새로운 정이 되어 또 다른 변증법적 과정을 시작하며, 이러한 나선형적 발전을 통해 진리는 점진적으로 완성되어 간다.

절대정신(Absolute Spirit)

헤겔 철학의 궁극적인 목표이자 모든 변증법적 발전의 최종 지점이다. 절대정신은 단순한 개인의 주관적 정신을 넘어, 우주 전체를 관통하는 보편적이고 객관적인 정신을 의미한다. 이 정신은 자연, 인간 역사, 예술, 종교, 철학 등 다양한 형태를 거치며 스스로를 인식하고 실현해 나간다. 절대정신은 모든 대립과 모순을 지양(Aufheben, 보존하면서도 폐기하고 승화시킴)하고 스스로를 완전히 이해함으로써, 궁극적인 자유와 진리를 성취한다.

정신현상학(Phenomenology of Spirit)

헤겔의 대표적인 저서로, 개별 의식이 감각적 확실성에서 시작해 지각, 오성, 자기의식, 이성, 정신, 종교를 거쳐 궁극적으로 절대지(Absolute Knowing)에 이르는 과정을 상세히 기술한 책이다. 이는 '의식의 경험에 대한 학문'으로, 인간 의식이 어떻게 점진적으로 발전하여 자신과 세계에 대한 완전한 인식을 획득하는지를 보여주는 변증법적 여정을 탐구한다.

"이성적인 것은 현실적이고 현실적인 것은 이성적이다."

헤겔 철학의 핵심 명제로, 현실 세계가 우연적이거나 혼란스러운 것이 아니라 근본적으로 이성적 원리에 따라 움직이고 발전한다는 의미를 담고 있다. 더불어 진정으로 이성적인 것은 반드시 현실 속에서 구체화한다는 믿음을 표현한다. 이는 현실의 모든 사건과 형태가 정신의 자기실현 과정에서 필연적으로 나타나는 단계임을 시사한다.

역사

헤겔에게 역사는 단순히 과거 사건들을 나열한 것이 아니라, 절대정신이 자기의식과 자유를 향해 나아가는 변증법적 발전 과정을 의미한다. 역사는 이성적 목적을 향해 진보하며, 다양한 문화와 문명, 국가의 흥망성쇠는 모두 정신이 자신을 점진적으로 실현해 나가는 필연적 단계로 해석된다.

자유

헤겔에게 진정한 자유란 외부의 제약에서 벗어나는 것 이상의 의미를 지닌다. 이는 이성적 존재가 자신의 본질, 즉 이성적 필연성을 깨닫고 그에 따라 스스로를 규정할 때 도달하는 '자기 결정'의 상태를 뜻한다. 자유는 절대정신이 역사를 통해 궁극적으로 성취하고자 하는 목표이며, 이성적 존재가 보편적 법칙을 내면화할 때 비로소 실현된다.

▊Mulholland Dr 영화 속 적용

헤겔의 관점에서 본 <멀홀랜드 드라이브> 해석

헤겔은 '정신(Geist)'의 변증법적 자기 전개를 통해 진리와 자유가 실현된다고 본 철학자이다. 그의 철학은 모든 사물과 사유가 '정(正)-반(反)-합(合)'의 대립과 해소 과정을 거쳐 더 높은 단계로 발전한다는 변증법(Dialectic)을 핵심으로 한다. 헤겔에게 진리란 정지된 것이 아니라, 끊임없이 대립을 극복하며 자신을 펼쳐나가는 '과정'이며, 궁극적으로 '절대정신'에 이르러 모든 것이 총체적으로 이해되는 상태에 도달한다. 〈멀홀랜드 드라이브〉는 이러한 헤겔의 변증법적 운동이 한 개인의 정신(다이앤의 의식) 속에서 어떻게 좌절하고 파괴되는지를 극적으로 보여주는 작품으로 해석할 수 있다.

정(正, Thesis): 순수한 의식의 단계 (베티의 세계)

영화의 전반부, 베티가 주인공으로 등장하는 할리우드 이야기는 헤겔이 말하는 정신의 초기 단계, 즉 순수하고 직접적인 의식을 보여준다. 이 시기 베티(다이앤의 이상화된 자아)는 할리우드라는 대도시의 낙천적인 기운과 성공에 대한 맹목적인 믿음에 휩싸여 있다.

자기 의식의 초기 형태

베티는 자신의 능력을 의심하지 않고, 희망으로 가득 차 있다. 리타를 만나 사랑에 빠지고, 오디션에서 탁월한 재능을 보여주는 등, 외부 세계와 순조롭게 상호작용하며 자신의 이상적인 모습을 확신한다. 이는 아직 내면에 어떠한 대립이나 부정성도 없는, 낙관적인 자기의식의 직접적인 발현이다.

'소외'되지 않은 정신

이 세계 속의 베티는 현실의 다이앤이 겪는 실패나 좌절, 죄책감으로부터 완전히 벗어난다. 할리우드의 냉혹한 현실이나 자신의 결함으로부터 '소외'되지 않은, 행복한 착각 속의 정신이다. 이것은 다이앤이라는 파편화된 '정신'이 아직 대립과 부정성을 직면하지 않은, 최초의 '명제(Thesis)' 상태라고 할 수 있다.

반(反, Antithesis): 부정성과 대립의 직면(다이앤의 현실)

영화는 중반을 넘어 갑자기 베티의 세계가 현실의 다이앤이라는 인물의 꿈이었음을 드러낸다. 이는 헤겔의 변증법적 운동에서 '정'의 단계가 자신 안의 모순을 드러내며 '반(反)'의 단계로 넘어가는 과정과 흡사하다. 이상적인 베티의 세계(정)는 현실 속, 다이앤의 비참하고 추악한 삶에 의해 부정(否定)된다.

현실의 다이앤은 배우로서 실패하고, 애인 카밀라에게 외면당하며, 그 질투심 때문에 살인 청부라는 극단적인 선택을 한 비참한 인물이다. 이 현실은 베티의 순수한 의식과는 완전히 대립적이며 부정적인 단계이다. 다이앤은 이상화된 자기 자신(베티)으로부터 극심하게 소외되어 있으며, 자신의 욕망과 행동이 초래한 결과를 이성적으로 직시하지 못하고 있다.

다이앤의 현실은 끊임없이 자신을 긍정하려는 코나투스와 자신의 선택으로 인해 스스로를 부정하는 모순에 빠져 있다. 베티의 세계에서 모든 것이 잘 맞물려 돌아가던 인과성은 다이앤의 현실에서 파편화되고 비논리적으로 나타나며, 그의 정신이 세계를 통일적으로 파악하는 데 실패하고 있음을 보여준다.

실패한 합(合, Synthesis): 파편화된 정신의 붕괴

헤겔의 변증법은 '정'과 '반'의 대립을 통해 두 대립물을 모두 포괄하는 더 높은 차원의 '합(Synthesis)'으로 나아간다. 이 합의 단계에서 정신은 이전보다 더 풍부하고 심화된 자기 인식을 얻으며, 이전의 모순들을 극복하고 자신을 온전히 이해하는 '절대정신'으로 전개되어 간다. 그러나 〈멀홀랜드 드라이브〉의 다이앤은 이 합의 단계를 이성적으로 성취하지 못하고, 오히려 붕괴와 파멸이라는 비극적 결말을 맞이한다.

자기 의식 통합의 실패

다이앤은 이상적인 자기 자신(베티)과 현실의 실패한 자기 자신(다이앤) 사이의 깊은 모순을 직면한다. 헤겔이라면 이러한 대립을 통해 정신이 자신의 전체 모습을 파악하고, 모순을 통합하여 더 높은 차원의 자기 인식을 이룩하라고 했을 것이다. 하지만 다이앤은 자신의 꿈과 현실이 하나의 '나' 안에서 작동하고 있음을 이성적으로 이해하고 받아들이지 못한다. 그는 이 모순을 극복하기는커녕 이성적인 성찰에 도달하지 못하고, 죄책감과 절망감에 휩싸여 끝내 자살을 선택한다. 이는 파편화된 정신이 스스로를 통합하여 진정한 '자유'에 이르지 못하고, 대립에 굴복해 자멸하는 모습을 보여준다.

영화가 유도하는 관객의 합

다이앤 자신은 비극적으로 실패하지만, 영화는 관객에게 헤겔적 변증법을 체험하도록 유도한다. 관객은 처음에 베티의 세계(정)에 몰입하고, 이내 다이앤의 세계(반)를 직면하며 혼란에 빠진다. 그리고 영화가 끝난 후, 이 두 세계가 사실은 한 인물의 파편화된 정신의 양상임을 총체적으로 이해(합)하게 된다. 관객은 다이앤이라는 한 개인의 정신이 경험하는 극심한 '소외'와 '모순'을 지켜봄으로써, 인간 정신의 복잡성과 취약성에 대한 더 높은 인식을 얻는 것이다. 이는 다이앤의 개인적인 합은 실패했지만, 영화라는 예술 형식이 관객에게 진리의 변증법적 과정을 경험시키는 역할을 한다고 볼 수 있다.

꿈과 현실의 변증법적 대립

영화의 서사는 베티의 꿈(정)과 다이앤의 현실(반)이라는 두 극단적 상태의

드라이브의 칼날

대립으로 해석할 수 있다. 베티의 꿈은 다이앤의 이상화된 욕망과 회피된 현실이 만들어낸 '정'의 상태로, 그 자체로 내재적 모순(꿈속의 미스터리, 불안감)을 포함한다. 꿈이 무너지고 다이앤의 비참한 현실이 드러나는 과정은 '반'의 상태를 나타낸다. 헤겔의 관점에서 이 두 상태는 서로 대립하고 충돌하면서 궁극적으로 다이앤의 의식이 더 높은 차원의 진리(합)에 도달해야 한다. 그러나 영화는 이러한 합의 도달에 실패하고 의식의 붕괴라는 비극적 결말을 보여준다.

의식의 자기 소외와 실패한 정신현상학

다이앤의 정신적 여정은 헤겔의 '정신현상학'의 왜곡된 변형으로 해석될 수 있다.

감각적 확실성/지각

베티의 꿈속 세계는 감각적으로 주어지는 현상에 대한 의식의 초기 단계와 유사하다. 외견상 모든 것이 명확하고 확실해 보이지만, 실제로는 가장 피상적인 인식 수준에 불과하다.

자기의식의 갈등

꿈이 무너지고 다이앤의 현실이 드러나는 순간은 자기의식의 단계에 해당한다. 다이앤은 자신의 욕망, 실패, 죄책감, 그리고 카밀라와의 관계 속에서 자아를 인식하고자 한다. 그러나 그녀는 자기의식의 갈등(이상적 자아와 실제 자아 간 모순)을 극복하지 못하고, 오히려 타인을 부정하고 자기 파괴의 길을 걷는다.

이성의 도달 실패

헤겔에게 이성은 주관적 의식과 객관적 현실의 통일을 지향하는 단계이다. 다이앤은 자신의 욕망과 현실 사이의 괴리를 이성적으로 통합하고 화해하는 데 실패한다. 그녀는 고통스러운 현실을 '지양'하고 더 높은 차원의 '자유'에 도달하는 대신, 모순 속에서 자멸한다. 이는 '정신'이 자기 인식과 실현에 실패한 비극적인 정신현상학적 여정의 단면을 보여준다.

절대정신으로의 나아가지 못함

헤겔의 철학에서 모든 현상은 절대정신이 자기실현의 과정을 거치는 것으로 이해된다. 〈멀홀랜드 드라이브〉에서 다이앤의 파멸은 그녀의 개별 정신이 절대정신과 융합하지 못하고, 대신 자기 소외와 내적 분열에 갇힌 상태를 상징적으로 보여준다. 그녀는 자신의 내적 모순을 극복하고 보편적 이성(절대정신)의 일부로 자신을 이해하는 데 실패한다. 결과적으로 이 영화는 개별 정신이 자신의 변증법적 과정을 완수하지 못할 때 겪는 비극을 극적으로 드러내고 있다고 해석할 수 있다.

현실의 이성성(Rationality of the Actual)과 그 이해의 실패

헤겔은 "이성적인 것은 현실적이고 현실적인 것은 이성적이다."라는 명제를 통해 현실의 심층적 의미를 설명했다. 다이앤의 비참한 현실, 그녀가 겪은 실패와 배신, 그리고 그로 인한 고통조차도 헤겔의 관점에서 보면 정신 발전 과정의 필연적이고 이성적인 한 단계로 이해될 수 있다. 그러나 다이앤은 자신의 현실이 지닌 '이성성'을 깨닫지 못하고, 그 필연성을 수용하기보다는 끊임없이 회피하고 부정하려 한다. 바로 이러한 이해의 실패가 결국 그녀를 파멸로 이끄는 것이다. 영화는 현실의 가장 고통스러운 측면조차도 이성적 이해의 대상이 될 수 있음을 역설적으로 보여주고 있다.

Point of View

헤겔은 19세기 독일 관념론을 집대성하며 서양 철학사의 대단원을 장식한 인물이다. 그의 '변증법적 방법론(정-반-합)'은 철학을 넘어 역사학, 사회학 등 거의 모든 인문사회과학 분야에 지대한 영향을 미쳤으며, 특히 마르크스주의의 중요한 토대가 되었다. 그는 역사철학의 새로운 지평을 열었고, 주체와 객체, 자유와 필연 등 근원적 문제를 변증법적으로 해명하며 서양 철학의 과거를 집대성하고 미래를 열어젖힌 독보적인 철학자로 평가된다.

Beyond the Scene

철학자	핵심 개념	영화와의 연결점	독자를 위한 한 줄 요약
칸트	선험적 인식 형식, 현상/물자체, 자율적 이성	다이앤의 정신(이성)이 자신을 보호하기 위해 비극적 현실('물자체')을 베티의 성공 신화('현상')로 구성하고 인과적으로 질서화한다. 이는 주체 내부의 선험적 틀이 세계를 구성하는 방식과 같다.	우리는 영화 속 혼돈을 이성으로 이해하려 하지만, 결국 모든 것이 다이앤의 마음속 안경을 통해 걸러진 현상임을 알게 된다.
헤겔	정신 현상학, 변증법, 절대정신	다이앤의 의식은 실패(정) → 꿈속 성공(반) → 현실 직시 후 파멸(합)이라는 변증법적 과정을 거쳐 나아간다. 이는 절대적인 비극의 진실('절대정신')에 도달하는 과정처럼 보인다.	영화는 다이앤의 실패(정), 꿈속 성공(반), 그리고 비참한 현실(합)이라는 세 단계를 거쳐 '정신적'으로 최종 진실에 다다른다.

헤겔의 사상은 서양 철학의 흐름을
어떻게 변화시켰는가?

헤겔의 철학은 그의 독창적인 변증법적 방법론과 '정신(Geist)' 또는 '절대 정신' 개념을 통해 서양 철학의 패러다임을 근본적으로 재구성했다.

철학적 사고의 방법론적 전환: 변증법의 도입

정태적 사고에서 동태적, 과정적 사고로

기존 서양 철학이 대상을 정적이고 불변하는 실체로 바라보던 관점과 달리, 헤겔은 모든 존재와 사유가 '정–반–합'의 변증법적 과정을 통해 끊임없이 진화하고 발전한다고 주장했다. 이를 통해 철학적 대상을 고정된 실체가 아닌 역사적이고 유동적인 존재로 이해하는 혁신적인 관점을 제시했다.

모순의 긍정적 역할 강조

과거 철학에서 모순은 논리적 결함으로 간주되어 배제되었지만, 헤겔은 모순을 발전의 근본 동력으로 재해석했다. 그는 대립하는 요소들 간의 갈등이 더 높은 차원의 진리를 창출한다고 보며, 철학적 담론에서 대립과 갈등을 생산적인 계기로 인식하게 했다.

총체적, 체계적 이해의 추구

부분적 지식에 머무르지 않고, 헤겔은 자연, 역사, 사회, 예술, 종교, 국가 등 모든 영역을 '정신'의 자기 발전 과정으로 이해하는 거대한 철학적 체계를 구축했다. 이를 통해 현상을 유기적이고 통합적인 관점에서 파악하게 했다.

역사와 시간 개념의 부각

역사의 철학적 의미 부여

헤겔은 역사를 단순한 사건들의 연대기가 아니라 '정신이 자유를 점진적으로 실현해 나가는 필연적인 과정'으로 재해석했다. 이는 역사를 우연적 사건들의 집합이 아닌, 이성적 목적을 추구하는 '정신'의 자기실현 여정으로 이해하게 하는 혁신적인 관점이었다.

시간과 변화의 중요성 인식

변증법적 사고는 존재를 고정된 실체가 아니라 끊임없이 생성되고 소멸하며 발전하는 동적 과정으로 이해하게 했다. 이를 통해 시간과 변화를 철학적 탐구의 핵심 요소로 심화시켰다.

주체와 객체의 종합 및 의식의 발전 강조

주객 이분법의 극복 시도

칸트가 주체와 객체를 엄격히 구분하고 물자체의 영역을 설정한 것과 달리, 헤겔은 주체와 객체가 궁극적으로 '정신'이라는 하나의 통합된 실체 안에서 지양(Aufheben)되고 종합된다고 보았다. 이러한 관점은 기존 인식의 한계를 넘어선 절대적 지식의 가능성을 탐구하게 했다.

의식의 자기 발전 과정 탐구

『정신현상학』에서 헤겔은 개별 의식이 감각적 확실성에서 시작하여 자기의식, 이성을 거쳐 궁극적으로 절대지에 도달하는 심층적인 과정을 세밀하게 분석했다. 이는 인간 의식이 스스로를 인식하고 세계를 이해하는 방식에 대한 깊이 있는 통찰을 제공했다.

후대 철학에 미친 구체적인 영향

마르크스주의의 토대

헤겔의 변증법은 카를 마르크스에게 결정적인 영향을 미쳐, 유물론적 변증법으로 재해석되어 역사와 사회 변화를 설명하는 핵심 도구가 되었다. 마르크스는 헤겔의 '정신' 대신 '물질적 생산관계'를 변증법적 발전의 원동력으로 해석했다.

실존주의 및 현상학에의 영향

헤겔의 '자기의식'과 '소외' 개념은 키르케고르, 사르트르 등 실존주의 철학자들이 인간 존재의 본질, 자유, 책임 등을 탐구하는 중요한 철학적 기반이 되었다. 또한 현상학의 발전에도 간접적으로 큰 영향을 미쳤다.

영미권 철학(신헤겔주의) 및 비판

19세기 후반부터 20세기 초반까지 영국과 미국에서는 헤겔의 사상을 계승한 신헤겔주의가 한동안 학계의 주목을 받았다. 반면, 분석철학의 일부 진영에서는 헤겔 철학의 모호성과 과도한 형이상학적 경향을 비판하며 독자적인 길을 모색했다.

정치 철학 및 사회 이론

헤겔의 국가론은 국가를 단순한 개인들의 집합체가 아니라 이성이 구현되는 유기적 실체로 바라보았으며, 이는 다양한 형태의 공동체주의적 사상에 깊은 영향을 끼쳤다. 그의 역사철학은 사회 진보와 발전에 대한 논의를 더욱 심화시켰다.

결론적으로, 헤겔은 지식의 단순한 축적을 넘어 지식의 생성과 발전 과정, 그리고 현실 자체의 이성적 전개 방식에 대한 혁신적인 틀을 제시함으로써 서양 철학의 패러다임을 근본적으로 변혁시켰다고 평가할 수 있다.

7

19세기 의지 철학

고통과 삶의 긍정

⚛ 쇼펜하우어: 의지와 표상으로서의 세계, 염세주의

아르투어 쇼펜하우어(Arthur Schopenhauer, 1788년 2월 22일 ~ 1860년 9월 21일)는 19세기 독일 철학계에서 독창적인 사상을 펼친 철학자로, 칸트의 철학을 비판적으로 수용하고 플라톤주의 및 인도 철학(특히 우파니샤드와 불교)의 깊은 영향을 받아 독자적인 염세주의적 세계관을 구축했다. 그는 세계의 근본을 맹목적인 '의지'로 보고, 삶의 본질은 고통이며, 오직 의지의 부정을 통해서만 진정한 구원에 도달할 수 있다고 주장했다.

⌛ 생애 요약

쇼펜하우어는 1788년 당시 폴란드령이었던 단치히(현 그단스크)의 부유한 상인 가문에서 태어났다. 어린 시절부터 유럽 곳곳을 여행하며 다양한 문화를 접한 그의 경험은 나중에 그의 사상 형성에 결정적인 영향을 미쳤다. 괴팅겐 대학교에서 의학과 철학을 공부하고, 베를린 대학교에서 피히테의 강의를 들으며 학문적 기반을 다졌다. 1813년 『충족이유율의 네 겹의 뿌리에

관하여』라는 논문으로 박사 학위를 취득했고, 1818년(출판은 1819년) 그의 철학적 대작 『의지와 표상으로서의 세계』를 출간했으나, 당대에는 거의 주목받지 못했다.

베를린 대학교에서 잠시 강사로 활동하며 당대 최고 철학자 헤겔에 도전하고자 했지만, 그의 강의 시간과 겹치게 강의를 개설하는 전략은 실패로 돌아갔다. 이후 프랑크푸르트 암 마인으로 거처를 옮겨 은둔 생활을 하며 연구와 저술에 전념했다. 그의 사상은 1850년대 이후 점차 알려지기 시작하여 말년에 이르러서야 비로소 학문적 명성을 얻었다. 평생 독신으로 살며 철학에 온전히 헌신한 쇼펜하우어는 1860년 프랑크푸르트에서 생을 마감했다.

🔑 핵심 사상(기본 개념)

쇼펜하우어의 철학은 세계의 본질이 맹목적인 의지이며, 이에 따라 삶이 고통으로 가득하다는 염세주의적 관점을 핵심으로 한다.

의지와 표상으로서의 세계(Die Welt als Wille und Vorstellung)

이는 쇼펜하우어 철학의 중심 명제로, 그는 세계가 두 가지 측면으로 존재한다고 보았다.

표상(Vorstellung)

우리가 경험하고 인식하는 현상 세계로, 칸트의 현상과 유사하게 우리의 인식 형식(시공간, 인과율)에 의해 구성된 주관적 세계이다. 우리가 보는 모든 사물과 현상은 근본적으로 '표상'에 불과하다.

의지(Wille)

표상의 이면에 존재하는 세계의 근원적 실재(칸트의 물자체)로, 모든 존재를 추동하는 맹목적이고 비합리적인 힘이다. 이 의지는 개별 생명체뿐 아니라 자연의 모든 현상(중력, 자기력 등)에 내재하며, 끊임없이 만족을 갈구하는 맹목적 충동이다. 인간의 경우, 이 의지는 욕망, 충동, 생존 본능 등으로 내면에서 직접적으로 경험된다.

염세주의(Pessimism)와 고통(Suffering)

쇼펜하우어는 세계의 근원이 맹목적인 '의지'이기 때문에 삶 자체가 본질적으로 고통이라고 주장했다. 의지는 끊임없이 무언가를 갈망하며, 한 가지 욕망이 충족되면 또 다른 욕망이 생겨나 진정한 만족에 도달할 수 없다. 그는 삶을 욕망(결핍과 고통)과 그 일시적 충족(짧은 쾌락, 이내 찾아오는 권태) 사이를 오가는 시계추에 비유했다. 행복은 단지 고통의 일시적 중단일 뿐이며, 진정한 평화는 의지의 소멸에서만 찾을 수 있다고 보았다.

구원의 길(Path to Salvation/Liberation)

쇼펜하우어는 고통으로 가득한 삶에서 벗어날 수 있는 몇 가지 방법을 제시했다.

미적 관조(Aesthetic Contemplation)

예술 작품을 감상하거나 자연의 아름다움을 바라볼 때, 우리는 일시적으로 개별적 의지(욕망)에서 벗어나 플라톤적 이데아를 순수하게 인식할 수 있다. 이 짧은 순간 동안 의지의 맹목적인 추동이 멈추고, 고통에서 해방된 평화를 경험할 수 있다.

동정(Compassion)

타인의 고통을 자신의 고통처럼 느끼는 동정심은 이기적인 의지로부터 벗어나게 하는 도덕적 행위의 근본이다. 이를 통해 의지의 개별성을 넘어 모든 존재가 하나의 의지 발현임을 깨달을 수 있다.

금욕주의(Asceticism) / 의지의 부정(Denial of the Will)

고통으로부터의 궁극적인 해방은 '의지의 부정'을 통해서만 가능하다. 이는 욕망을 억제하고, 세속적인 쾌락을 포기하며, 금욕적인 삶을 살면서 맹목적인 의지의 힘을 약화시키는 것을 의미한다. 쇼펜하우어는 불교의 열반이나 기독교 성인들의 금욕적 삶이 이러한 관점과 일치한다고 보았다.

Mulholland Dr 영화 속 적용

쇼펜하우어의 관점에서 본 <멀홀랜드 드라이브> 해석

쇼펜하우어의 '의지와 표상' 개념과 염세주의적 시각은 이 영화의 심층적인 의미를 이해하는 데 독특하고 심도 있는 통찰을 제공한다.

세계는 의지(욕망)와 표상(꿈/현실)

영화 전체를 다이앤의 '표상'으로 해석할 수 있다. 영화의 전반부 베티의 이야기는 다이앤의 강렬한 욕망과 좌절이 만들어낸 환상적인 표상(꿈)이며, 후반부의 현실 역시 그녀의 내면적 고통의 표현이다. 이 모든 장면은 다이앤이라는 개별 의식 내에서 펼쳐지는 주관적 세계, 즉 순수한 표상일 뿐이다. 꿈과 현실의 경계가 모호해지는 것은 이 모든 것이 다이앤이라는 단일한 의지의 다양한 발현임을 보여주는 쇼펜하우어적 세계관의 반영으로 볼 수 있다.

의지로서 다이앤의 욕망

다이앤의 모든 행동과 고통의 근원은 맹목적이고 집요한 '의지', 즉 그녀의 근본적인 욕망(배우로서의 성공, 카밀라와의 사랑, 인정받고 싶은 열망)이다. 이 의지는 끊임없이 그녀를 고통의 심연으로 밀어붙인다. 욕망이 충족되지 않을 때의 고통(좌절한 배우, 버림받은 연인)과, 욕망이 성취될 듯하다가 다시 좌절되는 과정(카밀라의 배신) 모두 의지의 맹목적이고 무자비한 추동력에서 비롯된다.

고통과 염세주의적 세계

영화는 다이앤의 삶이 끊임없는 고통으로 점철되어 있음을 생생하게 보여준다. 그녀의 삶은 욕망과 좌절, 그리고 그로 인한 고통이 끊임없이 반복되는 굴레를 보여준다. 꿈속에서 잠시 행복을 발견하려 하지만, 그마저도 현실의 의지(죄책감, 두려움) 때문에 침식되고 결국 와해된다. 이는 쇼펜하우어의 염세주의적 세계관, 즉 삶은 본질적으로 고통이며 행복은 단지 고통의 일시적 중단에 불과하다는 관점과 완벽하게 일치한다. 다이앤의 삶은 끊임없이 욕망하고, 그 욕망이 좌절되면서 고통받는 의지의 전형적인 모습을 보여준다.

의지의 부정 실패와 파멸

쇼펜하우어는 인간이 고통에서 벗어나기 위해서는 의지를 부정해야 한다고 주장했다. 그러나 다이앤은 자신의 의지(욕망)를 부정하기는커녕, 오히려 그 의지에 맹목적으로 포박되어 있다. 그녀는 자신의 욕망을 충족시키기 위해 살인 청부라는 극단적인 선택을 하고, 결국 그 욕망과 죄책감에 의해 자신을 스스로 파괴한다. 미적 관조나 동정을 통해 의지에서 벗어나려는 그 어떤 시도조차 하지 못한 채, 그녀는 맹목적인 의지의 노예로 전락하여 비극적인 결말을 맞이한다. 이 영화는 의지를 부정하지 못하고 그에 굴복했을 때 인간이 겪게 되는 비극적인 운명을 생생하게 보여주고 있다고 해석할 수 있다.

Point of View

쇼펜하우어의 철학적 사상은 프리드리히 니체, 지크문트 프로이트, 알베르 카뮈와 같은 후대 사상가들에게 지대한 영향을 끼쳤으며, 특히 인간의 이성 이면에 존재하는 비합리적 측면과 무의식의 중요성을 조명한 현대 사상의 토대를 마련했다.

✪ 프리드리히 니체: 힘에의 의지, 초인과 가치 전복

프리드리히 니체(Friedrich Nietzsche, 1844년 10월 15일 ~ 1900년 8월 25일)는 19세기 독일의 철학자로, 서양 철학사에 혁신적인 영향을 끼친 사상가이다. 그의 사상은 전통적인 도덕, 종교, 철학적 가치에 대한 근본적인 도전을 담고 있으며, 현대 철학과 예술, 문학 등 다양한 분야에 깊은 영감을 주었다. 특히, 서구의 전통을 깨고 새로운 가치를 세우고자 했기 때문에 '망치를 든 철학자'라는 별명이 있다.

⧗ 생애 요약

니체는 1844년 프로이센의 뢰켄에서 루터교 목사의 아들로 태어났다. 엄격한 기숙학교인 슐포르타에서 교육을 받으며, 특히 그리스어와 라틴어에서 뛰어난 재능을 보였다. 본 대학교에서 신학을 공부했지만, 점차 그리스 고전문헌학에 더 큰 열정을 느꼈고, 유명한 고전문헌학자 프리드리히 빌헬름 리츨 교수에게 깊은 학문적 영향을 받았다. 24세의 어린 나이에 스위스 바젤 대학교의 고대 그리스 언어와 문학을 담당하는 고전문헌학 교수로 임용될 정도로 비범한 학문적 재능을 인정받았다. 하지만 건강상의 문제로 1879년 교수직을 사임하고, 이후 유럽 전역을 떠돌며 자신의 혁신적인 철학을 저술하는 데 온전히 몰두했다. 말년에는 정신적 혼란에 빠져 고통받다가 1900년에 생을 마감했다.

🔑 핵심 사상(기본 개념)

아폴론적인 것과 디오니소스적인 것(Apollonian and Dionysian)

니체는 초기 저작 『비극의 탄생』에서 인간의 삶과 예술을 이해하는 두 가지 근본적인 충동을 제시한다.

아폴론적인 것

질서, 이성, 개별화, 형식, 꿈, 조화, 아름다움 등을 상징한다. 이는 고대 그리스 조각상처럼 명확하고 세련된 아름다움을 추구하는 경향을 보인다.

디오니소스적인 것

혼돈, 충동, 비이성, 합일, 도취, 고통, 생명력 등을 상징한다. 삶의 근원적인 힘과 비극적 진실을 마주하게 한다.

니체는 이 두 가지 충동이 조화를 이룰 때 진정한 예술과 삶의 비극적 지혜가 탄생한다고 보았다.

니힐리즘(Nihilism)과 신의 죽음

니체는 서구 사회가 오랫동안 의지해왔던 기독교적 가치와 형이상학적 진리가 그 힘을 상실해 가고 있음을 선언하며 "신은 죽었다."라고 말했다. 이는 문자 그대로 신의 존재 여부와 무관하게, 인간 삶의 의미와 가치를 부여했던 절대적 기준이 사라졌음을 의미한다. 이러한 가치의 붕괴는 허무주의(니힐리즘)를 초래하며, 인간은 삶의 의미를 상실하는 위기에 직면하게 된다.

르상티망(Ressentiment)

르상티망은 약자들이 강자나 성공한 자에 대해 느끼는 질투, 원한, 복수심 같은 부정적인 감정이다. 니체는 이러한 르상티망이 '노예 도덕'을 낳고, 삶의 긍정을 방해한다고 보았다. 약자들은 자신들의 무력감을 정당화하기 위해 강자의 가치를 부정하고, 이를 통해 자신들의 약함을 '선'으로, 강자의 힘을 '악'으로 규정하는 도덕 체계를 만들어낸다고 니체는 설명한다.

권력에의 의지 혹은 힘에의 의지(Will to Power)

니체는 모든 생명체가 자신을 보존하고 강화하려는 근원적인 충동, 즉 '권력에의 의지'를 지니고 있다고 보았다. 이는 단순히 타인을 지배하려는 물리적 힘이 아니라, 자기 극복과 창조, 성장, 가치 형성 등을 아우르는 넓은 의미의 생명력이다. 니체에게 삶은 끊임없이 자신을 뛰어넘으려는 의지의 발현이다.

니체의 '권력에의 의지'와 스피노자의 '코나투스'의 차이

니체의 '권력에의 의지'는 삶의 자기 초월적이고 가치를 창조하는 근본적인 충동이라면, 스피노자의 '코나투스'가 존재의 자기 보존적이고 본질 발현적인 것이라고 볼 수 있다. 두 개념 모두 존재의 근원적인 동력을 탐구하지만, 한쪽은 '극복'에, 다른 한쪽은 '지속'에 더욱 초점을 맞추고 있다.

스피노자에게 코나투스

모든 존재가 자신의 존재를 유지하고 보존하려는 본질적인 노력 또는 경

　　　　　　　　　　　　　　　　　　　　드라이브의 칼날

향을 의미한다. 이는 인간을 포함한 모든 사물에 내재된 근본적인 힘으로, 어떤 존재든 외부의 힘에 의해 파괴되지 않는 한 자신의 존재를 지속하고자 한다. 스피노자는 코나투스를 다음과 같이 설명한다.

'자기 보존의 노력'

코나투스는 개체가 현재의 상태를 유지하고, 자신의 존재를 위협하는 요소들을 배제하려는 내재적 경향이다.

'활동 역량의 증대'

코나투스는 단순한 현상 유지를 넘어, 자신의 '작용 역량'을 확장하려는 노력도 포함한다. 즉, 더 깊이 이해하고 더욱 능동적으로 행동하려는 욕구로 나타난다.

'본질의 발현'

코나투스는 개체의 고유한 본성, 즉 본질에 근거하여 설명되며, 그 개체가 할 수 있는 모든 것을 실현하려는 근본적인 노력이다.

'지향점'의 차이

니체의 '권력에의 의지'는 현상 유지를 초월하여 자신을 극복하고 더 높은 차원으로 나아가려는 역동적인 힘이다. 이는 끊임없는 성장, 새로운 가치의 창조, 그리고 기존의 자아를 넘어서려는 의지를 포함한다. 니체에게 삶은 정체되지 않고 항상 더 강력해지고, 더욱 풍요로워지며, 더 지배적으로 나아가려는 근본적인 충동의 표현이다.

스피노자의 '코나투스'는 자신의 존재를 보존하고, 주어진 본성 안에서 자신의 작용 역량을 유지하거나 점진적으로 확장하려는 노력이다. 이는 근본적으로 '자기 보존'에 중점을 두며, 외부의 방해 없이 자신의 본질을 최대한 발현하려는 내재적 경향이다.

'성격'의 차이

니체의 '권력에의 의지'는 본질적으로 창조적이고 변혁적인 성격을 지닌다. 이는 기존의 가치를 전복하고 새로운 가치를 부여하는 '가치 전도'와 밀접하게 연결되며, 궁극적으로 '위버멘쉬'라는 이상적인 인간상으로 수렴된다.

스피노자의 '코나투스'는 근본적으로 보존적이고 내재적인 성격을 가진다. 이는 각 개체의 고유한 본질에 따라 나타나는 필연적인 경향이며, 이성을 통해 자신의 코나투스를 이해하고 따를 때 진정한 자유와 행복에 도달할 수 있다고 본다.

'범위'의 차이

니체의 '권력에의 의지'는 주로 생명의 근본적인 힘으로, 특히 인간의 삶과 그 가치를 형성하는 근본 동력으로 강조된다.

스피노자의 '코나투스'는 신, 인간, 사물 등 모든 존재에 보편적으로 적용되는 근본 원리이다. 즉, 돌멩이든 인간이든 각자의 고유한 존재를 유지하고자 하는 근본적인 경향성을 공유한다.

초인(Übermensch)

니체는 니힐리즘의 시대에 새로운 가치를 창조하고, 자기 극복을 통해 자신을 완성해 나가는 인간형을 '초인'으로 제시했다. 초인은 기존의 도덕과 관습에 얽매이지 않고, 스스로 삶의 의미와 가치를 부여하며 자신의 운명을 긍정하는 존재이다. 이는 특정 인물을 지칭하는 것이 아니라, 인간이 도달할 수 있는 이상적인 경지를 의미한다.

영원회귀(Eternal Recurrence)

니체의 가장 심오한 개념 중 하나로, 모든 사건과 시간이 영원히 반복된다는 사상이다. 이는 삶의 모든 순간을 긍정하고 사랑하며, 다시 반복되어도 좋을 만큼 충만하게 살라는 메시지를 담고 있다. 삶의 고통과 비극까지도 긍정하고 받아들일 때 진정한 삶의 가치를 발견할 수 있다는 니체의 삶 긍정 철학을 보여준다.

아모르 파티(Amor Fati): 운명애(運命愛)

'아모르 파티'는 라틴어로 '운명을 사랑하라'는 의미이다. 니체는 이를 "인간의 위대함을 위한 공식"이라고 표현했다. 이는 단순히 운명을 수동적으로 받아들이거나 체념하는 것을 넘어, 삶에서 일어나는 모든 일, 심지어 고통스럽고 비극적인 사건들까지도 적극적으로 긍정하고 사랑해야 한다는 깊은 의미를 담고 있다.

니체에게 아모르 파티는 삶의 모든 필연적인 것을 견디는 것을 넘어, 그 것을 숨기지 않고 오히려 진심으로 사랑하는 태도를 의미한다. 이는 삶의 모든 순간을 자신의 의지로 선택하고 창조하는 것처럼 받아들일 때 가능한 태도이다. 아모르 파티는 영원회귀의 사상과도 긴밀하게 연결되어, 자기 삶이 영원히 반복된다고 해도 기꺼이 받아들일 수 있을 만큼 충만하고 주 체적인 삶을 살라는 니체의 강력한 메시지를 내포하고 있다.

이러한 운명애는 고통 속에서도 자신이 극복해야 할 과제와 사명을 발견 하고, 의욕적으로 저항과 고통을 찾아 모험에 나서는 강인한 의지를 가진 사람의 태도에서 드러난다. 니체는 평범한 인간에게 이러한 태도가 가능한 지에 대해 의문을 제기하며, 삶의 모든 것을 사랑한다는 말이 아니라 '사랑' 그 자체의 본질에 중요성을 두었다. 사랑은 단순히 소유하는 것이 아니라, 끊임없이 아끼고 가까이하고 싶은 마음으로 지속적으로 움직이는 것이라 고 이해했다.

Mulholland Dr 영화 속 적용

니체의 관점에서 본 <멀홀랜드 드라이브>의 해석

니체의 '권력에의 의지'와 니힐리즘에 대한 그의 철학적 사상을 통해 깊 이 있게 해석할 수 있다.

 드라이브의 칼날

아폴론적인 꿈과 디오니소스적인 현실의 충돌

영화의 전반부는 배우 지망생 베티가 기억을 상실한 리타와 미스터리를 탐험하는 몽환적인 세계를 보여준다. 이 부분은 질서와 환상, 이상화된 자아가 투영된 아폴론적인 세계로 해석된다. 이 장면에서 베티는 화려한 성공을 꿈꾸고, 리타와의 관계도 아름답게 그려진다.

반면 후반부는 이전의 모든 장면이 실패한 배우 다이앤(베티의 실제 이름)의 비참한 현실과 좌절된 욕망에서 비롯된 환상임을 폭로한다. 다이앤의 현실은 실패, 질투, 좌절, 그리고 살인 의뢰라는 극단적인 비극으로 가득 차 있다. 이는 혼돈과 고통, 삶의 잔혹한 진실이 드러나는 디오니소스적인 세계를 대변한다. 영화는 아폴론적 환상이 디오니소스적 현실에 의해 무너지는 과정을 통해, 인간이 환상에 안주하지 말고 가혹한 현실을 직시해야 함을 암시한다.

욕망과 좌절, 그리고 '권력에의 의지'

영화 속 인물들은 모두 할리우드에서의 성공과 사랑이라는 강렬한 욕망, 즉 권력에의 의지를 추구한다. 다이앤은 유명 배우가 되고 연인 카밀라의 사랑을 얻고자 하지만, 현실은 그녀의 기대와 매우 동떨어져 있다. 그녀의 권력에의 의지는 좌절되고, 이는 극심한 질투와 분노로 변모해 결국 카밀라를 향한 파괴적인 충동(살인 의뢰)으로 표출되고 만다.

이렇게 영화는 권력에의 의지가 긍정적인 자기 극복으로 이어지지 못하

고, 좌절했을 때 얼마나 파괴적으로 변질될 수 있는지를 과감히 보여주고
있다. 다이앤은 현실의 고통을 직시하고 진정한 자기 극복을 이루기보다는
환상의 세계로 도피하거나 파괴적인 행동을 선택함으로써, 니체가 이상화
한 '초인'의 모습과는 근본적으로 거리가 먼 인물이다.

니힐리즘과 가치 붕괴

할리우드라는 공간은 겉으로는 화려하게 빛나지만, 그 이면에는 냉혹한
성공 경쟁과 가치의 전도가 도사리고 있는 곳이다. 다이앤의 꿈과 현실은
'성공'과 '사랑'이라는 가치가 얼마나 쉽게 무너질 수 있는지를 적나라하게
보여주며, 이는 니체가 언급한 니힐리즘의 한 단면으로 해석된다. 절대적
가치가 사라진 세계에서 개인은 자신의 욕망을 좇지만, 그 욕망이 좌절될
때 삶의 의미를 상실하고 공허함에 빠져들게 되고 만다.

르상티망과 노예 도덕의 발현

다이앤의 캐릭터는 니체의 '르상티망' 개념을 완벽하게 구현하고 있다.
한때 성공한 배우였던 그녀는 연인 카밀라에게 버림받고 할리우드에서도
좌절을 겪으면서, 카밀라에 대한 깊은 질투와 원한, 복수심을 키워갔다.

그녀의 꿈속 세계(베티의 환상)는 바로 이러한 르상티망이 변형된 모습으로
나타난다. 꿈속에서 다이앤은 순수하고 유능한 베티로 변모해 카밀라(리타)
를 통제하고 보호하는 '선한' 존재가 된다. 이는 현실에서 자신이 겪었던 열
등감과 좌절을 보상받고 싶은 심리이자, 카밀라를 자신의 지배 아래 두고

자 하는 욕망의 표출이다. 하지만 결과적으로 이러한 르상티망은 카밀라를 비극적인 죽음으로 몰아넣고, 다이앤 자신도 죄책감과 절망에 빠뜨리게 된다. 그녀는 르상티망에 사로잡혀 '노예 도덕'적 복수를 선택함으로써, 결국 삶의 긍정성을 상실하고 스스로를 파멸의 길로 이끌게 된다.

영원회귀의 비극적 순환

영화의 마지막 장면들은 다이앤의 고통이 끝없이 반복될 것 같은 무섭고도 강렬한 암시를 전달한다. 꿈에서 깨어난 다이앤이 결국 자살을 선택하지만, 영화의 첫 장면과 유사한 지르박 춤 장면과 반복되는 이미지들은 그녀의 고통스러운 경험이 일종의 영원회귀처럼 지속될 수 있음을 암시한다. 이는 삶의 비극적 진실을 직면하고 받아들이지 못할 때, 고통의 순환에서 벗어나기 얼마나 어려운지를 보여주는 니체적 메시지로 해석될 수 있다.

아모르 파티의 부재

다이앤의 삶은 '아모르 파티'와는 정반대의 궤적을 그린다. 그녀는 자신의 비참한 현실을 사랑하고 긍정하기는커녕, 꿈속에서 이상적인 자아를 만들어 현실을 부정하려 몸부림친다. 또한, 자신의 좌절된 욕망과 고통을 받아들이지 못하고 이를 파괴적인 행동으로 분출한다. 니체가 말하는 '운명을 사랑하는' 태도는 삶의 고통과 좌절마저도 자신의 일부로 받아들이고 이를 통해 더 강인한 자아를 형성해 나가는 것이다. 하지만 다이앤은 이러한 아모르 파티의 태도가 결핍됨으로써 자신의 운명을 긍정적으로 전환하지 못하고 비극적 결말을 맞이하게 되고 만다.

Point of View

니체의 철학은 현대 지성계에 지대한 영향을 끼쳤다. 그의 혁신적인 사상은 실존주의, 포스트모더니즘, 페미니즘 등 광범위한 사상적 흐름에 깊은 영감을 제공했으며, 특히 서구 근대 문명의 기존 패러다임에 대한 근본적인 비판과 새로운 사유의 지평을 열게 했다.

Beyond the Scene

철학자	핵심 개념	영화와의 연결점	독자를 위한 한 줄 요약
쇼펜하우어	의지와 표상으로서의 세계, 맹목적 의지, 염세주의	다이앤의 모든 행동과 환상(꿈의 세계)은 삶에 대한 맹목적이고 끈질긴 '의지'(성공과 사랑에 대한 갈망)의 발현이며, 이 의지로부터 벗어날 수 없는 고통과 최종적인 파멸로 귀결되는 존재론적 비극을 보여준다.	성공과 사랑을 향한 다이앤의 맹목적인 욕망은 결국 그녀를 고통과 절망으로 이끄는 '삶의 의지'가 표상된 것이다.
니체	힘에의 의지, 초인, 가치 전복, 르상티망	다이앤의 '힘에의 의지'는 성공과 사랑을 쟁취하려는 강한 욕망으로 나타나지만, 실패와 배신으로 인해 좌절된 '르상티망'은 살인 청부라는 파괴적인 형태로 발현되어 기존 가치 전복에 실패한다.	다이앤의 모든 행동은 '힘에의 의지'에서 나왔지만, 좌절된 욕망은 복수심(르상티망)으로 변질되어 그녀를 파멸시킨다.

SCENE 3

20세기 전반

David ———————— 드라이브의 칼날 ———————— Lynch

#8

정신분석학

무의식과 주체의 형성

⏀ 지그문트 프로이트: 무의식의 발견, 정신분석학의 창시

지크문트 프로이트(Sigmund Freud, 1856년 5월 6일 ~ 1939년 9월 23일)는 오스트리아의 탁월한 신경학자이자 정신분석학의 창시자로 알려진 인물이다. 그는 인간의 정신세계가 의식적인 부분을 넘어서 접근하기 어려운 '무의식(Unconscious)'이라는 방대한 영역으로 구성되어 있으며, 이 무의식이 인간의 사고와 감정, 행동에 근본적인 영향을 미친다는 혁명적인 이론을 제시했다. 그의 사상은 20세기 심리학, 철학, 문학, 예술, 사회학 등 인문 사회과학 전 분야에 가장 깊은 영향을 미친 이론 중 하나로 평가받고 있다.

⧖ 생애 요약

프로이트는 1856년 오스트리아-헝가리 제국(현 체코)의 프라이베르크에서 유대인 가정의 아들로 태어났다. 그는 4세 때 가족과 함께 빈으로 이주해 평생을 그 도시에서 보냈다. 빈 대학교에서 의학을 전공하고 신경학 분야 연구를 시작했으며, 특히 최면술을 통한 히스테리 환자 치료에 깊은 관심을 가졌다. 프랑스에서 장 마르탱 샤르코에게 최면술을 배우고, 요제프 브로이어와 협력하여 히스테리 연구를 진행하면서 정신분석학의 기반을 마련했다. 1900년 그의 대표작 『꿈의 해석(Die Traumdeutung)』을 출간하며 무의식의 중요성을 강조했고, 이후 오이디푸스 콤플렉스, 심리성적 발달단계, 자아-원초아-초자아 이론, 방어기제 등 정신분석학의 핵심 개념들을 체계화했다. 나치 정권의 유대인 박해를 피해 1938년 런던으로 망명했으며, 구강암으로 오랜 고통을 겪다가 1939년 런던에서 생을 마감했다.

🔑 핵심 사상(기본 개념)

프로이트의 정신분석학은 인간 정신의 구조와 내적 작동 원리, 그리고 이것이 인간의 행동에 미치는 영향을 심층적으로 분석한다.

무의식(Unconscious)

프로이트에게 무의식은 인간 정신의 가장 광대하고 핵심적인 영역이다. 이는 개인이 의식적으로 인지하지 못하는 심리적 영역으로, 과거의 경험, 억압된 욕망, 내면의 충동, 감춰진 기억 등이 저장되어 인간의 사고와 행동을 근본적으로 형성한다. 프로이트는 꿈, 언어적 실수, 신경증적 증상 등을 통해 무의식의 작동 메커니즘이 드러난다고 해석했다.

정신 구조 모델: 원초아, 자아, 초자아(Id, Ego, Superego)

프로이트는 인간의 정신을 세 가지 핵심 구조로 설명했다.

원초아(Id)

출생과 동시에 존재하며, 본능적 욕구와 원초적 충동(성적 욕구, 공격성 등)에 따라 즉각적인 만족을 추구하는 원시적 심리 영역이다. '쾌락 원리'에 의해 지배된다.

자아(Ego)

원초아의 충동, 외부 현실, 그리고 초자아의 요구 사이에서 균형을 조정하고 중재하는 역할을 수행한다. '현실 원리'에 따라 작동하며, 실제적 조건들을 고려해 욕구를 충족시키려 한다.

초자아(Superego)

사회의 도덕적 규범, 부모의 교육, 내면화된 양심 등을 대변하는 부분이다. 원초아의 충동을 억제하고, 자아에게 도덕적 완벽성을 추구하도록 압박한다. '도덕 원리'에 의해 지배된다.

심리성적 발달단계(Psychosexual Stages)

프로이트는 인간의 성격 발달이 유아기부터 성인기까지 리비도(성적 에너지)가 집중되는 신체 부위에 따라 구강기, 항문기, 남근기, 잠복기, 생식기의 5단계로 진행된다고 주장했다. 각 발달단계에서 경험하는 심리적 갈등의 해결 방식이 개인의 성격 형성에 결정적인 영향을 미친다고 보았다.

오이디푸스 콤플렉스(Oedipus Complex)

남근기의 핵심 심리적 현상으로, 남자아이가 어머니에 대해 성적 애착을 느끼고 아버지에 대해 경쟁적이고 적대적인 감정을 경험하는 현상을 의미한다. 여자아이의 경우 이는 '엘렉트라 콤플렉스'로 알려져 있다. 이 복합체의 해결 과정이 개인의 성격 구조와 성 정체성 형성에 근본적인 영향을 미친다.

들뢰즈의 오이디푸스 비판

'영웅을 기다리는' 황당한 주장(Anti-Oedipus)

질 들뢰즈와 펠릭스 가타리는 『안티 오이디푸스』에서 프로이트의 오이디푸스 콤플렉스를 근본적으로 비판한다. 그들은 프로이트가 무한하고 생산적인 '욕망(desire)'을 협소한 가족 구조(아버지-어머니-아이)에 가두고, 이를 통해 욕망을 '결핍'으로 축소하며 사회적 통제와 억압을 정당화한다고 주장했다. 들뢰즈에게 욕망은 결핍에서 발생하는 것이 아니라 끊임없이 창조하고 연결하는 긍정적인 힘인 '욕망하는 기계'다.

욕망을 길들이는 메커니즘

프로이트는 이 무한한 욕망의 흐름을 오이디푸스 콤플렉스라는 '영웅적인' 서사(아버지에게서 어머니를 빼앗으려는 영웅의 욕망)로 제한하고, 이를 통해 개인을 사회적 규범에 순응시킨다고 비판받는다. 들뢰즈는 "영웅을 기다린다는 황당한 주장"처럼, 오이디푸스 콤플렉스가 개인의 무한한 욕망을 특정 가족 서사로 축소하고, 사회가 원하는 방식으로 욕망을 길들이는 메커니즘이라고 보았다. 이는 정신분석이 자본주의 사회의 통제 장치로 기능한다는 비판의 근거가 된다.

방어기제(Defense Mechanisms)

자아가 원초아의 충동과 초자아의 압박, 그리고 외부 현실 사이의 갈등에서 발생하는 불안을 해소하기 위해 무의식적으로 사용하는 심리적 대응 전략이다. 억압(Repression), 합리화, 투사, 전이, 승화, 반동 형성 등이 대표적인 방어기제로 알려져 있다.

꿈의 분석(Dream Analysis)

프로이트는 꿈을 "무의식으로 가는 왕도(royal road)"라고 표현했다. 꿈은 억압된 무의식적 욕망이 상징적 형태로 표출되는 현상이다. 그는 꿈의 표면적 내용인 현재몽(Manifest Content) 이면에 숨겨진 진정한 무의식적 의미인 잠재몽(Latent Content)을 분석함으로써 내담자의 무의식적 갈등을 이해하고자 했다.

Mulholland Dr 영화 속 적용

프로이트의 관점에서 본 <멀홀랜드 드라이브> 해석

프로이트의 정신분석학적 관점은 이 영화 속 다이앤의 심리적 내면과 행동을 이해하는 데 깊이 있는 통찰을 제공한다.

베티의 꿈

억압된 욕망과 죄책감의 표출: 영화의 전반부, 베티와 리타가 등장하는 이상화된 할리우드 이야기는 다이앤의 무의식적인 욕망과 억압된 죄책감이 상징적으로 드러나는 현재몽으로 해석될 수 있다.

원초아적 욕망

다이앤의 배우로서의 성공 열망과 카밀라에 대한 강렬한 성적 욕망 및 애정은 순수한 원초아적 충동을 드러낸다. 꿈속에서 베티는 성공적인 오디션을 치르고, 리타와 열정적인 로맨틱 관계를 맺으며 이러한 원초아적 욕망을 가상으로나마 충족시킨다.

초자아적 죄책감

그러나 꿈속에서도 끊임없이 감돌며 불안감을 조성하는 음산한 요소들 (어두운 그림자, 늙은 부부의 등장, 파란 상자의 미스터리)은 다이앤의 초자아가 살인 교사라는 죄책감을 무의식적으로 투영하고 있음을 나타낸다. 늙은 부부는 다이앤에게 과거의 순수했던 순간들을 상기시키거나, 혹은 그녀를 압도하고 심판하는 초자아적 존재의 그림자로 해석될 수 있다.

다이앤의 정신 구조(원초아-자아-초자아)의 갈등

원초아

다이앤의 성공에 대한 집착과 카밀라에 대한 강박적 감정, 그리고 카밀

드라이브의 칼날

라를 제거하려는 공격성은 원초아의 맹목적이고 충동적인 욕구를 생생하게 보여준다.

자아

다이앤의 자아는 이러한 원초아적 욕망과 냉혹한 현실(실패, 카밀라의 거부) 사이에서 극심한 갈등을 겪으며, 결국 현실 원리를 포기하고 꿈이라는 환상적 도피처로 후퇴한다. 이는 자아가 현실을 효과적으로 조정하지 못하고 궁극적으로 붕괴하는 모습을 드러낸다.

초자아

살인 교사라는 극단적 행위 이후 다이앤을 끊임없이 괴롭히는 죄책감과 환청(노크 소리, 늙은 부부의 환영)은 압도적인 초자아의 심리적 압박을 명확히 보여준다. 결국 자살이라는 선택은 초자아적 처벌이 극단화된 최종적인 결과로 해석될 수 있다.

방어기제로서의 '환상 형성'과 '억압'

다이앤은 배우로서의 좌절, 카밀라에게 버림받은 고통스러운 현실, 그리고 살인 교사라는 죄책감을 견디기 위해 '환상 형성'이라는 방어기제를 활용한다. 그녀는 현실의 고통스러운 기억을 억압하고, 꿈속에서 자신이 바라는 이상적인 시나리오를 구성해 낸다. 하지만 이러한 억압은 완벽하지 않아, 무의식적인 죄책감과 불안이 꿈속에서 상징적으로 표출되며 그녀를 괴롭힌다.

꿈의 상징과 잠재몽

영화 속 다양한 상징들은 다이앤의 무의식적 갈등을 드러내는 잠재몽으로 해석할 수 있다.

파란 상자와 열쇠

억압된 무의식적 진실이나 금기된 욕망을 상징한다. 상자가 열리는 순간은 무의식적 내용이 의식으로 폭발하는 지점이며, 이는 다이앤이 더 이상 진실을 회피할 수 없음을 의미한다.

교통사고

다이앤의 삶이 파국으로 치달음을 상징적으로 보여주는 사건이자, 그녀의 무의식적 죄책감(살인)을 반영하는 장면일 수 있다.

실렌시오 클럽

'침묵'을 의미하는 이 공간은 무의식의 깊은 영역, 언어로 표현할 수 없는 원초적 공간을 상징하며, 다이앤의 절망적인 감정이 폭발하는 장소이다.

Point of View

프로이트의 정신분석학은 인간의 무의식적 동기와 내면의 갈등을 더욱 깊이 있게 탐구함으로써, 심리학을 넘어 문학, 예술, 사회 비평 등 광범위한 학문 영역에 혁신적인 통찰을 제공했다.

⏀ 자크 라캉: 무의식은 언어처럼 구조화되어 있다, 거울 단계와 타자

자크 라캉(Jacques Lacan, 1901년 4월 13일 ~ 1981년 9월 9일)은 20세기 프랑스를 대표하는 정신분석학자로, 프로이트의 정신분석학을 구조주의 언어학과 헤겔 철학의 렌즈를 통해 혁신적으로 재해석했다. 그는 인간의 무의식이 언어와 유사한 구조적 특성을 보이며, 주체가 언어와 타자의 욕망 속에서 형성된다는 획기적인 관점을 제시했다. 그의 독창적인 사상은 정신분석학의 범주를 넘어 철학, 문학 비평, 영화 이론, 여성학 등 다양한 인문 사회과학 분야에 지대한 영향을 미쳤다.

⧖ 생애 요약

자크 라캉은 1901년 프랑스 파리의 부유한 가톨릭 가정에서 태어났다. 그는 의학을 전공하고 정신과 의사로 활동하면서, 정신분석학과 철학에 대한 깊은 열정을 키웠다. 1930년대부터 프로이트의 정신분석학을 집중적으로 연구하며 자신만의 독창적인 이론을 발전시키기 시작했고, 1936년 국제정신분석학회에서 '거울 단계' 논문을 발표하며 학계의 주목을 받았다. 그는 '프로이트로의 복귀(Retour à Freud)'를 주창하며 당시 미국 중심의 자아심리학을 강력히 비판했다. 그의 복잡하고 혁신적인 강의 방식과 이론은 많은 논란을 불러일으켰고, 결국 국제정신분석학회에서 제명되는 아픔을 겪었다. 그러나 라캉은 파리에서 자신의 세미나를 지속하며 수많은 지식인과 학생들에게 지적 영감을 불어넣었고, 그의 사상은 1960년대 프랑스 지성계를 주도하는 핵심 사조 중 하나로 자리 잡았다. 그의 대표적인 저작으로는 세미나 강의록을 모은 『에크리(Écrits)』(1966)가 있으며, 1981년 파리에서 생을 마감했다.

🔑 핵심 사상(기본 개념)

라캉의 정신분석학은 프로이트의 무의식 개념을 더욱 깊이 탐구하며, 언어와 상징의 역할을 통해 주체의 형성 과정을 체계적으로 설명한다.

세 가지 정신 질서: 상상계, 상징계, 실재계(The Imaginary, The Symbolic, The Real)

라캉은 인간의 정신 경험을 서로 연결된 세 가지 질서로 세밀하게 구분했다.

상상계(The Imaginary)

거울 단계에서 형성되는 질서로, 이미지와 동일시, 환상, 자기애적 관계가 지배하는 영역이다. 주체는 타자의 이미지에 자신을 투사하여 '나'라는 통합된 자아를 형성하지만, 이는 근본적으로 오인(méconnaissance)에 기반한 허구적 동일성이다. 언어가 개입하기 이전의 단계 또는 언어적 질서에 저항하는 이미지의 영역을 의미한다.

상징계(The Symbolic)

언어, 법, 문화, 사회적 규범, 그리고 타자의 욕망이 지배하는 질서이다. 주체는 상징계에 진입함으로써 언어를 습득하고 사회화되며, 자신의 욕망을 언어화하고 타자의 욕망에 의해 규정된다. 상징계는 무의식이 언어와 유사한 구조를 가진다는 라캉의 핵심 주장을 뒷받침하는 근본적인 영역이다.

실재계(The Real)

상상계와 상징계의 외부에 존재하며, 언어로 포착하거나 상상으로 재현할 수 없는 영역이다. 외상(trauma), 결핍, 죽음, 주체의 근원적 분열과 같은 요소들로, 상징화되지 않는 순수한 충격이나 불가능성을 의미한다. 실재계는 끊임없이 상징계를 위협하며 주체의 경험에 근본적인 균열을 초래한다. 칸트의 '물자체'와 쇼펜하우어의 '의지'와 비슷한 개념이다.

거울 단계(Mirror Stage)

생후 6개월에서 18개월 사이의 유아가 거울(또는 타인의 시선) 속에서 자신의 분열된 신체가 아닌, 통합된 신체 이미지(이상적 자아)를 발견하고 환희를 느끼며 자신을 동일시하는 중요한 발달단계이다. 이 과정을 통해 유아는 '나'라는 자아 개념을 형성하지만, 이는 외부 이미지에 기반한 허구적 동일성, 즉 상상계적 자아에 불과하다.

타자(The Other)와 대타자(The big Other)

라캉에게 '타자'는 단순한 개인적 타자가 아니라, 언어, 법, 사회적 규범, 문화적 코드 등 주체를 규정하고 욕망을 형성하는 거대한 상징적 질서, 즉 대타자를 의미한다. 주체의 무의식은 대타자의 담론에 의해 구조화되며, 주체의 욕망은 언제나 대타자의 욕망(타자가 나에게 무엇을 욕망하는가?)에 의해 매개되고 형성된다.

"대타자는 없다"(Il n'y a pas de Grand Autre)

라캉의 후기 사상에서 핵심적인 명제로, 대타자는 완벽하고 결점 없는 절대적 존재가 아니라는 선언이다. 대타자는 겉보기에 주체에게 안정적인 의미와 질서를 제공하는 것처럼 보이지만, 실상 스스로 결핍되고 불완전하며 모순을 안고 있는 존재이다. 다시 말해, 대타자 내부에는 공백이 존재하며, 모든 것을 포괄하는 완전한 보증이나 권위는 실제로 존재하지 않는다. 이러한 대타자의 결핍은 주체의 근본적인 불안과 끊임없는 욕망 추구의 근원이 된다. 대타자가 완전하지 않기에 주체는 지속적으로 그 결핍을 메우려 시도하지만, 이는 불가능한 과제이며, 결국 욕망은 영원히 충족되지 못한 채 새로운 대상을 향해 끊임없이 배회하게 된다.

환타지(Fantasy / Fantasm, φ)

라캉에게 환타지는 단순한 공상이나 상상을 넘어서는 깊은 의미를 지닌다. 이는 주체의 욕망을 구조화하고, 실재계의 근본적인 공백이나 충격을 은폐하는 일종의 시나리오이다. 환타지는 주체가 자신의 욕망(대상 a)과 대타자의 결핍 사이에서 자신의 위치를 설정하는 일종의 '각본'이다. 주체는 이러한 환타지 시나리오를 통해 자신의 욕망을 견딜 수 있게 만들고, 자신의 방식으로 세계에 의미를 부여할 수 있다. 환타지는 "주체($)와 대상 a(a)의 관계"로 표현되며, 이는 주체의 결핍과 욕망의 대상 사이의 역동적인 관계를 드러낸다.

환타지 횡단(Traversing the Fantasy / Traversée du fantasme)

환타지 횡단은 정신분석 치료의 궁극적인 목표 중 하나로, 주체가 자신을 지탱해 온 근본적인 환타지 시나리오를 인식하고 그 환타지를 '초월'하는 과정이다. 이는 매우 고통스러운 과정인데, 환타지가 제공해 왔던 안정된 의미와 욕망의 구조가 무너지면서, 주체는 실재계의 근본적인 공백과 '대타자는 없다'라는 진실과 직접 마주하게 되기 때문이다. 환타지 횡단은 주체가 더 이상 환타지에 의해 지배되지 않고, 자신의 욕망과 세계에 대해 보다 새롭고 성찰적인 방식으로 관계 맺을 가능성을 열어준다.

환상

어렸을 때부터 '나는 반드시 뮤지컬 배우가 될 거야.'라는 꿈을 품었다. 무대 위에서 스포트라이트를 받는 환상적인 삶이 나를 기다릴 것이라는 믿음이 나의 모든 노력을 지탱해 주는 환상이었다. 성공하면 모든 결핍이 채워지고 행복해질 것이라는 확고한 믿음 속에서 삶을 구성해 나간다.

환타지 횡단

수없이 오디션에 떨어지고, 생활고에 시달리며, 재능의 한계를 느낀다. 결국 배우의 꿈을 내려놓고 무대 감독 보조나 기술 스태프 등 백스테이지 일을 하게 된다. 이 과정에서 화려한 무대 뒤의 고된 현실, 그리고 배우가 아니더라도 무대를 만드는 일 자체가 주는 보람을 발견한다. 배우의 화려함 뒤에 숨겨진 차가운 경쟁과 고통을 직시하고, 자기 능력이 연기에만 있지 않음을 깨닫는 것이 바로 '환타지 횡단'이다.

드라이브(Drive): 만족할 수 없는 무의식의 '충동'

'드라이브'는 생물학적 본능과 다르다. 이는 신체의 특정 에로스적 구역(구강, 항문, 시선, 음성 등)과 관련된 '부분 충동'으로, 완전한 만족을 목표로 하기보다는 특정 대상을 끊임없이 선회하고 반복하는 순환 운동 그 자체를 의미한다.

드라이브는 주체가 결코 온전히 소유할 수 없는 '대상 a(objet petit a)' 주변을 맴돈다. 이 과정에서 쾌락과 고통이 뒤섞인 역설적인 만족인 '주이상스(jouissance)'를 경험하게 된다.

라캉은 이 위험하고 원초적인 드라이브로부터 주체를 보호하기 위한 '방어'로서 '욕망'을 이야기한다. 욕망은 상징계 안에서 언어화되고 채워지지 않는 결핍을 통해 드라이브가 주체를 해체하는 것을 막는다. 그리고 새로운 욕망으로 이끌며 주체를 지탱한다.

욕망(Desire)

라캉에게 욕망은 프로이트와 달리 단순한 생물학적 충동이 아니라, '타자의 욕망(Desire of the Other)'으로 이해된다. 주체의 욕망은 언어를 통해 표현되지만, 언어 자체가 본질적으로 결핍을 내포하기 때문에 욕망은 결코 완전히 충족되지 못한다. 욕망은 끊임없이 대상을 추구하지만, 그 대상은 계속해서 미끄러지며, 궁극적인 욕망의 대상은 결국 상징화될 수 없는 '대상 a(objet petit a)'로 나타난다.

주체(Subject)의 분열

라캉은 인간 주체를 단일하고 통일된 '자아(ego)'가 아니라, 언어에 의해 분열된 존재로 파악한다. 주체는 상징계에 진입하면서 언어를 통해 자신을 표현하지만, 언어는 무의식의 진정한 의미를 완전히 포착하지 못하기 때문에, 주체는 늘 '말해지는 것'과 '말해지지 않는 것' 사이에서 분열된다. 이러한 분열된 주체는 무의식의 작용이자 동시에 언어의 필연적인 결과로 이해된다.

Mulholland Dr 영화 속 적용

자크 라캉의 관점에서 본 <멀홀랜드 드라이브> 해석

라캉의 정신분석학적 관점은 이 영화 속 다이앤의 심리적 메커니즘과 행동, 그리고 영화의 난해한 구조를 이해하는 데 깊이 있는 통찰을 제공한다.

다이앤의 상상계적 환타지(Fantasy)와 그 붕괴

영화 전반부에 등장하는 베티와 리타의 이상화된 할리우드 이야기는 다이앤이 자신의 욕망(성공, 사랑)을 구조화하고, 현실의 고통스러운 실재계적 충격(실패, 거부, 살인)을 은폐하는 근원적인 환타지 시나리오이다. 이 환타지 속에서 다이앤은 베티라는 이상적인 상상계적 자아를 통해 자신의 욕망을 투영하고, 스스로를 안정된 주체로 위치시킨다. 이는 라캉의 거울 단계에서 형성되는 허구적 자아의 확장된 형태로 볼 수 있다.

"대타자는 없다"의 현실화와 '환타지 횡단'의 비극

다이앤은 할리우드라는 시스템, 즉 성공과 명성을 보장해 줄 것 같은 완벽한 대타자에 자신의 모든 욕망과 기대를 걸었다. 그녀는 카밀라의 사랑과 할리우드 시스템이 자신에게 '스타'라는 정체성을 부여할 것이라고 믿었다. 그러나 영화의 전반부 꿈속의 완벽해 보이는 세계조차 불안정하고, 결국 파란 상자가 열리면서 "대타자는 없다"라는 충격적인 진실이 드러난다. 할리우드는 그녀에게 안정적인 정체성이나 행복을 보장해 줄 수 있는 완전한 시스템이 아니었고, 카밀라의 사랑 또한 불완전하고 모순적이었다.

이 순간은 다이앤에게 강제된 '환타지 횡단'의 결정적인 지점이다. 그녀를 지탱하던 환타지 시나리오가 무너지면서, 그녀는 실재계의 근본적인 결핍과 '대타자는 없다'라는 충격적인 진실과 마주하게 된다. 이 환타지 횡단은 그녀에게 새로운 주체성을 형성할 기회가 될 수도 있었지만, 다이앤은 이 충격을 감당하지 못하고 극심한 불안과 주체의 분열 속에서 파멸한다. 그녀는 환타지를 넘어서 새로운 방식으로 욕망에 관계 맺는 데 실패하고, 결국 자살이라는 극단적인 방식으로 자신의 분열된 주체를 소멸시킨다.

'드라이브(Drive)'의 역설

다이앤의 드라이브는 현실에서 충족되지 못한 강렬한 욕망(할리우드 성공, 카밀라의 사랑)에서 시작된다는 점이 문제의 근원이다. 그녀는 이 좌절된 욕망을 직시하는 대신, 환상 속에서 드라이브를 순환시키려 했다. 베티라는 성공적인 자신과 리타라는 이상적인 연인을 만들어내며 고통스러운 현실을 회

   드라이브의 칼날

피한 것이다.

그러나 이 '충동(드라이브)'은 결코 완전한 만족에 도달하지 않으며, 현실을 벗어난 환상 속에서 작동할수록 점점 더 파괴적인 '주이상스'로 치닫는 문제를 안고 있다. 다이앤의 드라이브는 결국 현실과 환상의 경계를 허물고 그녀를 통제 불능의 상태로 이끌어 갔다.

다이앤의 드라이브는 결핍된 현실을 직면하지 않고 회피하는 방식으로 작동하여, 궁극적으로 자기 파멸에 이른다는 역설에 도달한다. 만족할 수 없는 드라이브를 환상에 가두려다 오히려 그 환상마저 현실에 잠식당하면서, 다이앤은 극단적인 선택(청부살인 의뢰, 자살)으로 치닫게 된다. 그녀의 드라이브는 존재를 지탱하는 힘이 아니라, 존재를 해체하는 비극적인 동력이 된 것이다.

상징계의 지배와 '타자의 욕망'

다이앤의 삶은 할리우드라는 상징계의 강력한 지배를 받는다. 그녀의 욕망(성공, 사랑)은 순수한 개인적 욕망이 아니라, 할리우드라는 상징계가 규정하는 '스타가 되어야 한다.', '사랑을 쟁취해야 한다.'라는 '타자의 욕망'에 의해 형성되고 추동된다. '카밀라 로즈'는 다이앤에게 있어 '타자의 욕망'을 대변하는 핵심 인물이다. 카밀라가 다이앤에게서 등을 돌리고 다른 사람을 선택하는 것은, 다이앤이 '타자의 욕망'을 충족시키지 못했음을 의미하며, 이는 다이앤에게 극심한 결핍과 고통을 안겨준다.

'대상 a'와 충족되지 않는 욕망

다이앤은 카밀라에 대한 사랑과 할리우드에서의 성공을, 자기 욕망의 궁극적인 목표, 즉 '대상 a'로 인식한다. 하지만 라캉의 관점에서 욕망의 대상은 언제나 미끄러지며, 결코 완전히 붙잡거나 충족시킬 수 없다. 다이앤은 카밀라를 통해 자신의 욕망을 채우려 하지만, 카밀라는 지속적으로 그녀의 손아귀를 벗어나고, 결국 다이앤의 욕망은 좌절된다. 이 충족되지 않는 욕망이 다이앤의 파멸로 이어지게 된다.

실재계의 침입과 주체의 분열

다이앤의 꿈속 세계가 무너지고 현실의 비참함이 드러나는 것은, 상징계와 상상계의 질서로는 포착할 수 없는 '실재계'의 충격적인 개입이다. 살인 교사에 대한 죄책감, 늙은 부부의 환영, 파란 상자 속의 공포 등은 상징화되지 않는 순수한 외상으로서 실재계의 발현이다. 이러한 실재계의 침입은 다이앤의 통일된 상상계적 자아를 붕괴시키고, 그녀가 자신의 근본적인 분열과 결핍과 마주하게 만든다. 결국 그녀는 이 실재계의 충격을 감당하지 못하고, 자살이라는 극단적인 방식으로 자신의 분열된 주체를 소멸시킨다.

무의식은 언어처럼 구조화되어 있다

영화의 비선형적 구조, 상징적 이미지들, 반복되는 모티프들은 다이앤의 무의식이 언어와 유사한 방식으로 구조화되어 있음을 드러낸다. 꿈속의 사건들은 무의식적 욕망과 갈등이 언어(이미지, 서사)의 규칙에 따라 재구성되고 압축된 형태이다. 영화는 무의식의 논리가 현실을 어떻게 왜곡하고 새로운

드라이브의 칼날

의미를 생성하는지를 시각적으로 보여준다.

Point of View

자크 라캉의 사상은 20세기 후반 정신분석학, 철학, 문학 비평, 영화 이론 등 광범위한 학문 분야에 깊은 영향을 미쳤으며, 인간의 주체성, 욕망, 무의식, 언어의 본질에 대한 우리의 이해를 획기적으로 확장했다.

Beyond the Scene

철학자	핵심 개념	영화와의 연결점	독자를 위한 한 줄 요약
프로이트	무의식의 발견, 꿈의 해석, 욕동과 억압	영화 전반부의 베티-리타 서사는 다이앤의 억압된 욕망과 죄의식이 투영된 '꿈'이자 '소원 성취의 환상'으로 해석된다. 그녀의 무의식 속 깊이 숨겨진 욕망과 불안이 영화적 상징들로 위장되어 표출된다.	영화의 전반부 꿈은 다이앤의 이루지 못한 욕망과 불안이 숨겨진 무의식의 일기장이다.
자크 라캉	무의식은 언어처럼 구조화, 상상계/상징계/실재계, 충동(Drive) 거울 단계, 타자, 결핍	베티는 다이앤이 '거울 단계'를 통해 이상화한 '상상계' 속의 자아이며, 다이앤의 욕망은 항상 '타자'(카밀라, 할리우드 시스템)를 통해 매개된다. 특히 다이앤의 맹목적이고 반복되는 성공과 사랑에 대한 갈망, 그리고 파괴적 결말에 이르는 행동은 대상을 맴돌며 만족을 추구하는 라캉적 충동(Drive)의 특성을 보여준다.	다이앤의 베티라는 완벽한 모습은 그녀가 꿈꾸던 이상적 자기상이자 환상이며, 타인과의 관계 속에서 채워지지 않는 결핍을 느끼는 주체의 맹목적인 '충동'이 파멸로 이어진다.

9

실존주의

존재의 불안, 자유, 그리고 선택

❖ 쇠렌 키르케고르: 실존의 역설, 신앙의 도약

쇠렌 키르케고르(Søren Kierkegaard, 1813년 5월 5일 ~ 1855년 11월 11일)는 19세기 덴마크를 대표하는 철학자이자 신학자, 작가다. 그는 헤겔의 절대정신 철학이 개별 인간의 실존적 고뇌와 책임을 외면한다고 비판하며, 주체성, 선택, 불안, 절망, 신앙의 역설 등 인간 실존의 근본적인 문제들을 깊이 있게 탐구했다. 비록 그 자신은 '실존주의'라는 용어를 직접 사용하지 않았지만, 그의 사상은 20세기 실존주의 철학에 지대한 영향을 미쳤기에 '실존주의의 아버지'로 일컬어진다.

⧖ 생애 요약

키르케고르는 1813년 덴마크 코펜하겐의 부유한 상인 가문에서 7남매 중 막내로 태어났다. 그는 코펜하겐 대학교에서 신학과 철학을 전공했으며, 특히 아버지의 엄격한 종교적 양육과 개인적인 고뇌(어머니와 형제들의 잇따른 죽음, 약혼녀 레기네 올센과의 결별 등)는 그의 철학적 사상 형성에 결정적인 영향을 미쳤다. 그는 1841년 『박사 논문: 아이러니의 개념에 대하여』로 학위를 취득한 후, 익명 또는 다양한 가명으로 『이것이냐 저것이냐』, 『불안의 개념』, 『두려움과 떨림』, 『철학적 단편들』, 『죽음에 이르는 병』 등 수많은 저작들을 발표하며 독창적인 철학 체계를 구축했다. 그의 저술들은 당시 덴마크 사회와 교회의 위선, 그리고 헤겔주의의 추상성을 날카롭게 비판했으며, 이로 인해 대중과 끊임없는 갈등을 겪기도 했다. 그는 평생 독신으로 살며 '단독자'로서의 삶을 선택했고, 1855년 코펜하겐에서 생을 마감했다.

🔑 핵심 사상(기본 개념)

키르케고르의 철학은 추상적이고 보편적인 개념들보다 구체적인 개별 주체의 실존적 경험과 선택을 심도 있게 강조한다.

주체성(Subjectivity)

키르케고르는 "진리는 주체성이다(Truth is Subjectivity)"라고 단호하게 주장하며, 객관적이고 보편적인 진리보다 개인에게 내밀하게 의미 있는 주체적 진리의 중요성을 강렬하게 부각했다. 진리란 외부에서 타의로 주어지는 것이 아니라, 개인 스스로의 존재를 통해 능동적으로 선택하고 결단함으로써 획득하는 것이다.

세 가지 실존 단계(Stages of Existence)

인간이 절망을 통해 의식적으로 자신을 선택하며 나아가는 세 가지 삶의 방식을 체계적으로 제시했다.

미적 단계(Aesthetic Stage)

일시적인 쾌락과 감각적 만족을 끊임없이 추구하며, 순간적 경험에 완전히 몰두하는 삶의 방식이다. 진지한 선택과 무거운 책임으로부터 끊임없이 도피하며, 결과적으로 심오한 권태와 깊은 절망에 빠지게 된다.

윤리적 단계(Ethical Stage)

보편적인 도덕 법칙과 사회적 의무를 엄격하게 준수하며 책임감 있는 삶을 영위하는 단계이다. 개인은 선택을 통해 자기 자신을 규정하지만, 보편적 도덕이 개별자의 고유한 특수성을 완전히 포용하지 못하는 근본적 한계로 인해 또 다른 형태의 절망에 직면할 수 있다.

종교적 단계(Religious Stage)

윤리적 단계를 과감하게 넘어서, 이성적이고 보편적인 도덕 법칙을 철저히 초월하여 신 앞에 '단독자'로서 홀로 서는 심오한 신앙의 단계이다. 이는 이성으로는 결코 설명할 수 없는 '역설'을 용기 있게 받아들이는 '신앙의 도약'을 통해 성취된다.

불안(Angst)

키르케고르에게 '불안'은 인간이 자유로운 존재로서 무한한 가능성 앞에 서 있을 때 경험하는 아찔하고 현기증 나는 감정이다. 이는 단순한 죄책감이나 두려움과는 근본적으로 다른, 인간 실존의 가장 본질적인 감정으로, 스스로 선택하고 결단해야 하는 존재의 숙명에서 깊이 비롯된다.

 드라이브의 칼날

절망(Despair)

'죽음에 이르는 병'으로 깊이 있게 묘사된 '절망'은 인간이 자기 자신으로 존재하기를 완전히 거부하거나, 자신을 스스로 온전히 실현할 수 없다고 체념하는 근본적인 상태이다. 이는 의식의 심층적 단계에서 자기 자신을 진정으로 선택하지 못할 때 발생하는 영적인 병으로, 인간 실존의 가장 깊고 암울한 고통을 가장 잘 드러낸다.

단독자(The Individual)

키르케고르는 '군중은 비진리'라고 단호하게 선언하며, 군중 속에서 익명성에 숨어 살아가는 삶을 신랄하게 비판했다. 그는 개인이 군중으로부터 과감히 벗어나 오직 신 앞에 홀로 서서 자신의 실존적 선택과 무거운 책임을 온전히 감당하는 '단독자'로서의 삶을 강력하게 강조했다. 진정한 주체성은 단독자로서의 고독하고 용기 있는 결단을 통해서만 비로소 얻어질 수 있다.

신앙의 도약(Leap of Faith)

이는 종교적 단계로 나아가기 위한 비합리적이고 역설적인 결단을 의미한다. 이성이나 객관적 증거에 기반하지 않고, 오직 자신의 내밀한 의지와 뜨거운 열정을 통해 신에게 자기 자신을 전적으로 내던지는 근본적인 행위이다. 이 과정은 윤리적 보편성을 과감히 초월하여 신 앞에 홀로 서는 단독자의 절대적 주체성을 확고하게 확립하는 근본적인 여정이다.

 영화 속 적용

쇠렌 키르케고르의 관점에서 본 <멀홀랜드 드라이브> 해석

키르케고르의 실존철학은 이 영화 속 다이앤의 비극적인 삶과 내면의 깊이를 이해하는 데 탁월한 해석의 틀을 제공한다.

다이앤의 미적 단계에의 침잠과 절망

영화 전반부 베티의 몽환적 세계는 다이앤이 고통스러운 현실을 외면하고 이상화된 삶(성공적인 배우, 리타와의 로맨스)에 몰두하는 미적 단계의 전형적인 모습을 보여준다. 그러나 이 환상은 현실의 절망을 일시적으로 대체할 뿐, 결국 다이앤을 더 깊은 심연으로 밀어 넣고 만다. 그녀는 이 허구 속에서 진정한 선택과 책임을 회피함으로써 자신의 본질적 자아를 형성하지 못하고, 결국 권태와 불안의 그물망에 갇히게 된다.

윤리적 단계로의 이행 실패와 죄

현실의 다이앤은 자신의 격렬한 욕망(카밀라에 대한 사랑과 질투)에 압도되어 보편적 윤리 규범(살인 금지)를 무참히 짓밟고 청부 살인이라는 극단적 선택을 한다. 이는 윤리적 주체로 성장하는 데 실패하고, 오히려 죄(Sin)를 저지름으로써 자기 자신을 스스로 파멸시키는 행위다. 그녀는 자신의 행위에 대한 책임을 회피하고자 환상의 세계로 도피하지만, 죄책감과 불안은 끈질기게 그녀를 따라다닌다.

불안과 절망의 심연

다이앤이 겪는 정체성의 혼란(다이앤과 베티 사이의 괴리), 좌절된 욕망, 깊어지는 죄책감, 그리고 끝내 자살하고 마는 다이앤은 키르케고르가 말하는 불안과 절망의 극단적 형상화다. 그녀는 자유로운 존재로서 자신의 삶을 주체적으로 선택하고 책임져야 하는 불안 앞에서 도피하고, 결국 자기 자신이 되기를 거부하거나(베티라는 환상 창조), 자기 자신이 될 수 없다고 판단하여 (자살) '죽음에 이르는 병'인 절망의 나락으로 떨어지고 만다.

'단독자'로서의 실패와 신앙의 도약 부재

다이앤은 할리우드의 성공 시스템과 타인의 시선, 그리고 자신의 욕망이라는 집단적 압박에서 벗어나 진정한 개인으로서 자신의 삶을 주체적으로 선택하고 책임지는 데 실패한다. 그녀는 고통스러운 자신의 실존을 직시하고 이성의 한계를 넘어서는 역설적 신앙을 수용하기보다는, 허구적 꿈과 파멸적 현실 사이에서 방황하다 결국 자기 파괴의 길을 선택한다. 그녀의 삶은 키르케고르가 제시한 구원의 길, 즉 신 앞에 홀로 서서 절망을 극복하고 진정한 주체성을 확립하는 과정에서 완전히 좌절한 비극적 존재의 모습을 보여준다.

Point of View

쇠렌 키르케고르의 사상은 20세기의 대표적인 실존주의 철학자들인 하이데거와 사르트르에게 지대한 영향을 끼쳤으며, 인간의 주체성과 자유, 책임, 불안, 절망과 같은 현대인의 근본적인 실존적 고뇌를 탐구하는 데 결정적인 통찰을 제공했다.

⏀ 장 폴 사르트르: 실존은 본질에 앞선다, 자유와 책임

장 폴 사르트르(Jean-Paul Sartre, 1905년 6월 21일 ~ 1980년 4월 15일)는 20세기 프랑스의 대표적인 철학자이자 소설가, 극작가, 정치 운동가였다. 그는 알베르 카뮈, 시몬 드 보부아르와 함께 실존주의 철학의 핵심 인물로 손꼽히며, 인간은 태어날 때부터 정해진 본질 없이 세상에 내던져진 존재로, 스스로의 선택과 행동을 통해 자신의 본질을 만들어간다고 주장했다. 그의 사상은 문학, 예술, 사회 운동 등 다양한 영역에 깊은 영향을 미쳤다.

⌛ 생애 요약

사르트르는 1905년 프랑스 파리에서 태어났다. 그는 명문 고등사범학교(École Normale Supérieure)에서 철학을 공부하던 중 평생의 동반자이자 지적 협력자인 시몬 드 보부아르를 만났다. 교사로 활동하던 중 제2차 세계대전이 발발하자 참전했고, 결국 독일군의 포로가 되었다. 이러한 전쟁 경험은 그의 실존주의 사상 형성에 결정적인 영향을 주었다. 전후 파리로 돌아와 1943년 그의 대표작 『존재와 무(L'Être et le Néant)』를 발표하며 실존주의 철학의 토대를 마련했고, 이후 소설 『구토』, 희곡 『닫힌 방』 등 다양한 문학 작품을 통해 자신의 철학을 대중에게 알렸다. 1964년 노벨 문학상 수상자로 선정되었으나, 공식적인 영예를 거부한다는 자신의 신념에 따라 수상을 거절했다. 그는 알제리 전쟁 반대, 1968년 5월 혁명 지지 등 사회 참여적인 지식인으로서 평생 정치적, 사회적 활동에 적극적으로 참여했으며, 1980년 파리에서 생을 마감했다.

사르트르의 철학은 인간의 주체성, 자유, 그리고 그에 따르는 무거운 책임을 심도 있게 탐구한다.

실존이 본질에 앞선다(L'existence précède l'essence / Existence Precedes Essence)

사르트르 철학의 가장 핵심적인 명제로, 인간은 태어날 때부터 미리 정해진 본질이나 목적을 지니지 않는다고 주장한다. 대신 인간은 먼저 '실존'하며, 세상에 내던져진 후 자신의 선택과 행동을 통해 점진적으로 '본질'을 형성해 간다. 이는 인간이 자신의 삶을 스스로 정의하고 창조할 수 있는 근본적인 자유를 지녔음을 의미한다.

자유와 책임(Liberté et Responsabilité / Freedom and Responsibility)

실존이 본질에 앞서기 때문에, 인간은 자신의 모든 선택과 행동에 대해 완전한 자유를 누린다. 그러나 이 자유는 동시에 막중한 책임을 수반한다. 우리는 개인적 선택뿐만 아니라, 그 선택을 통해 인류 전체에 어떤 의미를 부여할 것인지에 대해서도 책임을 져야 한다. 이러한 절대적 자유와 책임 앞에서 인간은 '불안(Angoisse)'을 경험하게 된다.

타자(L'Autre / The Other)와 응시(Le Regard / The Gaze)

우리는 타인과의 상호작용 속에서 자신을 이해하고 인식한다. 사르트르는 특히 '응시(gaze)'의 개념을 통해 타자의 존재가 우리에게 미치는 심리적 영향을 설명한다. 타자가 나를 '응시'할 때, 나는 더 이상 주체로서의 자유로운 '대자 존재'가 아니라, 타자의 시선 속에서 '객체(object)'로 전락한다. 이러한 대상화는 우리에게 '수치심(Honte)'을 불러일으키며, 나의 자유가 위협받는 듯한 느낌을 준다. 타자의 응시는 나의 자유를 제한하려 하지만, 역설적으로 타자를 통해서만 우리는 진정으로 자신을 인식하고 자유를 자각할 수 있다.

나쁜 믿음(Mauvaise Foi / Bad Faith)

'나쁜 믿음'은 인간이 자신의 근본적인 자유와 그에 따르는 책임을 외면하거나 부정하려는 심리적 태도를 의미한다. 이는 스스로를 특정 본질에 의해 결정된 존재인 것처럼 가장하거나, 특정 역할 속에 자신을 가두어 본연의 자유를 부정하는 행위를 말한다. 예를 들어, 자신을 단순히 웨이터라는 직업적 정체성에 한정하며 다른 가능성을 부정하거나, '나는 원래 이런 사람이야.'라고 말하며 자신의 행동에 대한 책임을 회피하는 것이 나쁜 믿음의 대표적인 예이다.

앙가주망(Engagement / Commitment)

사르트르는 인간이 자유로운 존재로서 자신의 삶과 세계에 대해 끊임없이 '선택하고 행동(앙가주망)해야 한다'고 강조했다. 이는 단순히 개인의 사적인 영역에 머무르지 않고, 사회적, 정치적 현실에 적극적으로 참여하여 자신의 선택을 통해 세계를 변화시켜 나가야 한다는 의미를 담고 있다.

즉자 존재(L'En-soi / Being-in-itself) vs. 대자 존재(Le Pour-soi / Being-for-self)

사르트르는 존재를 두 가지 방식으로 구분한다. '즉자 존재'는 의식 없이 그저 그 자체로 존재하는 사물과 같은 존재로, 고정되고 변화하지 않는 특성을 지닌다. 예를 들어, 돌멩이나 책상 같은 것들을 말한다. 반면에 '대자 존재'는 의식을 가진 인간처럼 자기 자신을 인식하고, 끊임없이 자신의 한계를 넘어서며, 스스로의 본질을 주도적으로 형성해 나가는 존재를 의미한다. 대자 존재인 인간은 즉자 존재가 되고자 하는 깊은 열망을 가지고 있다. 이는 의식의 불안정성과 무한한 자유에서 오는 부담감 때문이지만, 근본적으로 불가능하다, 그런데도 인간은 즉자 존재처럼 확고하고 고정된 상태, 즉 '완벽한 존재'가 되기를 갈망한다. 사르트르는 이러한 열망을 '쓸데없는 열정(useless passion)'이라고 불렀다. 인간은 영원히 자신을 창조해 나가는 끊임없는 과정에 있기 때문이다.

영화 속 적용

장 폴 사르트르의 관점에서 본 <멀홀랜드 드라이브> 해석

사르트르의 실존주의적 관점은 이 영화 속 다이앤의 비극적인 삶과 심리적 상태를 이해하는 데 핵심적인 해석의 틀을 제공한다.

'실존이 본질에 앞선다'의 역설적 적용과 '나쁜 믿음'

다이앤은 배우로서의 성공이라는 '본질'을 열망했지만, 현실에서는 실패한 '실존'을 살아가고 있다. 그녀는 자신의 실존을 통해 새로운 본질을 창조할 수 있는 자유를 지녔음에도 불구하고, 오히려 자신의 처참한 실존을 부정하고 베티라는 이상적인 본질(성공적인 배우, 사랑받는 존재)을 꿈속에서 구축한다. 이는 자신의 자유와 책임을 회피하고 허구의 본질로 도피하려는 '나쁜 믿음'의 극단적 표현이다. 이러한 나쁜 믿음은 결국 그녀의 현실 인식을 왜곡하고, 진정한 자유로운 선택을 방해하며 파멸로 이끈다.

'타자의 응시'와 '수치심'의 압도

영화 속에서 다이앤은 끊임없이 '타자의 응시'에 노출되며 그 시선 속에서 자신을 대상화한다. 특히 카밀라의 성공적인 모습과 냉정한 시선은 다이앤에게 깊은 고통과 '수치심'을 일으킨다. 다이앤은 카밀라라는 타자의 응시 앞에서 자신의 대상화된 모습(실패한 배우, 버림받은 연인)을 감당하지 못한다. 이러한 타자의 응시에서 비롯된 수치심은 그녀의 르상티망을 자극하고, 결국 파괴적인 행동(청부 살인)으로 이어진다. 그녀는 타자의 응시 속에서 자신의 자유를 긍정하고 주체적으로 대응하기보다는, 그 시선을 통해 자신을 부정하고 회피한다.

'자유'와 '책임'의 회피와 그 대가

다이앤은 배우로서의 실패, 카밀라와의 관계에서의 좌절, 그리고 그로 인한 질투와 분노라는 자신의 고통스러운 '자유로운 선택'과 그 '책임'으로부터 도피하기 위해 꿈이라는 환상 속으로 도망친다. 청부 살인이라는 선택은 그녀의 극단적인 자유의 행사이지만, 동시에 그 책임(살인이 가져올 결과)에서 벗어나려는 나쁜 믿음의 발현이다. 그러나 그녀는 결국 자신의 선택이 초래한 결과(죄책감, 환상 속의 불안)와 마주하고, 그 책임의 무게를 감당하지 못해 자살이라는 극단적인 선택을 하게 된다. 이는 자유를 회피한 대가로 치러야 하는 비극적 파국을 보여준다.

'앙가주망'의 실패와 허무주의

다이앤은 자기 삶에 진정으로 헌신하지 못하고, 현실의 도전에 맞서 주체적으로 대응하기보다는 도피와 파괴의 길을 선택한다. 그녀는 자신의 삶에 의미를 부여하지 못한 채, 결국 허무주의의 늪에 빠져 삶 자체를 부정하게 된다. 이는 사르트르가 강조했던 '선택하고 행동해야 하는 인간의 근본적인 숙명'을 외면했을 때 겪게 되는 비극적 귀결을 보여준다.

Point of View

장 폴 사르트르의 사상은 20세기 후반 철학, 문학, 예술, 사회 운동 등 다양한 영역에 깊고 광범위한 영향을 미쳤으며, 인간의 자유와 책임에 대해 끊임없이 근본적인 질문을 제기하고 있다.

드라이브의 칼날

Beyond the Scene

철학자	핵심 개념	영화와의 연결점	독자를 위한 한 줄 요약
키르케고르	실존의 역설, 불안, 신앙의 도약, 단독자	다이앤의 고통스러운 현실과 환상 사이의 괴리에서 오는 근본적인 '불안'은 존재의 불가해성을 드러낸다. 그녀가 비극적 선택(살인 청부)을 감행하는 것은 지극히 개인적인 실존적 '도약'이자 비합리적 자유의 결과이다.	꿈과 현실 사이에서 다이앤이 느끼는 불안과 절망은, 그녀가 홀로 감당해야 할 실존적 고뇌와 극단적 선택의 결과이다.
사르트르	실존은 본질에 앞선다, 자유와 책임, 자기 기만, 타자 지옥	다이앤은 자유로운 존재로서 자신의 배우로서의 실패와 카밀라에 대한 질투에 전적으로 '책임'이 있지만, 베티라는 성공적인 자아를 만들어내 '자기 기만'을 시도한다. 현실에서 타자(카밀라)는 다이앤에게 '지옥'이 된다.	다이앤의 꿈은 실패한 자신(실존)으로부터 도피하려는 '자기 기만'이며, 그녀는 자신의 모든 선택에 대해 자유로우면서도 책임져야 한다.

10

20세기 현상학

의식과 몸의 지각

◈ 에드문트 후설: 현상학의 창시자, 의식의 지향성

에드문트 후설(Edmund Husserl, 1859년 4월 8일 ~ 1938년 4월 27일)은 20세기 독일의 대표적인 철학자로, 현상학(Phenomenology)이라는 획기적인 철학적 방법론과 학파를 창시했다. 그는 당시 학계를 지배하던 자연주의와 심리주의를 강력히 비판하고, '사태[9] 자체로 돌아가자(Zu den Sachen selbst)'는 혁신적인 기치를 내세워 의식에 직접 드러나는 현상들을 있는 그대로 기술하고 분석함으로써 철학적 지식의 근본적인 토대를 마련하고자 했다. 그의 사상은 하이데거, 메를로-퐁티 등 후대 현상학자들은 물론, 실존주의, 해석학, 구조주의 등 20세기 철학 전반에 지대하고 심오한 영향을 미쳤다.

[9] 일반적으로 '사태(事態, state of affairs)'는 특정 시점에 존재하는 상태, 조건 또는 상황을 의미한다. 이는 비교적 안정적이고 정적인 특성을 지니며, 시스템이 특정 순간에 정의되는 방식을 나타낸다. 다시 말해, 어느 한순간의 현실이나 상황을 반영한다. 예를 들어, "책상이 방 안에 있다."라는 문장은 하나의 사태를 보여준다.
반면 '사건(事件, event)'은 시간 속에서 발생하는 특정한 일이나 변화를 의미한다. 사건은 사태에 변화를 주거나 새로운 사태를 일으키는 동적인 특성을 가진다. 어떤 대상이 특정 속성을 얻거나 잃는 형태의 변화도 사건으로 간주하는데 사건은 개별적이고 구체적인 발생을 가리키며, 시스템의 상태를 변화시키는 근본적인 원인이 된다.

후설은 1859년 오스트리아-헝가리 제국(현 체코) 프로스테요프의 유대인 가정에서 태어났다. 그는 라이프치히 대학교에서 수학, 물리학, 천문학을 공부한 후 빈 대학교에서 철학을 전공했다. 1887년 할레 대학교에서 교수 자격을 취득하고 『산술의 철학』(1891)을 출간하며 초기에는 수학의 기초를 심리학적 관점에서 탐구했다. 그러나 점차 심리주의의 한계를 인식하고, 1900~1901년에 출간한 『논리 연구(Logische Untersuchungen)』를 통해 현상학의 기본 방법론과 핵심 개념들을 제시하며 철학적 전환점을 마련했다. 1913년 『순수 현상학과 현상학적 철학의 이념들』(이념들 I)에서는 현상학적 환원 개념을 체계적으로 정립했다. 괴팅겐 대학교와 프라이부르크 대학교에서 교수로 재직하며 수많은 후학을 양성했으며, 특히 마르틴 하이데거는 그의 가장 유명한 제자 중 한 명으로 꼽힌다. 말년에는 『유럽 학문의 위기와 초월론적 현상학』(1936)에서 '생활 세계' 개념을 통해 역사적, 문화적 맥락 속에서의 현상학적 탐구를 더욱 심화했다. 결국 나치 정권의 박해 속에서 1938년 프라이부르크에서 생을 마감했다.

🔑 핵심 사상(기본 개념)

후설의 현상학은 의식의 본질적 특성인 '지향성'을 중심으로, 세계가 의식 속에 어떻게 구성되는지를 탐구한다.

현상학(Phenomenology)

현상학은 의식에 직접적으로 주어지는 '현상(phenomena)'을 있는 그대로 기술하고 분석하는 철학적 방법론이자 학문이다. 후설은 선입견이나 이론적 가정을 배제하고, 우리가 경험하는 사태 그 자체로 돌아가 그 본질을 파악하고자 했다. 이는 과학적 객관성이나 형이상학적 추론에 앞서, 의식의 경험적 내용과 구조를 탐구하는 것을 목표로 한다.

지향성(Intentionality)

후설 현상학의 가장 핵심적인 개념이다. 의식은 항상 '무엇인가에 대한 의식'이라는 것이다. 즉, 의식은 항상 특정 대상을 향해 지향되어 있으며, 대상 없이는 의식 자체가 존재할 수 없다. 내가 '생각한다'라면 반드시 '무엇인가를 생각하는' 것이고, '본다'라면 '무엇인가를 보는' 것이다. 이러한 지향성은 의식의 본질적 특성으로, 의식과 대상이 불가분의 관계를 맺고 있음을 보여준다.

노에시스(Noesis)와 노에마(Noema): 지향적 의식의 양면

후설은 지향적 의식을 두 가지 측면에서 분석한다.

노에시스(Noesis)

지향적 의식의 '지각하는 행위' 측면을 의미한다. 이는 의식의 주관적이고 능동적인 작용으로, 대상을 지각하고, 판단하고, 기억하고, 상상하는 등 다양한 의식 경험의 '작용'을 포함한다. 노에시스는 대상을 의미로 구성하는 의식의 활동이다.

　지향적 의식의 '지각되는 내용' 측면을 의미한다. 이는 의식 행위 때문에 파악되는 대상의 '의미적 내용' 또는 '지향적 대상'이다. 예를 들어, 내가 '사과'를 볼 때, 노에시스는 '사과를 보는 행위'이고, 노에마는 '빨갛고 둥근 사과'라는 지각된 내용이다. 노에마는 관념적이고 의미적인 존재이며, 노에시스는 반드시 노에마를 가지고, 노에마는 노에시스에 의해 사유된다. 노에시스와 노에마는 서로 분리될 수 없는 상관관계(Noesis-Noema Correlation)를 이루며, 의식 경험의 본질을 구성한다.

예)

　내가 책상 위의 빨간 사과를 바라보고 그 붉은색을 느끼는 행위가 노에시스이며, 이 행위를 통해 내 의식에 '빨갛고 둥근 사과'라는 의미 있는 모습으로 현상되는 것이 노에마이다.

　내가 어린 시절 행복했던 소풍을 떠올리는 행위가 노에시스이며, 이 행위로 내 의식에 '즐거웠던 소풍의 장면'이 나타나는 것이 노에마이다.

　어떤 비극적인 소식을 듣고 슬픔을 느끼는 행위가 노에시스이며, 그 행위를 통해 내 의식에 '사랑하는 이를 잃은 비통함'이라는 감정적 내용으로 현상되는 것이 노에마이다.

후설의 노에시스와 노에마 개념은 불교의 인식론과 흥미로운 유사점을 공유한다. 불교에서는 우리의 경험 세계가 감각기관(육근), 감각대상(육경), 그리고 의식(식)의 역동적인 상호작용을 통해 형성된다고 이해한다.

노에시스와 '식(識)'

후설의 노에시스가 대상을 '지각하는 의식적 행위'라면, 불교의 '식(viññāṇa)'은 감각기관을 통해 대상을 '알아차리는 능동적 인식 과정'을 본질로 한다. '식'은 대상에 대한 분별과 인식을 가능케 하는 적극적인 마음의 작용이다.

노에마와 '법(法)'

노에마가 의식 행위 때문에 구성된 '지각된 내용'이라면, 불교의 '법(dhamma)'은 마음에 나타나는 모든 현상적 내용을 포괄하는 광범위한 개념이다.

공통점

후설과 불교는 공히 '세계는 감각과 지각을 통해 존재한다'는 근본적인 관점을 공유한다. 인간의 감각기관을 거치지 않은 것들은 사실상 존재하지 않는 것으로 간주된다. 즉, 인식하는 주체(노에시스/식)와 인식되는 대상(노에마/법) 사이의 상호작용 속에서만 세계가 구성된다는 점을 강조한다.

차이점

후설의 현상학은 주로 의식의 '구조'와 '구성' 방식에 초점을 맞추어 인식의 확실성을 탐구한다. 반면 불교는 이러한 인식의 본질을 이해함으로써 궁극적으로 고통에서 해탈하고 열반에 이르는 것을 목표로 삼는다. 특히 유식학파는 외적 대상의 실재성을 부정하고 오직 마음(식)에 의해 현상이 구성된다는 '유식무경' 관점으로 나아가며, 이는 후설의 현상학적 접근과는 다른 궤적을 그린다.

에포케(Epoché) / 현상학적 환원(Phenomenological Reduction) / 괄호치기(Bracketing)

현상학적 탐구의 핵심 방법론으로, '에포케'는 우리가 일상적으로 외부 세계의 존재를 당연시하는 '자연적 태도'를 일시적으로 중단하고 그 존재에 관한 판단을 유보하는 과정이다. 이를 통해 외부 세계의 존재 여부에 관한 판단을 보류하고, 오직 의식에 직접 나타나는 현상 그 자체에 집중할 수 있게 된다. 이는 현상을 순수 의식의 영역으로 환원시키는 근본적인 인식론적 전환이다.

생활 세계(Life-world / Lebenswelt)

후설의 후기 철학에서 핵심적으로 드러난 개념으로, 생활 세계란 간단히 말해 "우리가 별다른 생각 없이 당연하게 받아들이며 살아가는, 과학적 지식 이전의 일상적 세계"를 뜻한다. 이는 우리가 의식적으로 깊이 생각하거나 성찰하기도 전에 이미 존재하며, 우리의 모든 경험과 인식의 근본적인 토대를 형성하는 세계이다. 이는 객관적이고 과학적인 세계가 아니라, 우리의 삶의 경험과 실천 속에서 끊임없이 형성되는 주관적이고 상호주관적인 세계이다. 생활 세계는 모든 과학적 지식과 철학적 탐구의 근본적인 토대를 이루며, 현상학은 바로 이 생활 세계의 심층적 의미와 구조를 해명하는 것을 목표로 한다.

생활 세계 개념은 순수한 철학적 담론을 뛰어넘어 사회학을 포함한 여러 학문 영역에 폭넓게 적용되며 상당한 학문적 영향력을 발휘했다. 이 개념은 우리가 일상적으로 경험하는 현실의 본질적 가치를 재조명하고, 모든 지식과 경험이 궁극적으로는 개인의 주관적 삶의 맥락 속에서 진정한 의미를 획득한다는 점을 핵심적으로 강조한다.

본질 직관(Eidetic Intuition)

후설의 현상학적 방법인 에포케를 통해 순수 의식의 영역으로 환원된 현상들을 깊이 분석하면, 우리는 그 현상들의 경험적이고 우연적인 외양을 넘어서 근본적인 본질(eidos)을 직관적으로 포착할 수 있다. 예를 들어, 눈앞에 있는 특정 사과의 개별적이고 우연적인 특성(붉은 색상, 크기, 모양 등)을 벗어나 '사과'라는 보편적 개념의 본질적 속성을 직접적으로 인식하는 것이다.

Mulholland Dr 영화 속 적용

에드문트 후설의 관점에서 본 <멀홀랜드 드라이브> 해석

후설의 현상학적 관점, 특히 노에시스-노에마 상관관계는 이 영화 속 현실과 환상의 모호한 경계, 그리고 진리의 본질을 이해하는 데 독특하고 심

　　　　　　　　　　　　　　　　드라이브의 칼날

층적인 통찰을 제공할 수 있다.

'자연적 태도'의 파열과 '에포케'의 강제

영화는 관객과 주인공 다이앤 모두에게 '자연적 태도'가 얼마나 쉽게 무너질 수 있는지를 강렬하게 보여준다. 영화의 전반부인 베티의 꿈속 세계는 관객이 무의식적으로 '현실'로 받아들이게 만든다. 하지만 파란 상자가 열리고 다이앤의 비참한 현실이 드러나는 순간, 관객은 기존에 당연시했던 '현실'에 대한 판단을 유보하게 된다. 이는 영화가 관객에게 강제로 '에포케'를 수행하도록 요구하며, 우리가 믿어온 '현실'이 사실은 하나의 '현상'에 불과함을 깨닫게 하는 충격적인 경험이다.

다이앤 의식의 '지향성'과 세계의 구성

다이앤의 의식은 끊임없이 특정 대상을 지향하며 세계를 능동적으로 구성한다.

꿈속 세계

다이앤의 의식이 '성공적인 배우'와 '사랑받는 연인'이라는 욕망을 지향할 때, 그녀의 의식은 베티와 리타가 등장하는 이상적인 할리우드라는 환상적 현상 세계를 만들어낸다. 이 세계는 다이앤 의식의 지향성 때문에 고유한 의미를 부여받고 독특한 질서를 획득한다.

현실 세계

꿈이 깨진 후, 다이앤의 의식은 '실패', '질투', '죄책감'을 지향하며, 이에 따라 처절하고 파편화된 현실 세계를 재구성한다. 카밀라와의 관계, 오디션 실패 등은 다이앤의 의식이 지향하는 대상에 따라 전혀 다른 의미로 해석된다. 영화는 의식이 어떤 대상에 초점을 맞추느냐에 따라 세계가 근본적으로 다르게 구성될 수 있음을 극적으로 보여준다.

노에시스-노에마 상관관계의 붕괴

다이앤의 정신적 붕괴는 그녀의 노에시스(의식 행위)와 노에마(지각 내용) 간의 상관관계가 와해되는 과정으로 해석될 수 있다.

꿈속의 일관된 상관관계

꿈속 베티의 세계에서는 다이앤의 의식 행위(노에시스)가 '성공', '사랑', '미스터리 해결'이라는 일관되고 의미 있는 내용(노에마)을 생성한다.

현실에서의 파열

그러나 현실의 다이앤은 자신의 노에시스가 구성하는 노에마를 더 이상 감당할 수 없다. 그녀의 죄책감과 불안이라는 노에시스는 '늙은 부부의 환영', '침대 위 공포스러운 존재'와 같은 왜곡되고 충격적인 노에마를 만들어 내며, 이는 그녀의 의식이 일관된 의미를 생산하는 데 실패했음을 드러낸다. 그녀의 의식은 자신의 행위(노에시스)가 만들어낸 의미 내용(노에마)을 직시하지 못하고, 결국 노에시스-노에마 간의 조화가 붕괴하면서 깊은 정신적 혼란에 빠져든다.

'생활 세계'의 붕괴와 의미 상실

다이앤은 자신의 삶을 받쳐주던 일상과 관계, 즉 성공을 꿈꾸는 배우로서의 '생활 세계'가 무너지는 경험을 겪는다. 그녀의 의식은 더 이상 일관된 의미를 만들어내지 못하고, 현실과 환상 사이에서 혼미해지면서 그녀의 '생활 세계'는 조각나고 그 의미를 잃어간다. 이는 인간이 당연하게 여겼던 일상의 토대가 흔들릴 때 느끼는 근원적인 불안과 절망을 드러낸다.

'본질 직관'의 실패와 환상

다이앤은 자기 삶의 본질을 꿰뚫어 보는 데 실패한다. 그녀는 실패한 배우이자 죄책감에 시달리는 자신의 본질을 외면한 채, 베티라는 이상화된 이미지의 본질을 쫓으려 한다. 하지만, 베티는 현실적 경험에서 파생된 허구적 존재일 뿐, 진정한 '본질 직관'을 통해 얻은 것이 아니다. 영화는 인간이 자신의 본질을 왜곡하고 환상에 갇힐 때 겪는 비극을 보여주는 것으로 이해될 수 있다.

Point of View

에드문트 후설의 현상학은 20세기 철학에서 획기적인 전환점을 마련했으며, 인간 의식의 본질과 세계의 구성 방식에 대한 깊이 있는 통찰을 제공함으로써 오늘날까지도 활발한 연구의 대상이 되고 있다.

☿ 모리스 메를로-퐁티: 지각의 현상학, 몸의 존재론

모리스 메를로-퐁티(Maurice Merleau-Ponty, 1908년 3월 14일 ~ 1961년 5월 3일)는 20세기 프랑스를 대표하는 철학자로, 에드문트 후설의 현상학과 마르틴 하이데거의 존재론을 비판적으로 계승하면서 '몸(Body)'의 지각적, 실천적 역할을 철학의 핵심에 위치시켜 독창적인 '지각의 현상학(Phenomenology of Perception)'을 발전시켰다. 그는 인간을 세계와 분리된 의식적 주체가 아니라, 몸을 통해 세계와 깊이 연결된 '세계-에로의-존재(être-au-monde)'로 이해하며, 지각, 언어, 예술, 타자와의 관계 등 다양한 영역에서 몸의 근본적 의미를 탐구했다. 그의 사상은 현상학, 실존주의, 심리학, 미학, 인지과학 등 광범위한 학문 분야에 지대한 영향을 미쳤다.

⧖ 생애 요약

메를로-퐁티는 1908년 프랑스 로슈포르-쉬르-메르에서 태어나 파리 고등사범학교(École Normale Supérieure)에서 철학을 전공했다. 이 시기에 장 폴 사르트르, 시몬 드 보부아르와 깊은 교류를 나누며 친밀한 관계를 형성했고, 특히 사르트르와는 전후 『레 탕 모데른(Les Temps Modernes)』이라는 잡지를 공동 창간하여 프랑스 지성계의 중심에서 활발하게 활동했다. 제2차 세계대전 중 군 복무를 하면서, 그의 사상 형성에는 전쟁 경험과 함께 후설의 현상학, 게슈탈트 심리학, 정신분석학의 영향이 결정적이었다. 1945년 그의 대표작 『지각의 현상학(Phénoménologie de la perception)』을 출간하며 철학적 독자성을 확립했다. 이후 리옹 대학교와 소르본 대학교 교수를 거쳐 1952년에는 프랑스 최고의 학술 기관인 콜레주 드 프랑스(Collège de France)의 철학주임 교수로 취임하여 학문적 명성을 높였다. 그는 언어, 예술, 역사, 정치 등 폭넓은 주제에 걸쳐 깊이 있는 연구를 진행했으며, 1961년 심장마비로 갑작스럽게 생을 마감했다.

🔑 핵심 사상(기본 개념)

메를로−퐁티의 철학은 인간이 몸을 통해 세계와 소통하고 의미를 만들어가는 근본적인 방식을 탐구한다.

몸-주체(Body-Subject / Corps propre)

메를로−퐁티는 데카르트의 정신−육체 이원론을 비판하며, 몸을 단순한 정신의 도구나 객관적 물질로 보지 않았다. 그에게 몸은 세계와 관계 맺고 지각하며 의미를 생성하는 살아 있는 주체였다. '몸−주체'는 세계 속에 '세계−에로의−존재(être-au-monde)'로서, 의식과 분리될 수 없는 지각적, 실천적 능력을 지니고 있다. 우리는 몸을 통해 세계를 체험하고 이해하며, 몸의 움직임과 감각으로 세계가 우리에게 의미를 드러낸다.

지각의 우위(Primacy of Perception)

메를로−퐁티는 지각을 단순한 감각 정보의 수동적 수용이 아니라, 몸−주체가 세계와 능동적으로 상호작용을 하며 의미를 구성하는 근원적인 행위로 보았다. 그는 지각이 언어나 사유에 앞서며, 모든 지식과 경험의 근본이 된다고 주장했다. 지각은 이미 세계에 대한 이해와 몸의 움직임을 내포하고 있다.

세계-내-존재(Being-in-the-world)

하이데거의 개념을 수용하여, 메를로-퐁티는 인간이 고립된 의식이 아니라 몸을 통해 세계 속에 존재하고 세계와 끊임없이 소통하는 존재임을 강조했다. 세계는 우리가 몸으로 경험하고 살아가는 구체적인 환경이며, 우리의 지각과 행동은 항상 이 세계 속에서 이루어진다.

현상학적 환원의 재해석

후설의 현상학적 환원이 세계의 존재 판단을 유보하고 순수 의식으로 돌아가는 것이었다면, 메를로-퐁티는 이러한 환원이 몸-주체의 세계-내-존재를 완전히 배제할 수 없다고 보았다. 그는 환원을 통해 우리가 몸을 통해 세계와 맺는 근본적인 지각적 관계를 더욱 명확히 드러낼 수 있다고 여겼다.

살(Flesh / Chair)

메를로-퐁티의 후기 철학에서 등장하는 개념으로, 세계와 몸, 주체와 객체, 보는 것과 보이는 것 사이의 근원적인 연결성을 나타낸다. '살'은 단순한 생물학적 육체가 아니라, 세계를 구성하고 세계와 교차하며 서로를 감각하는 보편적인 존재론적 직물이다.

메를로-퐁티의 '살' 개념은 우리가 세계 속에 단순히 '존재하는' 것을 넘어, 세계와 '얽히고설켜' 서로에게 스며드는 근원적인 관계를 깊이 있게 탐구하는 개념이라고 할 수 있다, 몸은 세계의 살이며, 세계는 몸의 살이다.

언어와 표현(Language and Expression)

언어는 단순한 소통의 수단을 넘어, 우리의 신체적 움직임과 감각적 경험을 통해 세계에 의미를 부여하고 구성하는 근본적인 표현 방식이다. 언어는 신체의 제스처처럼 세계와 깊이 연결되어 있으며, 우리가 언어를 통해 세계를 경험하고 이해하는 방식은 신체의 감각적 경험과 불가분의 관계를 맺고 있다.

타자와의 관계: 상호 주체성

메를로–퐁티는 타자를 단순히 자신의 의식 속 대상으로 보지 않고, 나와 마찬가지로 세계를 지각하고 경험하는 살아 있는 주체로 인식했다. 타자와의 만남은 서로의 신체가 서로를 인식하고 이해하며, 각자의 지각 영역이 교차하는 상호 주체성의 순간이다. 우리는 타자의 몸짓과 표정을 통해 그들의 의도를 읽어내고, 이를 통해 공동의 세계를 함께 구성해 나간다.

Mulholland Dr 영화 속 적용

모리스 메를로-퐁티의 관점에서 본 <멀홀랜드 드라이브> 해석

메를로–퐁티의 '몸–주체' 개념과 '지각의 현상학'은 이 영화의 현실과 환상의 경계, 그리고 다이앤의 정체성 혼란을 이해하는 데 독특한 통찰을 제공한다.

'몸-주체'의 지각적 혼란과 세계의 붕괴

영화 속 다이앤의 몸은 끊임없이 변화하는 지각 경험의 혼란 속에 존재한다. 꿈속 베티의 몸은 성공적인 배우로서의 자신감과 순수한 사랑의 감각을 통해 세계를 긍정적으로 경험한다. 반면 현실의 다이앤의 몸은 실패, 좌절, 질투, 죄책감과 같은 고통스러운 감각을 지각하며 세계를 부정적으로 구성한다. 메를로-퐁티에게 몸은 세계와 분리될 수 없는 지각의 주체이므로, 다이앤의 몸-주체가 겪는 이러한 지각적 혼란은 그녀의 세계-내-존재 자체가 무너지고 있음을 의미한다. 그녀의 몸은 더 이상 일관된 세계를 지각하고 구성하지 못하고 점점 파편화된다.

지각의 우위와 '보이는 것'의 문제

영화는 '보이는 것'의 본질에 대한 근본적인 질문을 제기한다. 다이앤의 꿈속 세계는 그녀의 욕망이 만들어낸 '보이는 것'이지만, 이 환상적 이미지는 현실의 '보이는 것'과 충돌하며 심각한 혼란을 초래한다. 메를로-퐁티에게 지각은 단순히 눈으로 보는 것을 넘어, 몸 전체로 세계를 경험하는 근원적인 행위다. 다이앤은 자기 몸을 통해 지각하는 고통스러운 현실을 회피하고, 환상 속의 '보이는 것'에 집착하려 한다. 그러나 몸-주체는 거짓된 지각을 영원히 유지할 수 없으며, 결국 현실의 강렬한 지각(죄책감, 두려움)에 의해 환상은 무너진다.

몸짓과 언어의 불일치

영화 속 인물들의 몸짓과 언어는 종종 모순적이다. 특히 다이앤의 경우, 그녀의 내면 고통과 불안은 몸짓과 표정을 통해 드러나지만, 그녀는 이를 언어로 온전히 표현하지 못하거나 왜곡된 언어(꿈속의 이야기)로 대체한다. 메를로–퐁티에게 언어는 몸짓의 연장선에 있는 근원적인 표현 행위이므로, 다이앤의 몸짓과 언어의 불일치는 그녀의 내면적 분열과 세계와의 소통 단절을 극명하게 보여준다.

타자와의 '몸'을 통한 상호 주체성의 붕괴

다이앤은 카밀라와의 관계에서 진정한 상호 주체적 소통에 실패한다. 그녀는 카밀라의 몸짓과 표정을 깊이 이해하기보다는 자신의 내재된 욕망과 질투의 렌즈를 통해 카밀라를 대상화한다. 카밀라의 행동(다른 남자와의 키스, 거절)은 다이앤에게 극심한 고통으로 다가오며, 이는 그녀의 몸–주체가 타자와의 관계에서 왜곡된 인식을 형성하고 있음을 드러낸다. 결과적으로 이러한 관계는 상호 이해가 아닌 폭력과 파멸로 귀결된다.

'살(Flesh)'의 붕괴

메를로–퐁티의 '살' 개념을 통해, 다이앤의 비극은 그녀의 몸과 세계 간 근본적 연결고리가 파괴되는 과정으로 해석될 수 있다. 그녀의 몸은 더 이상 세계와 유기적으로 연결되지 못하고, 세계는 그녀에게 분절되고 고통스러운 모습으로 나타난다. '살'의 근원적 조직이 찢어지면서, 다이앤은 존재론적 혼란과 깊은 고통을 경험하게 된다.

Point of View

모리스 메를로–퐁티의 철학은 인간 경험의 근본적 차원에서 몸의 근본적 역할을 재조명하며, 현상학, 실존주의, 심리학, 미학 등 다양한 학문 영역에 지대하고 심대한 영향을 미쳤다.

Beyond the Scene

철학자	핵심 개념	영화와의 연결점	독자를 위한 한 줄 요약
후설	현상학적 환원(에포케), 의식의 지향성, 노에시스/노에마	영화 <멀홀랜드 드라이브>는 관객으로 하여금 기존의 영화적 관습이나 합리적 서사에 대한 '판단 중지(에포케)'를 요구한다. 다이앤의 '의식(노에시스)'이 구성해내는 꿈의 세계(노에마)는 그녀의 욕망을 향해 '지향성'을 가지고 나아간다.	영화는 우리가 알고 있는 모든 상식을 잠시 접어두고, 다이앤의 의식이 만들어내는 꿈과 현실 자체에 주목하도록 만든다.
메를로-퐁티	지각의 현상학, 몸-주체, 세계-내-존재(être-au-monde)	베티와 리타가 클럽 실렌시오에서 경험하는 충격과 몸으로 느끼는 고통은 이성적 판단 이전에 발생하는 '몸적 지각'의 압도적인 현상이다. 몸을 통해 세계와 얽혀 있는(être-au-monde) 다이앤의 경험과 의식이 그녀의 현실을 구성한다.	영화 속 인물들이 몸으로 느끼고 지각하는 모든 감각들은 이성보다 먼저 작동하며, 이 경험들이 바로 인물의 현실을 구성한다.

드라이브의 칼날

11

20세기 존재론의 심화

존재와 타자의 물음

✦ 마르틴 하이데거: 존재 물음과 현존재 분석

마르틴 하이데거(Martin Heidegger, 1889년 9월 26일 ~ 1976년 5월 26일)는 20세기 독일을 대표하는 철학자로, 그의 대표작 『존재와 시간(Sein und Zeit)』을 통해 서양 형이상학의 근본 문제인 '존재'의 의미를 새롭게 탐구했다. 그는 인간 존재인 '현존재(Dasein)'를 분석함으로써 독창적인 철학 체계를 구축했으며, 그의 사상은 실존주의, 현상학, 해석학, 포스트모더니즘 등 20세기 이후 다양한 철학적 조류에 지대한 영향을 미쳤다. 다만, 나치 정권과의 연관성으로 인해 그의 철학적 업적은 끊임없이 논란의 중심에 놓여 있다.

⧖ 생애 요약

하이데거는 1889년 독일 남서부의 작은 마을 메스키르히에서 독실한 가톨릭 가정의 아들로 태어났다. 그는 프라이부르크 대학교에서 신학과 철학을 공부하며, 특히 현상학의 창시자 에드문트 후설로부터 깊은 학문적 영감을 받았다. 1916년 후설의 조교가 된 그는 1928년 후설의 뒤를 이어 프라이부르크 대학교 철학 교수로 임용되었다. 1927년 출간된 『존재와 시간』으로 순식간에 세계적 명성을 얻었지만, 1933년 나치당에 입당하고 대학 총장직을 수락하면서 나치 정권과 협력한 이력은 그의 학문적 업적과는 별개로 평생 그를 따라다니는 비판의 그림자가 되었다. 비록 총장직을 1년 만에 사임했으나, 나치와의 연루 문제는 전후에도 계속해서 그를 둘러싼 논란의 중심이 되었다. 그런데도 그는 전후에도 학문 활동을 지속하며 자신의 철학을 꾸준히 발전시켰고, 1976년 프라이부르크에서 생을 마감했다.

🔑 핵심 사상(기본 개념)

하이데거의 철학은 '존재'의 의미를 새롭게 조명하고, 인간 존재의 본질을 깊이 있게 분석하는 데 주력한다.

존재 물음(Question of Being)

하이데거의 철학적 프로젝트는 서양 형이상학이 고대 그리스 이후 '존재'의 본질적 의미를 간과하고, 단순히 '존재자(beings)'에 대한 천착에 그쳤다고 비판한다. 그는 망각된 '존재(Being)'의 근본 의미를 다시 탐구하고자 했으며, '존재'와 '존재자'를 엄밀하게 구분한다.

현존재(Dasein)

'현존재'는 인간 존재를 가리키는 하이데거만의 독창적인 개념이다. '거기-있음(being-there)'을 의미하는 현존재는 다른 존재자들과 달리, 자신의 '존재'에 대해 성찰하고 스스로의 존재 가능성을 의식할 수 있는 특별한 존재이다. 현존재는 존재 물음을 제기할 수 있는 특권적 존재로 정의된다.

세계-내-존재(Being-in-the-world)

하이데거는 현존재가 독립적이고 고립된 주체가 아니라, 본질적으로 '세계-내-존재'로서 존재한다고 주장한다. 여기서 '내(in)'는 단순한 물리적 공간성을 넘어, 현존재가 세계와 맺는 근본적이고 유기적인 관계를 의미한다. 세계는 단순한 사물의 집합체가 아니라, 현존재에게 의미 있는 관계들의 총체적 맥락이다.

도구(Equipment / Zuhandenheit)

세계 내에 존재하는 현존재에게 사물들은 먼저 '도구'로 나타난다. 다시 말해, 망치나 연필과 같이 특정 목적을 위해 사용되는 '용재자(用材者)' 즉, 준비된 상태(readiness-to-hand)'로서의 의미를 지닌다. 우리가 사물을 '손에 닿는' 방식으로 사용할 때, 그 사물 자체보다는 그 기능과 용도를 통해 세계와의 관계를 이해한다. 반면, 단순히 눈앞에 놓인 객관적 사물은 '전재자(專在者)' 즉, 눈앞에 있는 것(presence-at-hand)'이라 부르며, 이는 도구적 관계가 중단되었을 때 등장한다.

하이데거에 따르면, 현존재의 세계-내-존재 방식은 단순히 대상을 관찰하는 '전재자'의 관점보다는 도구를 실제로 사용하는 '용재자'의 경험에서 근본적으로 시작된다. 다시 말해, 우리는 세계를 이론적으로 추상화하기 이전에 이미 세계 속에 깊이 참여하고, 도구를 활용하며, 다양한 관계를 형성하면서 살아가는 존재인 것이다.

본래적 존재(Authentic Being)

현존재가 자신의 고유한 존재 가능성을 마주하고, '세인'의 지배에서 벗어나 스스로의 삶을 선택하고 책임질 때 '본래적 존재'에 도달한다. 이는 자신의 유한성과 '죽음을 향한 존재'를 명확히 인식함으로써 가능해진다.

비본래적 존재(Inauthentic Being)와 '세인(das Man)'

현존재는 대개 '세인(das Man)', 즉 '사람들이 그렇게 한다'는 익명적이고 비개성적인 방식 속에서 살아간다. 이는 자신의 존재 가능성을 스스로 선택하기보다는 대중의 의견, 사회적 규범, 유행 등을 무비판적으로 따르며 살아가는 비본래적인 상태를 의미한다. 수다, 호기심, 모호함이 비본래적 존재의 주요 특징이다.

비본래성과 본래성

비본래성은 "세인(Das Man)이 대기업 취업을 준비하니까 나도 해야지." 하며 세인의 방식에 따라 살아가는 것이고, 본래성은 "남들 시선보다 내 적성에 맞는 일을 찾아야겠어." 하며 스스로 선택하고 책임지는 삶의 방식이다.

죽음을 향한 존재(Being-towards-death)

죽음은 현존재에게 언젠가 닥칠 외부적 사건이 아니라, 현존재 자신의 가장 고유하고 피할 수 없는 궁극적인 가능성이다. 죽음은 '나의 것'이며, 타인에게 양도될 수 없고, 언제 발생할지 알 수 없는 확실한 가능성이다. 이 죽음을 직면함으로써 현존재는 자신 존재의 전체성을 파악하고, 비본래

   드라이브의 칼날

적 존재로부터 벗어나 본래적인 삶을 선택할 수 있게 된다.

불안[10](Angst)

하이데거에게 불안은 현존재(Dasein)가 자신의 존재 방식을 마주할 때 나타나는 본질적인 기분 상태이다. 즉, 존재 그 자체의 특성에서 비롯되는 근원적인 정서이다. 이는 특정 대상으로부터 오는 공포나 두려움과 명확히 구분된다. 불안은 특정한 대상에 대한 구체적인 두려움이 아니라, 현존재가 자신의 '세계-내-존재' 전체, 즉 자신의 근본적인 피투성과 유한한 존재성을 직접적으로 마주할 때 느끼는 근원적인 정서인 것이다. 이러한 불안은 현존재를 익명적인 '세인'의 영역으로부터 분리시키고, 자신의 본래적 존재 방식으로 나아갈 수 있는 중요한 계기가 될 수 있다.

피투성(Thrownness / Geworfenheit)

하이데거는 현존재(Dasein)가 스스로 선택하여 지금 여기에 존재하는 것이 아니라고 설명한다. 우리는 특정한 시대, 사회, 문화 속에서, 특정한 가족에게서 태어나 이미 주어진 여러 조건 속에 던져져 있다는 것, 이것이 바로 '피투성(Geworfenheit)'이다. 마치 거센 파도에 떠밀리는 배처럼, 우리는 자신의 의지와는 무관하게 이미 특정 상황에 놓여 있다.

---

10 존재론적 불안이 '왜 우리가 존재해야 하는가' 혹은 '어떤 존재로 살아가야 하는가'와 같은 심오한 삶의 근본적인 질문과 마주할 때 느껴지는 근원적인 감정이라면, 인식론적 공포/두려움은 '어떻게 이 문제를 피하거나 해결할 것인가'와 같이 구체적인 지식과 행동을 통해 극복하려는 실용적이고 상황 중심적인 감정이라고 볼 수 있다. 이 두 감정은 모두 인간에게 중요한 역할을 담당하지만, 발생 배경과 기능 면에서 뚜렷한 차이를 보인다.
특정 대상에 대한 공포는 그 문제가 해결되면 자연스럽게 사라지지만, 뚜렷한 원인이 없는 불안은 쉽게 가라앉지 않는다.

현사실성(現事實性)

이러한 피투성은 현존재가 벗어날 수 없는 구체적인 '주어짐'의 상태인 '현사실성(Faktizität)'으로 이어진다. 예를 들어, 우리가 어떤 성별로 태어났는지, 어떤 신체적 특성을 지녔는지, 어떤 언어를 배우고 어떤 환경에서 자랐는지 등은 우리가 스스로 선택할 수 없었던 존재의 근본적인 사실들이다. 이 현사실성에는 우리의 한계와 제약뿐만 아니라, 그 속에서 발견되는 독특한 가능성 또한 내재되어 있다.

결국 현존재는 이러한 '피투성과 현사실성'을 단순히 수동적으로 수용하는 데 그치지 않는다. 오히려 그것을 직시하고 인정하면서 자신만의 고유한 존재 방식을 능동적으로 '기획'해야 한다. 자신에게 던져진 현실을 깊이 이해하고, 주어진 조건들 위에서 독자적인 미래를 그려나가며 본래적인 존재로 나아가게 된다는 의미를 담고 있다.

염려(Care / Sorge)

하이데거는 '염려'를 현존재의 근본적이고 본질적인 존재 구조로 파악한다. 염려는 현존재가 자신의 미래적 존재 가능성을 향해 '앞서 나아가면서', 동시에 이미 '세계 속에 던져져 있고', 세계-내-존재하는 다른 존재자들과 복합적으로 '함께' 관계 맺는 총체적이고 역동적인 방식이다. 또한 염려는 현존재의 시간성을 구성하는 미래-과거-현재의 차원을 유기적으로 통합하는 핵심 개념이기도 하다.

마르틴 하이데거의 관점에서 본 <멀홀랜드 드라이브> 해석

하이데거의 현존재 분석은 이 영화 속 다이앤의 비극적인 삶과 심리적 궤적을 이해하는 데 깊이 있는 통찰을 제공한다.

다이앤의 비본래적 현존재

영화의 전반부 베티의 꿈속 세계는 다이앤이 자신의 처절한 현실과 고통으로부터 도피하기 위해 만들어낸 비본래적 현존재의 전형적인 모습이다. 베티는 할리우드의 성공 신화와 로맨스라는 '세인(das Man)'의 기대에 부응하고자 하며, 진정한 자아와 마주하기를 거부한 채 허상 속에 안주한다. 이는 다이앤이 자신의 존재 가능성을 주체적으로 선택하기보다, '세인(das Man)'이 규정한 성공의 이미지에 자신을 맞추려 애쓰는 모습을 보여준다.

피투성(Thrownness)과 불안(Angst)의 직면 실패

다이앤은 배우로서의 좌절, 사랑의 파멸, 카밀라의 배신이라는 자신의 피투성인 현실 앞에서 불안을 경험한다. 이 불안은 그녀를 '세인'의 삶에서 벗어나 본래적 존재로 나아갈 수 있는 결정적인 계기였지만, 다이앤은 이 불안과 마주하고 자신의 존재 가능성을 탐색하기보다 꿈이라는 환상 속으로 도피함으로써 본래적 존재로의 전환에 실패하고 비본래적인 존재로 비극적 결말을 맞이한다.

죽음을 향한 존재(Being-towards-death)의 회피와 비극

하이데거에게 죽음을 본래적으로 마주하는 것은 현존재가 자신의 유한성을 깨닫고 삶의 유일무이한 가능성을 선택하게 하는 중요한 순간이다. 그러나 다이앤은 자신의 궁극적인 가능성인 죽음을 진정성 있게 대면하지 못하고, 오히려 그 고통을 회피하기 위해 자살이라는 비본래적인 방식으로 생을 마감한다. 그녀의 자살은 결국 자신의 존재를 온전히 책임지지 못하고, 불안을 회피한 결과로 나타나는 비극적인 최후인 것이다.

도구(Equipment)로서의 타인

꿈속에서 베티는 주변 인물들인 리타, '아담', '코코' 등을 단순히 자신의 환상 속 특정 역할(조력자, 연인, 감독)을 수행하는 '도구'로 취급한다. 이들은 독립적인 개체로 인정받기보다는 베티의 프로젝트를 위해 미리 준비된 존재로 기능한다. 이러한 방식은 다이앤이 타인을 자신의 욕망 충족을 위한 수단으로 대하는 비본래적인 관계 맺음을 명확히 보여준다.

세계-내-존재의 붕괴

다이앤의 꿈과 현실 사이의 경계가 무너지면서 그녀의 '세계-내-존재'는 근본적으로 무너진다. 그녀는 자신의 '세계'가 더 이상 일관된 의미 구조를 유지하지 못하게 되면서 극심한 혼란에 빠진다. 이러한 세계의 해체는 그녀의 '현존재'가 본래적 의미를 상실하고, 자신의 존재 가능성마저 잃어버렸음을 웅변적으로 보여준다.

 드라이브의 칼날

염려(Care)의 왜곡

다이앤의 '염려'는 자신의 존재를 본래적으로 실현하는 방향이 아니라, 욕망과 질투, 좌절이라는 비본래적인 방향으로 심각하게 왜곡된다. 그녀는 미래를 향해 나아가며 존재 가능성을 기획하는 대신, 과거의 고통에 갇혀 현재의 관계에서 타인을 도구화하며 자신의 존재를 점점 더 병들게 한다. 결과적으로 그녀의 염려는 궁극적으로 자기 파멸의 길로 접어들게 된다.

Point of View

하이데거의 철학은 20세기 이후 철학적 담론에 지대한 영향을 미쳤으며, 특히 인간 존재의 본질과 세계와의 관계에 대한 깊이 있는 성찰을 제공함으로써 오늘날까지도 학계에서 활발히 연구되고 있다.

🜚 에마뉘엘 레비나스: 타자의 얼굴, 무한한 책임의 윤리

에마뉘엘 레비나스(Emmanuel Levinas, 1906년 1월 12일 ~ 1995년 12월 25일)는 리투아니아 출신의 프랑스 철학자로, 서양철학의 전통적인 존재론(Ontology) 중심 사유를 근본적으로 비판하며, '윤리'를 모든 철학의 근본 원리로 격상시켜야 한다고 주장했다. 그는 '타자(Autrui)'의 절대적인 타자성(alterity)을 강조하고, 타자의 '얼굴(Visage)'과 마주침에서 발생하는 무한한 책임감을 통해 진정한 윤리의 본질을 탐구했다. 그의 사상은 현상학, 실존주의, 포스트모더니즘, 그리고 종교 철학에 지대한 영향을 미쳤다.

⧗ 생애 요약

레비나스는 1906년 리투아니아의 코브노(현 카우나스)에서 유대인 가정에 태어나, 어린 시절부터 히브리어와 러시아어, 유대교 경전을 학습하며 깊은 종교적 토대를 마련했다. 그는 프랑스 스트라스부르 대학교에서 철학을 공부한 후, 독일 프라이부르크 대학교에서 에드문트 후설의 현상학과 마르틴 하이데거의 존재론을 직접 배우며 결정적인 학문적 영감을 얻었다. 특히 하이데거의 『존재와 시간』을 프랑스 학계에 소개하는 데 중요한 역할을 수행했다. 제2차 세계대전 중 독일군 포로수용소에 수용되었으며, 가족 대부분이 홀로코스트의 희생양이 되는 참혹한 경험을 겪었다. 이러한 충격적인 역사적 경험은 그의 철학이 '타자'와 '책임'이라는 핵심 주제로 발전하는 결정적 계기가 되었다. 전후 프랑스로 귀환한 후 파리 고등사범학교, 푸아티에 대학교, 파리 낭테르 대학교 등에서 교수직을 수행하며 자신만의 독창적인 철학적 관점을 정립했다. 그의 대표적인 저서로는 『전체성과 무한:

외부성에 관한 시론(Totalité et Infini: Essai sur l'extériorité)』(1961)과 『다른 방식으로 존재하기, 또는 존재의 저편(Autrement qu'être ou au-delà de l'essence)』(1974) 등이 있으며, 1995년 파리에서 생을 마감했다.

🔑 핵심 사상(기본 개념)

레비나스의 철학은 서양 형이상학이 '동일자'를 중심으로 '타자'를 무력하게 흡수하고 축소하려는 경향을 날카롭게 비판하며, 타자의 절대적인 타자성과 그에 대한 무한한 윤리적 책임을 심도 있게 강조한다.

타자(Autrui): 절대적 타자성

레비나스 철학의 핵심 개념인 '타자'는 내가 완전히 이해하거나 포섭할 수 없는, 절대적으로 다른 존재(alterity)이다. 서양 철학은 오랫동안 '나(자아)'를 중심으로 세계를 해석하고, 타자를 자신의 관념이나 범주 속으로 강제로 환원시키려 했다. 그러나 레비나스는 타자가 나의 의식이나 힘으로 통제할 수 없는 존재이며, 타자의 고유성과 생명은 신성한 '성전(聖殿)'과 같다고 보았다. 타자는 나의 영역 밖에 존재하며, 나의 이해의 지평을 초월하는 '무한성'을 지닌다.

얼굴(Le Visage): 윤리적 대면

'얼굴'은 타자가 나의 인식이나 개념에 포섭되지 않고, 직접적으로 자신을 드러내는 독특한 방식이다. 타자의 얼굴은 단순한 '직설법'이 아니라 강력한 '명령법'으로, 나에게 "살인하지 말라"는 근본적인 윤리적 명령을 전달한다. 타자의 얼굴은 그 연약함과 취약성 속에서 오히려 무한한 권위를 지니며, 나에게 무조건적인 책임을 요구한다. 이러한 얼굴과의 대면은 모든 윤리적 사유의 근본 시작점이 된다.

전체성과 무한(Totalité et Infini)

이는 레비나스의 대표적 저서 제목으로, 서양 철학이 세계를 완결된 하나의 '전체성(Totality)' 시스템으로 환원하려는 경향을 근본적으로 비판한다. 이러한 전체성 안에서는 개별적 존재들이 단순히 전체의 부분으로 축소되며, 타자의 고유한 차이와 특수성은 사라진다. 레비나스는 타자의 '얼굴'을 통해 외부로부터 침투하는 '무한성(Infinity)'이 이러한 폐쇄적 전체성을 근본적으로 와해시키고, 나에게 무한하고 절대적인 윤리적 책임을 부과한다고 주장한다.

윤리가 제1 철학(Ethics as First Philosophy)

종래의 철학은 존재론, 즉 '존재'의 본질을 탐구하는 것을 주된 과제로 삼았다. 그러나 레비나스는 이와 달리 '윤리'야말로 존재론에 앞서는 근본적인 철학임을 주장한다. 그에 따르면 '나'는 타자와의 관계, 즉 타자에 대한 무한한 책임 의식 속에서 비로소 진정한 주체로 자리 잡게 되며, 타자에 대한 윤리적 응답이 모든 인식과 존재의 근본 토대가 된다. 이는 결국 '나'라는 존재가 '타자의 인질'이 되는 것과 같은 의미를 내포한다.

일리야(Il y a / There is)

엠마누엘 레비나스는 그의 철학에서 프랑스어 표현 '일리야'(il y a)를 독특하게 해석한다. 일상적으로 '무엇인가 있다'를 의미하는 이 표현은 그의 철학에서 훨씬 더 깊은 의미를 지닌다. 이 개념은 모든 개별적 존재가 사라진 후에도 여전히 남아 있는 익명적이고 비인격적인 '존재' 그 자체를 가리킨다. 주체나 대상 없이 오직 '존재함'만이 모호하게 지속되는 배경을 의미하는데, 마치 어둠 속에서 희미하게 감도는 으스스한 기운과 같은 느낌이다.

'일리야'의 두 가지 핵심 특징

근본적으로 익명적이고 비인격적

'일리야'는 특정 주체나 대상에 의해 생성되거나 누군가에게 귀속되지 않는다. 이는 이름 붙일 수 없고 정의할 수 없는 순수한 '존재'의 현상이다. 잠들 때 의식이 사라진 것 같은 느낌 속에서도 알 수 없는 '존재의 배경'이 계속 존재하는 것과 유사하다.

'일리야'는 잔여성

모든 구체적 존재가 사라진 후에도 지워지지 않는 흔적처럼 남아 있는 '무언가'인 것이다.

레비나스는 이러한 '일리야'의 상태가 인간에게 공포와 섬뜩함을 불러일으킨다고 보았다. 개인의 존재가 부재하고 모호한 익명의 '있음'은 자신의 존재 기반을 흔들며 무한한 허무로 끌어들이는 위협으로 경험된다. 이는 통제 불가능한 모호한 요소들의 압도적 위협과 비슷한 심리적 경험으로, 악몽이나 불면증에서 그 일부를 느낄 수 있다.

바로 이 익명적이고 위협적인 '일리야'로부터 벗어나기 위해 주체가 형성되고 자신만의 고유한 존재를 확립해 나간다. 주체는 수동적으로 '존재함'에 갇히지 않고, 그 익명성으로부터 자신을 분리하고 경계를 만듦으로써 비로소 개별적 존재로 서게 된다.

이 과정에서 향유(Jouissance)와 거주(Habitation)가 중요한 개념이다. 주체는 먼저 세계의 요소들을 적극적으로 '향유'하며 '일리야'로부터 자신을 분리하려 한다. 음식을 먹고, 숨을 쉬고, 주변을 느끼며 자신의 것으로 만드는 행위를 통해 삶을 긍정하고 자신을 경험한다. 하지만 이러한 향유는 일시적인 만족감만 줄 뿐, 불안감을 완전히 해소하지 못한다.

그래서 주체는 다음 단계로 나아간다. 불안정한 향유 상태를 넘어 안정적인 삶의 토대를 만들기 위해 '집'을 짓고 '거주'하며 자신만의 공간을 확보한다. 여기서 '집'은 단순한 물리적 건물이 아니라, 주체가 '일리야'의 무한한 외부로부터 자신을 구분하고 삶을 긍정하는 상징적 경계를 의미한다. 노동을 통해 주체는 자신의 삶을 통제하고 외부 요소들을 변화시켜 '일리야'의 압도적 익명성을 극복하고자 한다.

결론적으로, 레비나스에게 주체는 처음부터 완성된 것이 아니다. 주체는 익명적이고 잠재적으로 공포스러운 '일리야'에 맞서 자신을 분리하고 독립적 공간을 만들며 존재의 고유성을 확립해 나가는 역동적 과정 중에 있다. 이러한 자기 존재 확립은 이후 타인과의 관계에서 윤리적 책임을 느끼고 행동하는 중요한 출발점이 된다.

대신함(Substitution)

타자에 대한 무한한 책임 의식은 궁극적으로 '나'가 타자를 위해 스스로를 내어주는 '대신함'의 경지에 이르는 것을 의미한다. 이는 타인의 고통을 마치 자신의 고통처럼 받아들이고, 타인의 짐을 기꺼이 짊어지는 극단적이고 윤리적인 책임감을 말한다.

Mulholland Dr 영화 속 적용

에마뉘엘 레비나스의 관점에서 본 <멀홀랜드 드라이브> 해석

레비나스의 타자 윤리적 관점은 이 영화 속 다이앤의 비극적인 삶과 타자와의 관계를 이해하는 데 매우 핵심적이고 날카로운 통찰을 제공할 수 있다.

'타자'의 얼굴에 대한 다이앤의 무시와 폭력

영화 속 다이앤은 카밀라를 단순히 자신의 욕망(성공, 사랑)을 충족시키기 위한 수단으로만 바라본다. 카밀라는 다이앤에게 있어 자신의 세계 안에 흡수되어야 할 존재일 뿐, 그 자체로 독립적이고 무한한 개체로 인정받지 못한다. 다이앤은 카밀라의 '얼굴'이 전하는 "살인하지 말라"는 윤리적 호소를 외면하고, 오히려 그녀를 자신의 욕망을 방해하는 존재로 여겨 폭력(청부살인)을 모색한다. 이는 레비나스가 비판하는, 타자를 동일자로 환원시키고 폭력을 행사하는 서양 존재론의 비극적인 측면을 드러낸다.

'무한한 책임'의 부재와 죄책감

레비나스에게 타자와의 만남은 나에게 무한한 책임을 요구한다. 그러나 다이앤은 카밀라에 대한 이러한 근본적 책임을 회피하고, 심지어 그녀를 제거함으로써 자신의 고통을 해결하려 한다. 영화의 후반부, 다이앤이 경험하는 극심한 죄책감과 환상은 타자의 얼굴이 부과하는 윤리적 명령을 어겼을 때 발생하는 내면의 균열로 해석될 수 있다. 그녀는 타자에 대한 책임을 외면함으로써 자신의 존재 자체가 무너지는 경험을 하게 된다.

'일리야(Il y a)'의 공포와 다이앤의 절망

영화의 마지막 장면, 다이앤이 겪는 끔찍한 환상과 죽음은 레비나스의 '일리야' 개념과 긴밀하게 연결된다. 다이앤은 자신의 주체성을 완전히 상실하고, 익명적이고 비인격적인 '있음'의 상태, 즉 '일리야'의 공포에 사로잡힌다. 그녀는 타자와의 윤리적 관계 속에서 '나'로서의 주체성을 확립하지 못하고, 오히려 타자에 대한 폭력을 통해 그 관계를 단절시킴으로써 익명적이고 비인격적인 공포 속으로 다시 침몰하는 것이다.

윤리의 실패와 비극

레비나스에게 윤리는 모든 철학의 근본 원리이며, 타자와의 관계 속에서

 드라이브의 칼날

'나'의 존재가 정립된다. 〈멀홀랜드 드라이브〉는 다이앤이 타자와의 윤리적 관계를 파괴하고, 타자를 자기 욕망의 도구로만 취급하려 했을 때, 그녀의 존재 자체가 어떻게 파국으로 치달을 수 있는지를 보여주는 비극적인 서사이다. 그녀는 타자에 대한 무한한 책임을 거부하고 자신의 세계 안에 타자를 가두려 했으며, 그 결과 결국 자신마저 상실하게 된다.

Point of View

레비나스의 사상은 20세기 후반의 윤리 철학, 종교 철학, 포스트모더니즘 등 광범위한 분야에 깊은 영향을 미쳤으며, 특히 '타자'와 '책임'의 문제를 현대 사회의 핵심 화두로 제시했다.

Beyond the Scene

철학자	핵심 개념	영화와의 연결점	독자를 위한 한 줄 요약
하이데거	현존재, 세계-내-존재, 본래적 존재/비본래적 존재, 죽음을 향한 존재	다이앤은 익명적인 할리우드 시스템('세인') 속에서 자신의 '현존재'를 비본래적으로 살아가다 좌절한다. 그녀가 겪는 '불안'은 자신의 궁극적 한계인 '죽음'을 대면하게 하는 계기가 되지만, 본래적 존재로 나아가기보다 도피와 파멸을 택한다.	다이앤의 불안은 자신만의 존재 의미를 찾아야 하는 실존적 고통에서 비롯되며, 죽음을 피하지 않고 대면할 때 비로소 진정한 자아를 발견할 수 있다.
레비나스	타자의 얼굴, 무한한 책임, 절대적 타자	다이앤은 타자인 카밀라를 자신의 욕망 충족의 도구로 삼아 그녀를 제거하려 한다. 이는 타자의 '얼굴' 앞에서 발생하는 무한한 윤리적 '책임'을 외면하고, 타자를 자기화하려는 폭력적 시도이자 비극의 원인이 된다.	다이앤이 카밀라를 죽이려 하는 것은 타자의 고통과 존재를 외면하려는 폭력적 시도이며, 이는 돌이킬 수 없는 비극을 불러온다.

SCENE 4

20세기 후반

#12

20세기 구조주의 및 포스트구조주의

언어, 권력, 욕망

◐ 클로드 레비스트로스: 구조주의의 창시자, 신화와 친족의 보편 구조

클로드 레비스트로스(Claude Lévi-Strauss, 1908년 11월 28일 ~ 2009년 10월 30일)는 20세기 프랑스를 대표하는 탁월한 인류학자이자 철학자로, 구조주의 (Structuralism)의 선구자로 널리 인정받고 있다. 그는 언어학의 방법론을 인류학과 사회학에 혁신적으로 적용하여, 문화 현상의 다양한 표면 아래 숨겨진 보편적이고 무의식적인 정신적 구조를 체계적으로 탐구하고자 했다. 그의 혁신적인 사상은 인류학을 넘어 철학, 문학비평, 사회학 등 인문 사회과학 전 영역에 지대한 영향을 미쳤다.

⌛ 생애 요약

레비스트로스는 1908년 벨기에 브뤼셀에서 출생하여 파리 대학교에서 법학과 철학을 수학했다. 1930년대 중반 브라질 상파울루 대학교의 사회학 교수로 재직하면서 아마존 원주민 부족들(카두베오족, 보로로족, 남비콰라족, 투피카와히브족 등)에 대한 현지 조사를 수행했다. 이러한 현장 경험은 그의 인류학적 사유에 결정적인 토대를 마련해주었다. 제2차 세계대전 중 미국으로 망명한 그는 뉴욕의 신사회조사연구원에서 문화인류학을 연구하던 중, 러시아 출신 언어학자 로만 야콥슨을 만나 구조 언어학의 깊은 영향을 받게 되었다. 전쟁 종료 후 프랑스로 귀국하여 콜레주 드 프랑스 교수로 취임했고, 사회인류학 강좌를 창설하며 자신만의 독창적인 구조주의 인류학을 발전시켰다. 그의 대표작으로는 『슬픈 열대』(1955), 『친족의 기본 구조』(1949), 『야생의 사고』(1962), 그리고 4부작 『신화학』(1964~1971) 등이 있다. 2009년 101세의 고령으로 파리에서 생을 마감했다.

🔑 핵심 사상(기본 개념)

레비스트로스의 철학은 인간의 정신이 보편적인 구조적 원리에 따라 작동하며, 이러한 구조가 다양한 문화 현상으로 구체화한다고 주장한다.

구조주의(Structuralism)

레비스트로스는 언어학의 통찰을 바탕으로, 문화 현상을 표면적 내용이 아닌 그 이면의 보편적 구조를 통해 해석하고자 했다. 이 구조는 인간의 무의식적 정신 활동에서 비롯된 것으로, 언어의 문법과 유사하게 특정한 규칙과 관계의 체계를 형성한다. 그는 문화적 다양성의 외관 속에서도 인간 정신의 근본적인 구조가 작동하고 있음을 강조했다.

이항 대립(Binary Oppositions)

인간 정신의 가장 근본적인 인식 방식으로, 모든 개념과 현상이 서로 대립하는 두 요소(예: 날것/익힌 것, 자연/문화, 남성/여성, 삶/죽음)를 통해 이해된다고 보았다. 이러한 이항 대립은 신화, 친족 체계, 음식 문화 등 다양한 문화 영역에 내재된 보편적 구조 원리로 작용한다.

친족 구조(Kinship Structures)

레비스트로스는 결혼 규칙과 친족 체계를 개인과 집단 간의 소통을 가능하게 하는 일종의 언어적 체계로 해석했다. 특히 '여성의 교환'이 친족 집단 간 커뮤니케이션의 언어와 같이 순환한다고 주장하며, 혼인 규제의 다양성 속에서 몇 가지 보편적 원리를 도출해 냈다. 이는 사회적 관계가 무의식적 구조에 의해 조직된다는 그의 핵심 주장을 뒷받침한다.

신화학(Mythology)

그는 신화를 단순한 이야기가 아닌, 특정 사회의 문화적 문제를 해결하고 인간 정신의 보편적 구조를 반영하는 복합적인 언어적 체계로 분석했다. 신화는 다양한 '신화소(mythemes)'로 분해될 수 있으며, 이 신화소들이 이항 대립의 방식으로 배열되어 의미를 형성한다. 궁극적으로 신화는 사회의 모순을 해소하고, 자연과 문화, 삶과 죽음과 같은 근본적인 인간의 존재론적 고민을 상징적으로 표현하는 방식인 것이다.

야생의 사고(The Savage Mind)

레비스트로스는 소위 '미개한' 또는 '원시적인' 사고방식이 결코 열등하지 않으며, 고유의 복잡하고 체계적인 논리를 지니고 있음을 주장했다. 그는 원시인의 사고가 과학적 사고와 마찬가지로 세계를 분류하고 이해하려는 보편적인 인간 정신의 활동임을 입증하며, 인간 정신의 본질적 통일성을 강조했다.

Mulholland Dr 영화 속 적용

클로드 레비스트로스의 관점에서 본 <멀홀랜드 드라이브> 해석

레비스트로스의 구조주의적 관점은 이 영화의 난해한 서사를 그 이면에 숨겨진 보편적인 정신적 구조와 이항 대립을 통해 해석하는 데 독특하고 심층적인 통찰을 제공할 수 있다.

이항 대립의 구조: 영화 <멀홀랜드 드라이브>는 끊임없이 심층적인 대립 구조를 통해 서사를 전개한다.

꿈(환상) vs. 현실

영화의 가장 명확한 대립으로, 전반부의 이상적인 베티의 세계와 후반부의 비참한 다이앤의 세계가 극적으로 대비된다.

성공 vs. 실패

베티의 성공적인 오디션과 다이앤의 좌절한 배우 지망생으로서의 궤적.

사랑 vs. 증오/질투

베티와 리타의 순수한 로맨스와 다이앤과 카밀라의 비극적인 사랑과 증

 드라이브의 칼날

오의 역학.

할리우드의 순수한 꿈(베티)과 그 이면의 잔혹한 현실(다이앤, 카밀라).

베티와 다이앤의 대비되는 머리색. 이러한 대립들은 영화의 표면적인 혼란 이면에 존재하는, 인간 정신이 세계를 인식하고 의미를 부여하는 근본적인 구조적 원리를 드러낸다.

다이앤의 심리적 '신화'와 그 구조

레비스트로스에게 신화는 사회적 모순을 해소하려는 시도이다. 〈멀홀랜드 드라이브〉는 다이앤이라는 한 개인의 좌절된 욕망과 깊은 죄책감이라는 심리적 모순을 극복하려는 '개인적인 신화'로 해석될 수 있다. 영화 전반부의 꿈은 다이앤이 자신의 비참한 현실(실패, 배신, 살인)이라는 모순을 해결하기 위해 창조한 심리적 환영이다. 이 신화 속에서 그녀는 자신이 원하는 방식으로 사건들을 재구성하고, 자신에게 유리한 서사적 역할을 부여한다. 그러나 이 신화는 결국 현실의 압박(파란 상자) 때문에 무너지고, 그녀는 해결되지 않은 내적 모순과 마주하게 된다.

무의식적 정신 구조의 반영

레비스트로스는 문화 현상이 인간의 무의식적 정신 구조를 드러낸다고 보았다. 영화에서 반복적으로 등장하는 상징들(파란 상자, 열쇠, 늙은 부부, 길 위의 노숙자)과 비선형적 서사는 다이앤의 무의식적 내면세계를 표출하는 것으로 해석할 수 있다. 이러한 요소들은 의식적인 서사 논리를 따르기보다는 꿈의 논리처럼 무의식적인 이항 대립과 변형의 원리에 따라 배치되어, 다이앤의 내면 깊숙이 자리한 욕망, 불안, 죄책감의 내밀한 구조를 뚜렷이 드러낸다.

'야생의 사고'로서의 꿈의 논리

〈멀홀랜드 드라이브〉의 꿈과 같은 비선형적이고 상징적인 서사는 '야생의 사고' 방식과 유사하게 작동한다고 볼 수 있다. 이 사고방식은 '문명화된' 이성적 논리(선형적 시간, 명확한 인과 관계)를 따르지 않지만, 그 자체로 특정한 규칙과 관계망을 통해 고유의 의미를 생성한다. 영화는 관객에게 이러한 '야생의 사고'의 영역으로 들어가도록 유도하며, 순수한 이성적 분석으로는 포착하기 어려운 심층적이고 풍부한 의미를 경험하게 한다.

Point of View

클로드 레비스트로스의 구조주의는 20세기 인문 사회과학에 지대한 영향을 미쳤으며, 특히 언어, 신화, 사회 구조 등 다양한 영역에서 인간 정신의 보편적인 작동 원리를 탐구하는 데 핵심적인 통찰을 제공했다.

Beyond the Scene

철학자	핵심 개념	영화와의 연결점	독자를 위한 한 줄 요약
클로드 레비스트 로스	구조주의, 신화의 보편 구조, 이항 대립	<멀홀랜드 드라이브>는 할리우드라는 현대 사회의 '신화'를 해체하고 재구성하는 영화다. 겉으로 드러나는 파편화된 서사 이면에는 '꿈/현실', '성공/실패', '사랑/증오', '주체/객체'와 같은 보편적인 '이항 대립 구조'가 작동하며 영화 전체를 지배한다.	이 영화는 겉보기에 혼란스럽지만, 할리우드의 성공과 실패, 꿈과 현실 같은 고정된 '신화적 구조'를 반복하며 보여준다.

#13

구조주의 마르크스주의

사회 구조와 이데올로기

⏀ 카를 마르크스: 자본주의 비판, 계급 투쟁과 공산주의

카를 마르크스(Karl Marx, 1818년 5월 5일 ~ 1883년 3월 14일)는 19세기 독일의 다재다능한 지식인으로, 철학자, 경제학자, 사회학자, 역사가, 언론인, 그리고 혁명적 사회주의자였다. 그는 프리드리히 엥겔스와 협력하여 '마르크스주의'라는 획기적인 사상 체계를 수립했으며, 자본주의 사회의 근본적인 본질과 모순을 날카롭게 분석했다. 특히 계급 투쟁을 통해 역사가 발전하고 궁극적으로 계급 없는 공산주의 사회가 도래할 것이라고 주장했다. 그의 혁신적인 사상은 사회과학, 정치경제학, 역사학은 물론 20세기 사회주의 운동과 혁명에 지대한 영향을 미쳤다.

⏳ 생애 요약

마르크스는 1818년 독일 트리어의 유대인 가정에서 태어나 본 대학교와 베를린 대학교에서 법학과 철학을 공부했다. 특히 베를린에서 헤겔 철학에 심취한 청년 헤겔학파와 교류하며 급진적인 사상을 형성했다. 박사 학위를 취득한 후에는 언론인으로 활동하며 〈라인 신문〉의 편집장을 맡았으나, 정부의 엄격한 검열로 인해 신문이 폐간되자 파리로 망명했다. 파리에서 그는 평생의 동지이자 후원자가 될 프리드리히 엥겔스를 만나게 된다. 이후 브뤼셀, 런던 등지로 망명 생활을 이어가며, 1848년 엥겔스와 함께 『공산당 선언』을 발표하여 전 세계 노동자들에게 혁명을 촉구했다. 그는 주로 런던에서 망명 생활을 하며 대영박물관 도서관에서 방대한 연구를 수행했고, 자본주의 사회의 경제적 메커니즘을 심층적으로 분석한 그의 대표작 『자본론』(제1권 1867년 출간)을 집필했다. 마르크스는 1883년 런던에서 생을 마감했으며, 그의 혁명적 사상은 사후에도 전 세계적으로 엄청난 영향력을 발휘했다.

🔑 핵심 사상(기본 개념)

마르크스의 철학은 인간 사회의 발전 과정을 유물론적 관점에서 분석하고, 자본주의의 내재적 모순을 폭로하며 혁명을 통한 새로운 사회 건설을 주장한다.

변증법적 유물론(Dialectical Materialism)

마르크스는 헤겔의 변증법을 수용했지만, 이를 관념론의 한계에서 벗어나 유물론적 관점에서 재해석했다. 즉, 세계와 역사의 발전은 추상적인 '정신'의 변증법적 과정이 아니라, 물질적인 생산력과 생산관계의 모순과 투쟁을 통해 이루어진다고 보았다. 모든 사물과 현상은 끊임없이 변화하고 발전하며, 내적 모순과 대립을 통해 새로운 단계로 나아간다는 것이다.

유물론적 역사관(Historical Materialism) / 사적 유물론

인간 사회의 역사적 발전은 궁극적으로 경제적 토대, 즉 '생산력(productive forces)'과 '생산관계(relations of production)'에 의해 결정된다고 본다.

토대(Base / 하부구조)

사회의 경제적 구조를 의미하며, 생산력(노동력, 생산수단, 기술 등)과 생산관계(생산수단의 소유 관계, 계급 관계 등)로 구성된다. 이는 사회의 모든 다른 측면을 결정하는 근본적인 요소이다.

상부구조(Superstructure)

토대 위에 세워지는 비경제적인 모든 사회적, 정치적, 문화적, 이데올로기적 영역을 포괄한다. 정치, 법률, 국가, 종교, 도덕, 예술, 철학, 교육 등이 여기에 속하며, 상부구조는 토대를 반영하고 그 유지 및 재생산을 돕는 역할을 한다. 예를 들어, 자본주의 사회의 법률 체계는 자본가 계급의 이익을 보호하고 사유재산 제도를 공고히 하는 방식으로 작동한다. 생산력(기술, 노동력 등)이 발전하면 기존의 생산관계와 필연적인 모순이 발생하고, 이 모순이 계급 투쟁을 통해 새로운 생산관계로 전환되면서 사회가 발전한다는 것이다.

계급 투쟁(Class Struggle)

마르크스는 역사 전체를 계급 투쟁의 연속으로 파악했다. 자본주의 사회에서는 생산수단을 소유한 부르주아 계급(자본가)과 생산수단이 없어 자기

드라이브의 칼날

노동력을 팔아야만 하는 프롤레타리아 계급(노동자)이라는 두 개의 대립적인 계급이 존재하며, 이들 간의 투쟁이 사회 변화의 근본적인 동력이라고 주장했다.

소외(Alienation)

마르크스는 자본주의 사회에서 노동자가 겪는 소외를 다음과 같이 분석했다: 노동자는 자신이 생산한 생산물, 노동 과정, 인간 본질, 그리고 다른 인간들로부터 소외된다. 더 이상 노동은 자기실현의 과정이 아니라 생존을 위한 강제적 수단이 되며, 노동의 결과물은 노동자 자신을 지배하는 외부의 힘으로 나타난다.

잉여 가치(Surplus Value)

마르크스는 노동자가 생산하는 가치와 받는 임금 사이의 차이를 '잉여 가치'로 설명했다. 자본가는 노동자에게 임금을 지불한 이후에도 잉여 가치를 착취하여 이윤을 얻으며, 이를 자본 축적의 근본 메커니즘이자 자본주의의 본질적인 착취 구조로 보았다.

공산주의(Communism)

마르크스는 자본주의의 내적 모순(계급 투쟁, 경제 위기, 빈부 격차 심화 등)이 궁극적으로 프롤레타리아 혁명을 초래할 것이라 예견했다. 이 혁명을 통해 생산 수단이 사회 전체의 공동 소유가 되는 계급 없는 사회, 즉 공산주의 사회가 도래할 것이라고 주장했다. 이 사회에서는 각자의 능력에 따라 일하고 필요에 따라 분배받는 이상적인 사회가 실현될 것이라고 보았다.

Mulholland Dr 영화 속 적용

카를 마르크스의 관점에서 본 <멀홀랜드 드라이브> 해석

마르크스의 사회경제적 분석, 계급 투쟁, 소외 개념은 할리우드라는 특정 사회의 본질과 그 속에서 개인이 겪는 비극을 이해하는 데 독특한 통찰을 제공한다.

할리우드

자본주의적 토대와 '꿈의 공장'이라는 상부구조: 마르크스주의적 관점에서 할리우드는 영화 제작이라는 경제적 '토대' 위에 구축된 거대한 문화적 '상부구조'로 해석될 수 있다.

토대

영화 제작 시스템, 투자, 이윤 추구, 그리고 배우들의 노동력 착취를 통해 부를 축적하는 자본가(제작자, 감독)와 자신의 노동력을 팔아야 하는 배우들 간의 생산관계가 할리우드의 토대를 형성한다.

상부구조

할리우드가 생산하는 '꿈', '환상', '스타 시스템', '성공 신화' 등은 이 경제적 토대를 정당화하고 유지시키는 이데올로기적 상부구조이다. 다이앤의 꿈속 세계(베티의 성공 스토리)는 할리우드라는 상부구조가 생산하고 유포하는

‘허위의식(False Consciousness)’의 전형적인 모습이다. 이 허위의식은 현실의 잔혹한 경쟁과 착취 구조를 은폐하고 개인이 자발적으로 시스템에 순응하도록 만든다.

소외된 노동자로서의 배우

다이앤은 할리우드 시스템 안에서 완전히 소외된 노동자, 즉 배우로 드러난다.

생산물로부터의 소외

배우의 ‘노동’은 자신의 재능과 육체를 활용해 ‘영화’라는 상품을 만드는 것이지만, 그 상품은 결국 자본가(제작자, 감독)의 소유가 되며, 배우는 자신이 만든 생산물과 분리된다. 다이앤은 자신의 연기 재능을 온전히 발휘할 기회조차 박탈당하고, 오로지 ‘상품 가치’로만 평가받는 존재로 전락한다.

노동 과정으로부터의 소외

배우의 노동은 본질적으로 창조적인 행위여야 하지만, 시스템 속에서 배우는 단순히 감독이나 제작자의 명령을 따르는 수동적인 도구로 취급된다. 다이앤은 자신의 연기에 대한 통제권을 완전히 상실하고, 심지어 카밀라에게 역할까지 빼앗기며 노동 과정에서 깊은 소외를 경험한다.

인간 본질로부터의 소외

할리우드의 냉혹한 경쟁 시스템은 다이앤을 자신의 본질적 인간성(자유로운 창조성, 진정한 인간관계)으로부터 점점 멀어지게 만든다. 그녀는 성공이라는 목표를 위해 타인을 시기하고, 심지어 살인까지 교사하며 점차 비인간적인 존재로 변모한다.

타인으로부터의 소외

동료 배우이자 연인인 카밀라와의 관계는 진정한 인간적 유대감과는 거리가 멀며, 단순한 경쟁 관계나 욕망 충족을 위한 수단으로 전락한다. 다이앤은 할리우드 시스템 속에서 완전히 고립되어 타인으로부터도 소외된다.

계급 투쟁의 미시적 발현

할리우드의 권력관계

영화 속 할리우드 시스템은 마르크스주의적 관점에서 '계급 투쟁'이 미시적으로 구현되는 공간으로 해석될 수 있다. '아담' 감독, '마피아'와 같은 제작자들은 생산 수단(영화 제작 및 캐스팅 권한)을 장악한 '부르주아' 계급을 대표하며, 다이앤과 같은 배우 지망생들은 자신의 노동력(연기 재능)을 팔아야 하는 '프롤레타리아' 계급을 상징한다. 이들 사이의 관계는 협력적이기보다는 철저히 착취적이고 경쟁적이다. 다이앤의 좌절은 바로 이러한 자본주의적 할리우드 시스템 속에서 '프롤레타리아'가 겪는 근본적인 무력감과 패배를 상징적으로 보여준다.

자본주의의 내재적 모순과 파국

할리우드가 선사하는 '꿈'과 '환상' 이면에는 냉혹한 경쟁, 좌절, 착취, 그

  드라이브의 칼날

리고 정신적 파멸이라는 잔인한 현실이 숨겨져 있다. 다이앤의 비극적인 죽음은 이러한 자본주의적 '꿈의 공장'이 개인의 삶을 얼마나 처참하게 파괴할 수 있는지를 극명하게 보여준다. 시스템은 끊임없이 새로운 '스타'라는 상품을 양산하지만, 그 과정에서 수많은 '잉여 노동력'(좌절한 배우들)을 양산하고 그들의 삶을 송두리째 무너뜨린다. 영화는 자본주의 시스템이 약속하는 환상과 그로 인해 발생하는 현실의 모순이 결국 개인의 비극적 파멸로 귀결된다는 마르크스주의적 비판을 생생하게 시각화한다.

Point of View

카를 마르크스의 사상은 이후 사회과학의 다양한 분야에 심대한 영향을 미쳤으며, 20세기 사회주의 운동과 혁명의 이론적 토대가 되었다. 오늘날에도 자본주의 사회의 구조적 모순을 분석하고 비판하는 데 핵심적인 통찰을 제공하고 있다.

⚛ 루이 알튀세르: 이데올로기적 국가 장치, 주체화(호명테제)

루이 알튀세르(Louis Althusser, 1918년 10월 16일 ~ 1990년 10월 22일)는 20세기 프랑스의 대표적인 마르크스주의 철학자로, 구조주의적 관점에서 마르크스주의를 혁신적으로 재해석한 학자로 알려져 있다. 그는 전통적인 마르크스주의에서 간과했던 상부구조, 특히 이데올로기의 핵심적 역할을 강조하며, 이데올로기가 개인을 '주체(subject)'로 구성하는 방식에 대한 독창적인 이론인 '호명테제'를 제시했다. 그의 사상은 정치 철학, 문화 이론, 비판 이론 등 다양한 학문 분야에 지대한 영향을 미쳤다.

⧗ 생애 요약

알튀세르는 1918년 알제리에서 태어나 프랑스 고등사범학교(École Normale Supérieure)에서 철학을 전공했다. 제2차 세계대전 중 독일군 포로수용소에서의 경험은 그의 사상 형성에 결정적인 영향을 미쳤다. 전쟁 이후 파리로 돌아와 고등사범학교 교수로 재직하면서 많은 후학들을 양성했다. 1948년 프랑스 공산당에 입당하여 당 내에서 활발한 이론 활동을 펼쳤지만, 소련의 스탈린주의를 비판하고 마르크스주의를 새롭게 해석하려는 시도로 인해 당과 심각한 갈등을 겪었다. 그는 가스통 바슐라르의 과학철학과 스피노자주의를 기반으로 마르크스를 독자적으로 재해석하며 독창적인 이론을 발전시켰다. 그러나 평생 조울증으로 고통받았으며, 1980년 아내를 살해하는 충격적인 사건 이후 정신병원에 수감되어 1990년 심장마비로 생을 마감했다. 그의 사후, 미공개 원고들이 발굴되어 포스트모더니즘 철학계에 큰 파장을 일으켰다.

🔑 핵심 사상(기본 개념)

알튀세르의 철학은 이데올로기의 작동 메커니즘과 국가의 역할에 대한 혁신적인 통찰을 제공하며, 사회 구조가 개인의 주체성을 어떻게 형성하는지를 깊이 있게 분석한다.

구조주의적 마르크스주의(Structuralist Marxism)

알튀세르는 마르크스의 저작을 단순한 '인본주의적' 또는 '경제주의적' 해석에서 벗어나, 마르크스주의를 엄밀한 과학적 분석 틀로 재해석했다. 그는 사회를 경제적 토대, 법적—정치적 상부구조, 이데올로기적 상부구조로 구분하고, 각 구조가 상대적 자율성을 유지하면서도 궁극적으로는 경제적 토대에 의해 '중층 결정(overdetermination)'된다고 주장했다.

이데올로기(Ideology)

알튀세르에게 이데올로기는 단순한 '허위의식'이 아니라 훨씬 더 복합적인 개념이다. 이는 개인이 사회의 실제 조건과 관계를 상상적으로 경험하게 하는 '물질적 실천'이자 '존재 방식'이다. 이데올로기는 개인에게 특정 세계관을 부여하고, 그 세계관 내에서 개인의 행동 방식을 규정하며, 궁극적으로 개인이 자신을 '주체'로 인식하게 만든다. 이데올로기는 항상 존재하며 사회의 재생산에 필수적인 역할을 수행한다.

국가 장치(State Apparatuses)

알튀세르는 국가를 정부나 행정 기관을 넘어, 사회 질서를 유지하고 이데올로기를 재생산하는 복합적인 장치들의 집합체로 이해했다. 그는 국가 장치를 두 가지 핵심 유형으로 구분한다.

억압적 국가 장치(Repressive State Apparatuses, RSAs)

주로 물리적 강제를 통해 작동하는 장치들로, 군대, 경찰, 법원, 감옥 등이 포함된다. 이들은 주로 공적 영역에서 단일하게 기능한다.

이데올로기적 국가 장치(Ideological State Apparatuses, ISAs)

주로 이데올로기적 설득, 교육, 문화를 통해 작동하는 장치들로, 학교, 가족, 교회, 언론, 문화, 정치 등 다양한 영역을 포함한다. ISAs는 여러 개가 존재하며, 사적 영역에서 작동하는 것처럼 보이지만, 실제로는 지배 계급의 이데올로기를 재생산하고 사회 질서를 유지하는 핵심적인 기능을 수행한다.

호명테제(Interpellation / Hailing Thesis): 주체화의 메커니즘

알튀세르의 가장 독창적이고 영향력 있는 이론 중 하나인 '호명테제'는 이데올로기가 개인을 어떻게 '주체(subject)'로 만들어가는지 설명한다. 이데올로기는 마치 길을 걷는 사람에게 경찰이 "야, 거기 너!"라고 외치듯이 개인에게 말을 걸고(호명), 개인이 그 부름에 응답함으로써 자신을 '자유로운 주체'로 인식하게 된다. 이러한 주체화(subjectivation) 과정을 통해 개인은 자신이 자유롭게 행동한다고 믿지만, 실제로는 이데올로기적 장치들이 부여한 역할과 위치에 따라 행동하게 된다. 달리 말해, 개인은 이데올로기적 장치 때문에 '호명'되고, 그 호명에 응답함으로써 특정한 사회적 역할과 정체성을 부여받는 것이다. 이 호명테제는 개인이 사회적 구조와 이데올로기의 산물임을 드러내며, 인간의 자율성에 대해 근본적인 의문을 제기한다.

길을 걷다 뒤에서 경찰관이 "야, 거기 당신!" 하고 부르면, 뒤를 돌아보는 순간 우리는 법의 권위에 복종하는 **'시민 주체'**로 호명되고 주체화된다.

학교에서 교장 선생님이 "사랑하는 학생 여러분!" 하고 부르면, 자신을 스스로 '학생'으로 인식하고 받아들이는 순간 우리는 '학생 이데올로기' 속의 **'학생 주체'**가 된다.

"지친 당신, 이 커피 한잔으로 에너지를 충전하세요!"라는 광고의 부름을 듣고 '나도 저 커피를 마셔야겠다.'라고 생각하는 순간, 우리는 '소비 이데올로기' 속의 **'소비 주체'**로 주체화된다.

이론적 반인본주의(Theoretical Anti-Humanism)

알튀세르는 인간을 사회 구조의 산물로 보고, 인간의 자율적인 의지나 본질적인 자유를 강조하는 인본주의적 관점을 비판했다. 그는 개인이 사회적 관계와 이데올로기적 구조에 의해 형성되는 존재이며, '주체'라는 개념 자체가 이데올로기의 산물이라고 주장했다.

루이 알튀세르의 관점에서 본 <멀홀랜드 드라이브> 해석

알튀세르의 이데올로기 이론, 특히 호명테제는 이 영화 속 할리우드라는 시스템과 그 안에서 개인의 정체성이 어떻게 형성되고 무너지는지를 이해하는 데 독특한 통찰을 제공할 수 있다.

할리우드: 강력한 '이데올로기적 국가 장치(ISA)와 그 '호명'

영화의 배경인 할리우드는 단순한 영화 제작 산업이 아니라, '성공', '명성', '아름다움', '사랑'이라는 이데올로기를 끊임없이 생산하고 유포하는 거대한 ISA로 해석될 수 있다. 할리우드 시스템은 오디션, 캐스팅, 스타덤의 과정을 통해 개인들에게 "성공적인 배우가 되어라!" 또는 "유명한 스타가 되어라!"와 같은 '이데올로기적 호명'을 지속적으로 던진다. 이 ISA는 개인들에게 특정한 삶의 방식과 가치관을 내면화시키고, 그들이 시스템에 자발적으로 순응하도록 유도한다.

다이앤의 이데올로기적 주체화와 그 실패

다이앤은 할리우드라는 이데올로기적 장치의 강력한 호명 때문에 주체화된 인물이다. 그녀는 "나도 성공할 수 있다."라는 이데올로기적 부름에 응답하여 할리우드에 왔고, 자신을 스스로 '성공을 꿈꾸는 배우'로 인식한다.

꿈속 세계에서의 성공적인 호명

영화의 전반부 베티의 꿈속 세계는 다이앤이 할리우드 이데올로기에 의해 완벽하게 주체화된 상상적 공간이다. 꿈속의 베티는 이데올로기가 요구하는 순수하고 재능 있는 배우의 이상적인 모습을 구현하며, 이 호명에 완전히 부응하여 부여된 역할을 수행한다.

현실에서의 호명 실패와 붕괴

꿈이 깨지고 다이앤의 비참한 현실이 드러나는 순간은 할리우드 이데올로기가 그녀를 완벽하게 주체화하는 데 실패했음을 의미한다. 현실의 다이앤은 약속된 '성공적인 배우'로 호명되지 못하고, 오히려 '실패한 배우', '버려진 연인'이라는 새로운 이데올로기적 정체성에 직면한다. 그녀는 이 고통스러운 호명에 저항하거나 수용하지 못한 채 정체성의 혼란으로 마침내 파멸을 겪게 된다.

이데올로기의 '물질적 실천'과 '나쁜 믿음'

알튀세르에 따르면 이데올로기는 관념적인 것이 아니라 '물질적 실천'이다. 다이앤이 베티의 꿈속에서 연기하고, 오디션을 보고, 리타와 사랑을 나누는 모든 행위는 할리우드 이데올로기가 규정하는 '성공한 배우'의 삶을 실제로 구현하는 것이다. 이는 사르트르의 '나쁜 믿음'과 연결될 수 있는데, 다이앤은 자신의 현실을 부정하고 이데올로기적 환상 속에서 다른 주체로 자신을 재구성한다. 그러나 이 물질적 실천이 현실의 모순을 감당하지 못할 때 이데올로기는 균열을 일으킨다.

억압적 국가 장치(RSA)의 그림자

할리우드 이데올로기가 다이앤을 통제하는 데 실패하고 그녀가 시스템의 규칙을 벗어나려 할 때, 억압적 국가 장치(RSA)의 그림자가 나타난다. '청부 살인범'의 존재와 살인이라는 행위는 이데올로기가 더 이상 작동하지 않을 때 나타나는 궁극적인 물리적 폭력과 억압을 상징한다. 다이앤의 자살은 이데올로기적 통제와 RSA의 위협(죄책감, 발각의 두려움) 속에서 개인이 겪는 파국적인 결말을 보여준다.

주체성의 해체와 이데올로기의 승리

다이앤은 이상적인 베티의 모습과 자신의 실제 모습 사이에서 정체성의 혼란을 겪으며 내면의 파편화를 경험한다. 이는 이데올로기가 개인을 완벽한 주체로 포섭하는 데 실패했을 때 나타나는 근본적인 균열이다. 그러나 결국 다이앤의 자살은 할리우드의 지배적인 이데올로기(오직 성공만이 가치 있는 존재임)가 그녀의 삶을 완전히 장악했음을 보여주는 비극적인 승리이기도 하다. 그녀는 이데올로기의 틀을 벗어나 새로운 주체성을 구축하는 데 실패하고, 결국 이데올로기가 규정한 '실패한 자'로서 자기 자신을 파괴시키는 극단적인 선택을 한다.

Point of View

루이 알튀세르의 사상은 미셸 푸코, 자크 라캉 등 후대 사상가들에게 깊은 영향을 미쳤으며, 특히 이데올로기와 권력의 복잡한 관계, 그리고 주체 형성의 메커니즘을 이해하는 데 결정적인 통찰을 제공했다.

Beyond the Scene

철학자	핵심 개념	영화와의 연결점	독자를 위한 한 줄 요약
마르크스	자본주의 비판, 계급 투쟁, 토대와 상부구조	할리우드라는 거대한 자본주의 산업은 '꿈의 공장'이라는 미명 아래 배우 지망생들(노동력)의 욕망을 착취한다. 다이앤의 실패와 좌절은 이러한 할리우드 경제적 구조 안에서 벌어지는 계급적 투쟁의 산물로 해석될 수 있다.	할리우드는 거대한 자본주의 시스템이며, 다이앤의 좌절은 그 구조 안에서 꿈을 빼앗기는 계급 투쟁의 결과이다.
알튀세르	이데올로기적 국가 장치(ISAs), 호명 주체화	할리우드 시스템(스튜디오, 에이전트, 캐스팅 디렉터)은 '이데올로기적 국가 장치'로 기능하며, 배우 지망생들에게 '스타가 되라'고 끊임없이 '호명(interpellation)'한다. 다이앤은 이 호명에 응답하여 '할리우드 배우'라는 이데올로기적 주체가 된다.	할리우드는 '스타가 되어라'고 끊임없이 외쳐(호명), 다이앤을 그 시스템 안의 주체로 만들고 환상을 믿게 한다.

14

포스트구조주의

주체의 해체와 권력/욕망의 미시적 작동

⊕ 미셸 푸코: 권력, 지식, 담론의 계보학

미셸 푸코(Michel Foucault, 1926년 10월 15일 ~ 1984년 6월 25일)는 20세기 프랑스를 대표하는 철학자이자 역사가, 사회 비평가로 손꼽힌다. 그는 기존 철학에서 주목하지 않았던 광기, 질병, 감옥, 성(性) 같은 사회 주변부 영역을 깊이 탐구하며, 권력(Power)과 지식(Knowledge)의 상호작용을 통해 어떻게 담론(Discourse)이 형성되고 이를 통해 인간의 주체성(Subjectivity)이 구성되는지를 혁신적으로 분석했다. 그의 독창적인 고고학과 계보학적 방법론은 철학의 경계를 넘어 역사학, 사회학, 문학비평 등 인문 사회과학 전 영역에 근본적인 전환점을 마련했다.

⧗ 생애 요약

미셸 푸코는 1926년 10월 15일, 프랑스 중서부의 작은 도시 푸아티에에 위치한 유력 부르주아 가문에서 외과의인 아버지 밑에서 태어났다. 18세에 바칼로레아 시험에 합격한 후 고등사범학교 준비반 과정을 거쳐 파리 고등사범학교에 입학해 철학을 공부했다. 졸업 후에는 프랑스를 떠나 오랜 해외 생활을 시작했다. 1955년에는 스웨덴 웁살라 대학교에서 문화 지도 교사로 근무했으며, 이후 폴란드 바르샤바와 서독 함부르크 등지에서 프랑스 문화원 원장으로 일하며 꾸준히 강의와 연구를 이어갔다. 1968년 말, 튀니지를 떠나 파리에 정착하여 뱅센 실험대학 설립에 참여했고, 교수 선출위원으로 활동하기도 했다. 이 시기에 『광기의 역사』(1961), 『말과 사물』(1966) 등 그의 대표작들이 출간되었다. 1970년에는 콜레주 드 프랑스 '사유 체계의 역사' 담당 교수로 취임하여 학문적 명성을 높였다. 그는 비록 학문적 경력 축적에 큰 관심을 보이지 않았지만, 개인의 실존적 경험을 보편적 사고의 원리와 연결하는 독보적인 철학자로 평가받았다. 푸코는 당대의 사회적 이슈에 적극적으로 참여했으며, 특히 LGBT 운동에 각별한 관심을 보였다. 결국 그는 1984년 파리에서 생을 마감했다.

🔑 핵심 사상(기본 개념)

푸코의 철학은 권력과 지식이 사회적 현실과 주체를 어떻게 형성하고 구조화하는지에 대한 깊이 있는 분석을 중심으로 전개된다.

권력(Power): 생산적이고 분산된 권력

푸코에게 권력은 단순히 억압적인 힘이 아니라, 사회 전반에 퍼져 있으며 개인의 행동과 사고방식을 적극적으로 형성하고 만들어내는 생산적인 메커니즘이다. 이 권력은 학교, 병원, 군대, 감옥 등 다양한 사회제도를 통해 작동하며, 개인을 세밀하게 규율하고 정상화하는 방식으로 기능한다.

지식(Knowledge): 권력과 불가분의 관계

지식은 권력과 본질적으로 연결되어 있으며, '권력−지식(pouvoir-savoir)'의 형태로 상호작용을 한다. 특정 지식이 진리로 인정받는 과정은 그 뒤에 존재하는 권력관계에 깊이 의존하며, 동시에 권력은 특정 지식을 생산하고 확산함으로써 자신의 정당성을 확보한다. 정신의학적 지식이 '광인'을 정의하고 통제하는 방식이 대표적인 예이다.

권력-지식(pouvoir-savoir)

푸코는 권력과 지식을 별개의 것으로 보지 않았다. 그의 관점에서 이 둘은 서로 긴밀하게 연결되어 항상 함께 작동한다. 권력과 지식은 서로를 생성하고 만들어낸다. 지식은 결코 중립적이지 않으며, 언제나 권력과 밀접하게 연관되어 있다. 이러한 지식은 특정 집단의 지배와 통제를 용이하게 한다.

푸코는 권력을 단순한 억압의 힘으로 보지 않았다. 그에게 권력은 동시에 무언가를 생산하는 힘이기도 하다. 예를 들어, 사회가 어떤 것을 '정상'으로 규정하면 자연스럽게 '비정상'이라는 개념이 생겨난다. 이런 방식으로 지식이 형성되며, 만들어진 지식은 특정한 권력 행사를 정당화하고 권력 행위를 가능하게 만든다.

이러한 관계는 '광인'의 역사를 통해 명확하게 드러난다. 과거에는 '광인'이 지금처럼 단순히 '환자'로만 인식되지 않았다. 때로는 사회와 조화롭게 공존하거나 특별한 존재로 여겨지기도 했지만, 근대 사회에서는 합리성과 효율성이 최우선 가치가 되었다. 사회는 비합리적이고 비효율적인 것을 문제로 인식했기 때문이다.

이때 '의학'이라는 지식 체계가 등장했다. 의학은 광인들을 '정신 질환 환자'로 분류하고, 그들의 행동을 '비정상적'이라고 진단했다. '비정상'에 대한 이 지식은 광인들을 사회에서 격리하고 통제하는 권력을 정당화했다. 즉, '누가 정상이고 비정상인지'를 아는 지식 자체가 곧 권력이 되는 것이다. 푸코는 이를 통해 지식과 권력이 어떻게 사회를 형성하고 사람들을 규율하는지 보여주고자 했다.

담론(Discourse): 현실을 구성하는 언어 체계

담론은 단순한 언어 사용을 넘어, 현실을 구성하고 해석하는 복합적인 언어적, 제도적 체계이다. 담론은 무엇을 말할 수 있는지, 누가 말할 수 있는지를 결정하며, 권력—지식의 메커니즘 속에서 작동한다. 예를 들어, '성(性)에 대한 담론'은 성을 과학적으로 분류하고 규정함으로써 특정 성적 정체성과 행위를 정상화하거나 비정상화한다.

에피스테메(Episteme): 시대정신

푸코는 특정 시대와 공간에서 지식의 생성을 가능하게 하는 근본적인 인식의 틀을 '에피스테메'로 개념화했다. 이는 한 시대의 사유를 지배하는 무의식적 규칙과 조건들의 총체로, 무엇이 진리로 간주되고 표현될 수 있는지를 결정한다. 특정 시대의 과학, 철학, 예술 등 모든 지적 활동은 그 시대의 에피스테메 내에서만 의미를 가지며, 에피스테메의 변화는 지식의 근본적인 재구조화를 동반한다.

고고학(Archaeology): 지식 체계의 심층 분석

푸코는 특정 시대의 지식 체계가 형성되고 변화하는 메커니즘을 탐구하는 방법론을 '고고학'으로 명명했다. 이는 단순히 지식의 표면적 내용을 넘어, 그 지식의 근간을 이루는 무의식적 규칙과 조건, 즉 '역사적 아프리오리'를 발굴하는 작업이다.

계보학(Genealogy): 권력-지식의 역사적 궤적

니체의 사상에서 영감을 얻은 '계보학'은 특정 지식이나 제도의 역사적 형성 과정을 추적하는 방법론이다. 이를 통해 지식이나 권력이 순수하고 보편적인 기원에서 비롯된 것이 아니라, 우연과 갈등의 복잡한 역사를 통해 형성되었음을 밝혀낸다.

규율 권력(Disciplinary Power): 신체의 조건화

근대 사회에 등장한 새로운 형태의 권력으로, 개인의 몸과 행동을 미세하게 통제하고 훈련하며 '규율화'하는 메커니즘이다. 학교, 병원, 감옥, 군대, 공장 등 다양한 제도적 공간에서 개인을 끊임없이 감시하고 평가하여 '정상적인' 신체와 행동 양식을 만들어낸다.

 드라이브의 칼날

파놉티콘(Panopticon): 내면화된 감시의 은유

영국 철학자 제러미 벤덤이 고안한 원형 감옥 '파놉티콘'은 푸코에게 규율 권력의 작동 방식을 가장 잘 보여주는 상징적 모델이다. 중앙 감시탑에서 모든 수감자를 관찰할 수 있지만, 수감자들은 자신이 실제로 감시받고 있는지 알 수 없다. 이로 인해 수감자들은 스스로 감시받고 있다고 인식하고 자발적으로 규율을 내면화하게 된다.

생명 권력(Biopower): 집단적 삶의 관리

19세기 이후 출현한 권력 형태로, 개인 신체에 대한 규율을 넘어 인구 집단 전체의 삶(출생, 사망, 질병, 위생, 성 등)을 통계적으로 관리하고 조절하는 포괄적 권력 메커니즘이다.

주체화(Subjectification): 권력관계 속 주체 형성

푸코에게 '주체'는 선천적으로 존재하는 것이 아니라, 권력–지식의 복잡한 관계 속에서 끊임없이 구성되는 것이다. 개인은 특정 담론과 규율 권력에 의해 '대상화'되는 동시에 '주체화'되는 역동적인 과정을 겪는다.

Mulholland Dr 영화 속 적용

미셸 푸코의 관점에서 본 <멀홀랜드 드라이브> 해석

푸코의 권력, 지식, 담론, 주체화, 그리고 특히 에피스테메 개념은 할리우드라는 시스템 내에서 개인의 삶이 어떻게 규율되고 파괴되는지를 이해하는 데 놀라울 정도로 날카로운 통찰을 제공한다.

할리우드: 지배적인 '에피스테메'의 작동

영화의 배경인 할리우드는 단순한 영화 산업을 넘어, 특정 시대의 지식과 권력을 조직하는 지배적인 '에피스테메'가 작동하는 공간으로 해석될 수 있다. 이 에피스테메는 '성공적인 배우'의 본질, '재능'의 평가 기준, '아름다움'의 정의 등에 대한 무의식적인 규칙과 조건을 설정한다. 이 에피스테메 안에서만 특정 유형의 지식(캐스팅 디렉터의 판단, 스튜디오의 기준)이 진리로 받아들여지고, 특정 담론(할리우드 드림)이 유효하게 작동한다.

다이앤의 개인적 '에피스테메'와 그 붕괴

영화 전반부의 베티의 꿈속 세계는 다이앤이라는 개인이 현실의 고통스러운 에피스테메를 벗어나, 자신의 욕망과 환상에 기반하여 재구성한 개인적인 '에피스테메'로 이해할 수 있다. 이 꿈속에서는 다이앤이 갈망하는 규칙과 질서(성공적인 오디션, 순수한 사랑, 미스터리 해결 능력)가 작동하며, 그녀는 이 새로운 에피스테메 속에서 베티라는 주체로 존재한다. 그러나 이 개인적인 에피스테메는 현실의 지배적인 에피스테메(할리우드의 냉혹한 경쟁, 자신의 실패)와의 충돌을 견디지 못하고 결국 붕괴한다. 파란 상자가 열리면서 꿈이 깨지는 장면은, 다이앤의 개인적인 에피스테메가 더 이상 현실을 지탱할 수 없게 되어 해체되는 순간을 상징적으로 보여준다.

'권력-지식'의 작동과 다이앤의 주체화/대상화

할리우드 시스템은 '캐스팅 디렉터', '감독', '제작자' 같은 권력의 주체들이 특정 '지식'(누가 스타 자질이 있는지, 누가 매력적인지)을 만들고 퍼뜨림으로써 작동

  드라이브의 칼날

한다. 이러한 지식은 배우들의 운명을 좌우하는 힘을 지닌다. 다이앤은 이러한 '권력–지식' 관계 속에서 끊임없이 대상화되고 평가받는다. 그녀는 '재능 없는 배우', '카밀라에게 버림받은 연인'이라는 지식에 의해 규정되며, 결국 자신의 정체성을 상실하고 분열된다. 그녀의 자살은 이 권력–지식 관계 속에서 자신을 긍정적으로 주체화하는 데 실패한 결과이다.

'규율 권력'의 내면화와 파놉티콘

할리우드는 배우 지망생들을 끊임없이 시험하고 평가하며 규율화되는 거대한 장치이다. 다이앤은 이 시스템의 보이지 않는 '파놉티콘'적 시선(누군가 항상 자신을 평가하고 있다는 불안감) 속에서 자기 자신을 규제하려 하지만, 결국 실패한다. 그녀는 끊임없이 감시받고 평가받는 존재로서 자신의 몸과 정신을 시스템에 맞추려 하지만, 그 압박은 결국 그녀를 파괴한다.

'생명 권력'의 통제와 개인의 파멸

할리우드는 배우들의 외모, 재능, 이미지 등 '삶'의 다양한 측면을 통제하고 관리하는 '생명 권력'을 행사한다. 배우들은 자신의 몸과 삶을 시스템에 맞춰 최적화해야 한다. 다이앤은 이 생명 권력의 요구를 충족시키지 못하고, 자신의 '생명' 자체를 통제하지 못해 결국 파멸에 이른다. 그녀의 꿈속 베티는 이 생명 권력이 요구하는 이상적인 신체를 가진 존재이지만, 현실의 다이앤은 이 요구를 충족시키지 못해 고통받는다.

Point of View

미셸 푸코의 사상은 20세기 이후 철학, 사회학, 역사학, 문학비평 등 다양한 학문 분야에 깊은 영향을 미쳤으며, 권력과 지식의 복합적인 관계, 그리고 인간의 주체성 형성에 대한 이해를 깊게 한 중요한 학술적 공헌이었다.

⚛ 자크 데리다: 해체와 차연, 의미의 불안정성

자크 데리다(Jacques Derrida, 1930년 7월 15일 ~ 2004년 10월 9일)는 20세기 프랑스 철학계에서 질 들뢰즈, 미셸 푸코와 더불어 가장 중요한 학자로 인정받는 철학자다. 그는 '해체(Deconstruction)'라는 독창적인 방법론을 통해 서양철학의 오랜 전통인 로고스중심주의(Logocentrism)와 음성중심주의(Phonocentrism)에 대한 근본적인 비판을 제기했다. 나아가 언어와 텍스트의 의미가 고정되거나 확정적이지 않으며, 끊임없이 지연되고 차이 속에서 생성된다는 '차연(Différance)' 개념을 통해 철학적 패러다임을 전환했다. 그의 사상은 철학의 경계를 넘어 문학비평, 건축, 법학, 사회학 등 인문 사회과학 전 영역에 혁명적인 영향을 미쳤다.

⌛ 생애 요약

데리다는 1930년 알제리의 엘 비아르에서 유대계 가정의 아들로 태어났다. 1949년 프랑스로 이주한 그는 파리 고등사범학교에서 철학을 공부하며, 에드문트 후설의 현상학과 마르틴 하이데거의 존재론에 깊은 지적 영감을 받았다. 1960년대 중반부터 그는 자신만의 독창적인 '해체' 철학을 발전시키며 서양 철학계에 큰 파장을 일으켰다. 특히 1967년 『문법학에 대하여』, 『목소리와 현상』, 『글쓰기와 차이』 등 세 권의 주요 저작을 동시에 출간하면서 세계적인 명성을 얻었다. 프랑스와 미국을 오가며 활발한 강의와 저술 활동을 펼친 그는, 특히 미국에서 그의 해체 이론이 문학비평 분야에 큰 반향을 일으켰다. 2004년 췌장암으로 생을 마감하며 현대철학사에 깊은 족적을 남겼다.

🔑 핵심 사상(기본 개념)

데리다의 철학은 서양 형이상학의 근본적인 전제들을 근본적으로 흔들고, 언어와 의미의 불안정한 본질을 드러내는 데 초점을 맞춘다.

해체(Deconstruction)

데리다의 해체 철학은 서양 철학의 근본을 이루는 이분법적 대립(binary oppositions)을 주요 분석 대상으로 삼고 있다. 존재/비존재, 이성/감성, 정신/물질, 본질/현상 등이 대표적인 예시이며, 특히 언어 철학에서는 '음성/문자'와 같은 이분법적 쌍이 두드러진다. 전통적인 서양 사상은 이러한 이분법적 구조 속에서 한쪽 항을 다른 쪽보다 우월하게 인식하는 위계적 사고를 보여왔다. 데리다는 이러한 위계 구조가 결코 자연스럽거나 필연적인 것이 아니라, 인간에 의해 인위적으로 구축된 것임을 밝히고자 했다.

'해체'는 단순히 텍스트나 사상을 파괴하거나 부정하는 것이 아니라, 그 안에 숨겨진 암묵적 전제, 위계 구조, 내적 모순을 드러내고 분석하는 비판적 읽기 방법이다. 데리다는 해체를 통해 텍스트의 의미가 고정되거나 단일하지 않으며, 끊임없이 미끄러지고 다양한 해석의 가능성이 열려 있음을 보여준다. 이는 특정한 '진리'를 발견하는 것이 아니라, 진리가 어떻게 구성되고 작동하는지를 탐구하는 작업이다.

차연(Différance)

데리다의 '차연(Différance)'은 그의 해체 철학에서 가장 핵심적이고 혁신적인 개념이다. 이 개념은 서구 형이상학의 전통적인 사고방식, 즉 고정된 의미에 대한 근본적인 의문을 제기하며, 단순한 언어적 논의를 넘어 언어와 의미의 작동 방식을 탐구하는 해체주의적 인식의 핵심이다.

'차연'이라는 용어는 프랑스어 동사 'différer'에서 유래했으며, 두 가지 중층적 의미를 내포한다.

'다름' 또는 '차이(difference)'를 의미

소쉬르의 언어학적 관점에서 기호의 의미가 독립적이고 고정된 실체가 아니라 다른 기호들과의 관계적 네트워크를 통해 형성된다는 개념과 연결된다.

'지연/연기(deferral/delay)'의 의미로

어떤 것이 즉각적으로 완성되거나 현전하지 않고 끊임없이 미래로 미뤄지는 시간적, 공간적 차원을 포함한다. 데리다는 이 두 가지 상이한 의미를 교묘하게 결합하여 '차연'이라는 혁신적인 용어를 탄생시켰다.

전통적 형이상학에서는 의미가 특정 대상에 고정되거나 화자의 의도에 의해 확정될 수 있다고 믿었지만, 데리다는 이러한 관점에 근본적인 의문을 제기했다. 그의 관점에 따르면, 언어 기호의 의미는 화자의 원래 의도와 달리 수용자의 해석 과정에서 끊임없이 미끄러지듯 변화하며, 결코 단일하고 고정된 지점에 머물지 않는다.

의미는 완전히 '현전'하지 않으며, 오히려 부재하는 것들의 '흔적(trace)'을 통해 작동한다. 다시 말해, 어떤 단어나 개념의 의미는 그것이 직접적으로 무엇인지를 나타내는 것이 아니라, 다른 모든 것이 '아님'을 통해, 그리고 아직 완전히 결정되지 않은 '지연'된 상태로 존재한다.

'차연'의 개념은 단순한 언어 현상을 넘어 우리가 의미를 이해하고 세상을 인식하는 모든 방식에 적용된다. 데리다는 이를 통해 고정된 의미나 절대적 진리라는 개념 자체를 해체하고자 했다. 이 개념은 텍스트 분석을 넘어 사회의 복잡성과 역동성을 이해하는 데 기여하며, 사회 현상과 문화적 의미 역시 끊임없이 다른 요소들과의 '차이'를 통해 구성되고 '지연'된다는 통찰을 제공한다.

결과적으로 '차연'의 개념은 현대 철학, 특히 해석학적 논의에서 중요한 이론적 기반을 형성하며, 의미의 상대성과 유동성에 대한 우리의 이해를 근본적으로 변화시켰다. 비록 철학적 개념들이 때로는 난해해 보일지라도, 깊이 있는 사유는 우리의 지적 지평을 확장하는 데 결정적인 역할을 한다.

로고스중심주의(Logocentrism)와 음성중심주의(Phonocentrism)

데리다는 서구 형이상학의 오랜 전통이 '로고스중심주의'에 깊이 뿌리박혀 있다고 비판했다. 이는 이성, 진리, 현존, 본질 등 특정한 '로고스'를 모든 것의 근원적이고 특권적인 중심으로 간주해 왔다는 것이다. 이 로고스

 드라이브의 칼날

중심주의의 한 변형이 '음성중심주의'인데, 말(음성)을 글(문자)보다 우월하고 진리에 더 가깝다고 여겨왔다는 비판이다. 말은 현존의 즉각성을 가지는 반면, 글은 부재와 지연을 내포한다고 여겨졌지만, 데리다는 오히려 글이 말보다 더 근본적이며, 모든 언어는 본질적으로 '글쓰기'의 특성을 지닌다고 주장한다.

이항 대립(Binary Oppositions)의 해체

서구 사유는 현실을 '현전/부재', '참/거짓', '남성/여성', '이성/감성', '실재/환상' 등과 같은 위계적인 이항 대립으로 구조화하는 경향이 있다. 데리다는 이러한 대립에서 한쪽 항(예: 현전, 참, 남성)이 항상 특권화되고 다른 쪽 항(부재, 거짓, 여성)이 주변화되는 방식을, 해체를 통해 드러낸다. 해체는 이러한 위계를 전복하고, 특권화된 항이 사실상 주변화된 항 없이는 존재할 수 없음을 보여줌으로써 이항 대립 자체의 불안정성을 폭로한다.

흔적(Trace)

데리다의 '흔적' 개념은 단순한 과거의 흔적이나 기록을 훨씬 넘어서는 심오한 의미를 지닌다. 이 흔적은 의미가 어떤 한 지점에 완전히 드러나지 않으며, 다른 기호들을 끊임없이 가리키면서 동시에 그 기호들의 부재를 '흔적'으로 남긴다. 다시 말해, 모든 기호는 자신만의 의미를 넘어 다른 기호들의 흔적을 내포하고 있으며, 이러한 끊임없는 흔적들의 연쇄 속에서 의미는 비로소 생성되고 동시에 고정되지 않고 계속 미끄러진다. 이는 한 대상의 존재를 지시하면서도 동시에 그 대상이 현재 부재함을 드러내는 이중적인 특성을 가지며, 결국 존재의 순수하고 완전한 '즉각적 현전'은 불가능하다는 데리다의 근본적인 주장을 뒷받침한다.

예를 들어, '개'라는 단어는 실제 살아 있는 개를 즉석에서 불러낼 수 없으며 단지 문자나 소리의 형태에 불과하다. '개'의 의미는 독립적으로 존재하지 않고 '고양이', '늑대' 등 다른 동물들과의 대조를 통해 비로소 형성되며, '짖다', '꼬리', '주인'과 같은 수많은 연관 개념을 끊임없이 불러내고 지시한다. 이처럼 의미는 한 단어에서 다른 단어로 계속 이동하고 전이되면서 고정되지 않는데, 이는 실제 개가 부재함에도 불구하고 '개'라는 단어가 우리가 개에 대해 경험하고 학습한 다양한 정보와 이미지의 흔적을 내포하고 있기 때문이다. 결국, 이러한 흔적들의 연결고리 속에서 '개'라는 의미가 생성되고, 문맥에 따라 그 의미가 다채롭게 미끄러지며 변형된다.

Mulholland Dr 영화 속 적용

자크 데리다의 관점에서 본 <멀홀랜드 드라이브> 해석

데리다의 해체적 관점은 이 영화의 난해하고 다층적인 서사를 이해하는 데 핵심적인 통찰을 제공할 수 있다.

'실재/환상' 이항 대립의 해체

영화는 베티의 꿈속 세계(환상)와 다이앤의 현실 세계(실재)라는 대립을 선명하게 드러낸다. 관객은 이 두 세계 중 어느 것이 '진정한 실재'인지 끊임없이 의문을 품게 된다. 그러나 데리다의 관점에서 영화는 이 '실재/환상'이라는 대립 자체를 와해시킨다. 베티의 꿈은 다이앤의 현실 경험(실패, 욕망, 질투)을 토대로 구성된 것이며, 다이앤의 현실 또한 그녀의 기억, 죄책감, 상상 등이 뒤섞여 있다. 어느 한쪽이 순수한 '실재'이고 다른 쪽이 순수한 '환상'이라고 단정 짓기는 어렵다. 오히려 영화는 이 두 세계가 서로를 구성하고 반영하며, 그 경계가 끊임없이 무너져 내림을 보여준다.

'현전/부재'의 놀이와 '차연'

영화 속 인물들은 끊임없이 '현전'과 '부재' 사이를 오간다. 리타는 기억 상실을 통해 자신의 과거가 '부재'하지만, 베티와의 관계 속에서 새로운 '현전'을 만들어간다. 다이앤은 현실에서 실패했기에 '성공'이라는 '현전'을 꿈속에서 구현하려 한다. 그러나 이러한 '현전'은 항상 '부재'의 흔적을 내포하며, 결코 완전한 의미에 도달하지 못한다. 꿈속 베티의 행복한 현전은 다이앤의 비참한 현실이라는 부재의 흔적을 지니고 있으며, 다이앤의 현실은 베티의 꿈이라는 환상적 현전의 잔상을 간직하고 있다. 의미는 끊임없이 지연되고 미끄러지며, 관객은 이 '차연'의 놀이 속에서 영화의 의미를 확정할 수 없게 된다.

'원인/결과' 인과성의 해체

영화는 사건 간의 인과 관계를 의도적으로 모호하게 처리한다. 파란 상자의 의미, 늙은 부부의 역할, 카우보이 사내의 존재 등은 명확한 '원인'이나 '결과'로 설명되지 않는다. 데리다의 해체주의는 이러한 인과적 설명 체계의 근본적인 한계를 보여준다. 영화는 사건들이 단순한 선형적 인과 관계를 따르기보다는, 의미가 끊임없이 생성되고 변형되는 살아있는 '텍스트'와 같으며, 그 의미는 고정불변이 아니라 관객의 해석에 따라 끊임없이 변주됨을 보여준다.

주체의 해체와 '흔적'으로서의 정체성

다이앤과 베티라는 두 정체성은 '자아'가 고정된 실체가 아님을 분명히 보여준다. 베티는 다이앤의 다양한 욕망, 좌절, 죄책감 등의 심리적 '흔적'들이 얽혀 만들어진 환영적 주체다. 다이앤의 실제 자아 역시 카밀라와의 관계, 할리우드에서의 좌절 등 수많은 경험의 '흔적'들로 구성된다. 영화는 '나'라는 주체가 본질적이고 고정된 존재가 아니라, 끊임없이 미끄러지고 변형되는 '흔적들의 연쇄'에 불과함을 해체적 시각으로 드러낸다.

Point of View

자크 데리다의 사상은 20세기 후반 철학, 문학 비평, 사회 이론 등 다양한 학문 분야에 깊은 영향을 미쳤으며, 언어, 텍스트, 의미, 주체성에 대한 근본적인 질문을 제기하며 오늘날까지도 활발히 논의되고 있다.

 드라이브의 칼날

◍ 질 들뢰즈: 차이와 생성, 욕망하는 기계

질 들뢰즈(Gilles Deleuze, 1925년 1월 18일 ~ 1995년 11월 4일)는 20세기 프랑스 철학의 대표적인 사상가로, 니체, 스피노자, 베르그송 등의 사상을 창의적으로 재해석하며 '차이', '생성', '강도', '욕망', '리좀', 그리고 '시뮬라크르' 같은 개념을 통해 혁신적인 존재론과 사유 방식을 제시했다. 그는 서양 철학의 전통적인 동일성, 재현, 위계적 사고방식에 의문을 제기하고, 고정된 존재나 본질을 부정하면서 끊임없이 변화하고 생성하는 존재의 역동성을 탐구했다. 그의 사상은 철학의 영역을 넘어 문학, 예술, 사회 이론 등 다양한 분야에 깊은 영향을 미쳤다.

⧗ 생애 요약

들뢰즈는 1925년 파리에서 태어나 소르본 대학교에서 철학을 공부했다. 그는 스피노자, 니체, 베르그송, 흄 등 기존 철학자들에 관한 독창적인 연구를 통해 학문적 기반을 다졌다. 1960년대 후반부터 정신분석학자 펠릭스 가타리와 협업하여『안티 오이디푸스(Anti-Oedipus)』(1972)와『천 개의 고원(A Thousand Plateaus)』(1980)과 같은 획기적인 저작들을 발표하며 국제적 명성을 얻었다. 1969년부터 파리 8대학(파리-뱅센 대학) 교수로 재직하며 수많은 후학들에게 영향을 미쳤다. 그는 평생 기존 철학에 대한 비판적 재해석과 새로운 개념 창조에 힘썼다. 만성적인 호흡기 질환(폐쇄성 폐질환)으로 고통받던 그는 1995년 결국 스스로 생을 마감했다. 그의 복잡하고 난해한 문체는 그의 철학적 특성을 대변하는 중요한 요소 중 하나로 평가된다.

🔑 핵심 사상(기본 개념)

들뢰즈의 철학은 고정된 존재나 동일성을 거부하고, 끊임없이 변화하고 생성하는 차이 그 자체를 긍정하면서, 이를 통해 새로운 사유의 가능성을 열어젖힌다.

차이와 반복(Difference and Repetition)

들뢰즈의 철학에서 가장 중요한 저작이자 핵심 사상이다. 그는 전통 철학이 동일성을 근본 원리로 삼고 차이를 동일성의 부족분이나 파생물로 여겨온 것에 정면으로 맞서, 차이 자체를 존재의 근본적인 원리로 제시했다. 여기서 '차이'란 단순히 비교를 통해 드러나는 차이가 아니라, 자신을 스스로 만들어내고 생산하는 능동적이고 창조적인 힘이다. 진정한 반복은 동일한 것의 되풀이가 아니라, 매번 새로운 차이를 탄생시키는 반복이다.

강도(Intensity)

들뢰즈에게 '강도'는 양적인 차이로 환원될 수 없는 질적인 차이이자, 존재의 역동성과 생성 과정을 설명하는 핵심 개념이다. 이는 어떤 상태나 감각의 '정도'나 '강도'를 의미하며, 사물 내부에 잠재된 힘이나 에너지를 드러낸다. 강도는 특정 형태로 발현되기 전의 잠재적 힘이자, 개별 존재자들이 형성되는 과정에서 나타나는 질적 변화의 원천이다. 강도의 변화는 생성의 과정을 추동하고, 주체가 고정된 정체성에서 벗어나 새로운 상태로 전환되는 계기가 된다.

우리가 음악을 들을 때, 바이올린, 피아노, 드럼 같은 악기의 소리와 멜로디, 화음의 조화와 같은 질적 특성을 파악할 수 있다. 또한 음악의 볼륨, 음정의 높낮이, 박자의 빠르기 같은 양적으로 측정 가능한 속성도 존재한다. 하지만 들뢰즈의 '강도'는 이를 한 차원 더 넘어선다. 단순히 볼륨이 크다고 해서 언제나 강렬한 느낌을 받는 것은 아니다. 어떤 음악은 조용하게 시작하더라도 청취자에게 깊은 몰입감과 감동을 전달하며, 오케스트라의 클라이맥스에서는 소리의 크기를 뛰어넘어 온몸을 감싸는 듯한 압도적인 감정과 강렬한 전율을 경험하게 한다. 이때의 '압도적인 느낌', '강렬한 전율', '감동', '긴장감' 등은 단순한 소리의 크기나 악기의 종류로는 설명할 수 없는, 우리에게 새로운 상태와 감각을 부여하는 '힘' 또는 '정도'로, 바로 이것이 들뢰즈가 말하는 '강도'인 것이다.

이러한 '강도'는 잠재된 힘의 분출로 나타난다. 음악이 시작될 때부터 우리는 특정한 기대감이나 감정적 변화의 가능성을 품게 되며, 특정 멜로디나 화음이 연주될 때 그 잠재된 힘인 강도가 발현되어 우리를 감동하게 하거나 전율하게 만든다. 또한 '강도'는 질적 변화의 근원이 된다. 단순한 소리의 진동이라는 물리적 양이 우리의 내면을 움직여 슬픔, 기쁨, 희열 같은 감정적 상태로 전환하는 힘이 바로 '강도'이며, 이는 음악을 듣기 전과는 다른 새로운 주체적 상태로 우리를 변화시키는 원동력이 된다. 결국 음악의 흐름 속에서 강도의 변화는 청취자의 감정 변화를 지속적으로 끌어낸다. 이는 '나'라는 주체가 고정된 상태에 머물지 않고, 음악에 따라 감정적, 심리적으로 끊임없이 '생성'되고 '변화'하는 과정을 이끄는 힘, 즉 생성의 추동 역할을 하는 것이다.

들뢰즈에게 '강도'는 단순히 양적인 측정을 넘어서, 그것이 지닌 '영향력'과 '변화의 힘'을 나타내는 개념이라고 할 수 있다.

시뮬라크르(Simulacra)의 차이: 플라톤의 '이데아'에 대한 전복

들뢰즈는 플라톤이 '원본(이데아)'과 '복사본(현실 사물)'을 구분하고, 복사본 중에서도 원본을 충실히 모방한 '아이콘(icon)'과 원본을 왜곡하거나 모방조차 하지 않는 '시뮬라크르(phantasm)'를 구별하며 시뮬라크르를 부정적으로 인식한 관점을 완전히 뒤집었다. 들뢰즈에게 시뮬라크르는 단순한 복사본의 복사본, 즉 허상이 아니라, 원본과의 유사성 관계를 전복하고 차이 자체를 긍정하는 힘을 지닌다. 시뮬라크르는 원본의 우위를 해체하고, 차이를 통해 자신을 생성하는 능동적 존재이며, 고정된 동일성을 부정하고 끊임없이 변화하는 생성의 과정을 보여준다. 이는 '원본─복사본'이라는 위계적 질서를 무너뜨리고, '차이'가 '동일성'에 선행한다는 들뢰즈의 철학적 관점을 완벽하게 구현한다.

생성(Becoming)

존재는 고정된 실체가 아니라 끊임없이 변화하고 생성하는 과정이다. 들뢰즈는 '생성─여성', '생성─동물', '생성─분자' 등 다양한 '생성'의 개념을 통해 주체가 고정된 정체성에 갇히지 않고 끊임없이 자신을 넘어서 새로운 존재 방식으로 나아갈 수 있음을 강조했다.

욕망하는 기계(Desiring-Machines)

펠릭스 가타리와의 공저 『안티 오이디푸스』에서 제시된 개념으로, 욕망을 결핍이나 결핍에서 비롯되는 부정적인 것이 아니라, 무언가를 생산하고 연결하는 긍정적이고 생산적인 힘으로 파악한다. 인간의 몸, 사회, 기계 등 모든 것은 욕망을 생산하고 연결하는 '욕망하는 기계'이며, 이들은 끊임없이 흐름을 생산하고 차단하며 연결하는 복잡한 시스템을 형성한다.

리좀(Rhizome)

들뢰즈와 가타리가 『천 개의 고원』에서 소개한 '리좀(Rhizome)' 개념은 뿌리줄기의 특성에서 영감을 얻은 독특한 사고 모델이다. 이는 수평적이고 위계 없는 구조로, 명확한 시작점과 끝점 없이 끊임없이 연결되고 확장될 수 있는 네트워크를 의미한다. 전통적인 수목형 모델의 중심적이고 위계적인 사고방식과 달리, 리좀은 다중적이고 비선형적인 연결망을 강조하며 모든 지점이 서로 연결될 수 있는 유연하고 역동적인 구조를 나타낸다.

리좀은 땅속에서 줄기가 수평으로 뻗어나가 사방으로 연결되고 새로운 뿌리나 줄기를 만들어내는 식물의 특성에서 유래했다. 수목형 모델이 중심에서 모든 것이 파생되는 위계적 구조를 가진다면, 리좀 모델은 어디에서든 시작하고 어디로든 확장될 수 있는 자유로운 연결 구조를 특징으로 한다. 들뢰즈와 가타리는 이를 "다양성으로부터 1을 빼는 것, n-1의 다양성"으로 설명하며, 중심적 통일성 없이 다양한 연결과 상호작용 속에서 형성되는 다양체를 강조한다.

리좀의 작동 방식에는 몇 가지 중요한 원칙이 있다. 첫째, 어떤 점이든 다른 점과 연결될 수 있으며, 이질적인 것들 사이에서도 연결이 가능하다. 둘째, 고정된 통일성 없이 오직 규정, 크기, 차원만을 가진 다양체로 존재한다. 셋째, 정해진 중심이나 위치가 없어 모든 지점이 잠재적 시작점이자 끝점이 될 수 있다. 넷째, 외부의 힘에 의해 단절될 수 있지만 다른 지점에서 새로운 연결을 형성하며 끊임없이 확장하고 재조직된다. 마지막으로, 단순한 복제가 아닌 끊임없이 생성되고 수정되는 지도와 같은 특성을 가진다.

들뢰즈와 가타리는 리좀 개념을 통해 기존 서양적 사고를 넘어서는 '리좀적 사고의 실천'을 강조했다. 이는 중심 없는 구조에서 다양한 가치와 이질적 요소들의 공존과 상호작용을 가능하게 하며, 획일성을 거부하고 다양성을 긍정하는 관점을 제시한다. 수목형 모델의 고정된 구조에서 벗어나 자유로운 연결과 단절을 통해 새로운 가능성을 탐색하고, 창의성과 혁신을 촉진한다. 인터넷과 같은 디지털 네트워크의 구조가 리좀적 특성을 보여주듯, 이 개념은 네트워크 시대를 이해하는 중요한 통찰을 제공한다. 결국 리좀은 고정된 지식 체계에 도전하며, 변화와 생성, 이질적 요소들의 만남을 통해 역동적으로 진화하는 세계를 이해하는 핵심 개념이라 할 수 있다.

탈영토화(Deterritorialization)와 재영토화(Reterritorialization)

'탈영토화'는 기존의 고정된 구조, 정체성, 질서에서 벗어나 새로운 가능성을 향해 나아가는 창조적 과정이다. 이는 해방적인 움직임이지만 동시에 혼란과 불안을 수반할 수 있다. '재영토화'는 이러한 탈영토화된 흐름이 다시 어떤 형태로든 안정화되거나 조직화하는 과정을 의미한다. 들뢰즈는 끊임없는 탈영토화를 통해 새로운 생성의 잠재력을 발견할 수 있다고 보았다.

기관 없는 신체(Body without Organs, BwO)

욕망하는 기계들이 끊임없이 연결되고 흐르는 공간은 고정된 조직이나 위계 없이 순수한 잠재성의 평면을 이룬다고 볼 수 있다. '욕망하는 기계들'은 인간의 욕망을 단순한 '결핍'이나 '부족'이 아니라, 무언가를 '생산하고 연결하며 흐르게 하는' 역동적인 힘으로 재해석한 개념이다. 여기서 '기계'는 물리적 기계를 넘어, 욕망의 다양한 측면들이 서로 연결되어 작동하는 '연결 장치'이자 '생산 장치'를 의미한다. 예를 들어, 음식을 받아들이는 입, 배설하는 항문과 같은 신체 기관부터 사회적, 심리적 연결망까지 포괄하는 광범위한 개념이다.

이러한 '기계들'은 고정된 경계 없이 유기적으로 연결되어 욕망과 에너지를 끊임없이 흘려보내며, '기관 없는 신체(Body without Organs, BwO)'와 같은 순수한 잠재성의 장을 형성한다. 이 역동적이고 유기적인 공간은 생물학적 신체의 물리적 경계를 초월하여, 개인의 신체나 정신에 국한되지 않고 사회적 관계, 문화, 경제 시스템 등 다양한 차원으로 확장된다. 여기서 욕망과 에너지는 자유롭고 제약 없이 순환하는 추상적 영역을 이룬다.

이 영역에서 욕망과 에너지는 특정 형태에 갇히지 않고, 규정되지 않은 다양한 방식으로 발현되고 교환되면서 예측 불가능하지만 동시에 생산적인 흐름을 만들어낸다. 궁극적으로, '욕망하는 기계들'이 창출하는 이러한 자유롭고 비위계적인 흐름은 욕망을 억압하고 통제하려는 기존의 조직화된 신체 구조에 대한 강력한 저항을 상징한다. 가령, 욕망을 가족 관계라는 틀 안에 가두고 억압하는 '오이디푸스적 체계'나, 욕망을 생산과 소비라는 경제적 회로에 묶어두는 '자본주의적 생산 방식'에 대항하는 것이다.

결국, '기관'은 단순한 신체 기관이 아니다. 이는 신체의 무한한 욕망과 잠재력을 특정 기능과 역할로 제한하고 통제하려는 사회적, 문화적, 심리적 구조와 메커니즘을 의미한다. 반면 '신체'는 어떤 조직화나 규정에도 구속되지 않은, 순수한 잠재력과 역동적 에너지로 충만한 미분화된 상태를 뜻한다. 따라서 '기관 없는 신체'는 고정된 '기관'들의 속박에서 벗어나, 신체가 지닌 풍부한 잠재력과 자유로운 흐름을 되찾고자 하는 유동적이고 생동감 넘치는 삶의 과정이자 상태를 의미한다.

'기관 없는 신체(Body without Organs, BwO)'는 욕망을 결핍이 아닌 생산과 연결의 원리로 바라보며, 그러한 욕망이 자유롭게 흐르는 공간야말로 기존의 억압적인 사회 및 심리적 체계에 저항하고 새로운 잠재성과 해방적 힘을 창조할 수 있다는 철학적 메시지를 담고 있다.

내재성의 평면(Plane of Immanence)

내재성의 평면은 모든 존재가 초월적인 원리에 얽매이지 않고 그 자체로 존재하며, 외부의 간섭 없이 끊임없이 자신을 만들어내고 변화시키는 역동

   드라이브의 칼날

적인 공간을 의미한다. 들뢰즈에게 내재성은 모든 것이 자신의 내부 원리에 따라 생성하고 변화하며, 초월적인 요소를 배제한 존재의 근본적인 방식을 뜻한다. 이는 외부의 규정이나 목적 없이 자기 자신을 스스로 끊임없이 생산하는 생명의 본질과 직접적으로 연결된다.

들뢰즈는 내재성을 생명에 대한 긍정과 동일시하는데, 여기서 말하는 생명은 단순한 정신적 생명이 아니라 육체와 물질의 생명, 즉 '살아 있는 물질의 생'을 포괄하는 광범위한 개념이다. 모든 존재와 현상은 외부의 초월자가 이끄는 방향이 아니라, 그 자체의 내재적 관계에서 흘러나오는 경향에 따라 움직인다. 내재성의 평면에서 물질에 활력을 불어넣는 것은 바로 '강도의 차이'로, 속도 차, 온도 차, 전압 차, 압력 차, 고도차 등 다양한 강도들이 끊임없이 서로 작용하며 새로운 것을 창조해 낸다. 들뢰즈는 이러한 강도적 차이를 '즉차적 차이' 또는 '차이 자체'라고 지칭하며, 외부의 기준 없이 그 자체로 존재하는 순수한 차이들의 역동성을 강조했다.

'내재성'이 '평면'으로 불리는 이유는 이 개념이 특정 공간이나 실체를 지칭하는 것이 아니라, 모든 것이 생성되고 변형되는 '질주의 공간'이자 사유와 존재가 활력적으로 펼쳐지는 역동적인 장이기 때문이다. 이 평면 위에서는 주체나 대상에 앞서는 비인격적인 상태, 사건, 특이성들이 직접적으로 나타나며, 의식적인 주체–대상 관계 이전에 활동과 생명이 전개된다. 또한, 내재성의 평면은 들뢰즈가 카오스를 이해하는 방식과 유사하게, 현대 사회가 자본주의적 사회 체계로부터 '일반화된 탈코드화'에 의해 정의되며 데이터의 과도한 홍수 속에서도 존재가 스스로의 관계 안에서 끊임없이 생성되는 본질을 드러내는 역할을 한다. 결론적으로, 들뢰즈에게 '내재성'은 존재의 활력, 생성, 변화가 외부의 어떤 원리나 목적에 의존하지 않고 오직 그 자신의 내적인 강도와 차이 속에서 스스로 나타나고 생산되는 장이자 원리라고 할 수 있다.

Mulholland Dr 영화 속 적용

질 들뢰즈의 관점에서 본 <멀홀랜드 드라이브> 해석

들뢰즈의 '차이', '생성', '강도', '시뮬라크르', '욕망하는 기계', '리좀' 등의 개념은 이 영화의 난해하고 비선형적인 서사를 이해하는 데 혁신적이고 창의적인 통찰을 제공할 수 있다.

'욕망하는 기계'로서의 할리우드와 다이앤

할리우드는 끊임없이 '꿈', '스타', '성공', '사랑'이라는 욕망을 생산하고 연결하는 거대한 '욕망하는 기계'로 해석할 수 있다. 다이앤은 이 할리우드라는 욕망 기계의 일부로서, 내면의 욕망(성공과 사랑에 대한 열망)을 할리우드의 욕망 기계와 연결하고자 한다. 그녀의 꿈속 베티 세계는 다이앤의 욕망이 할리우드의 시스템(오디션, 캐스팅, 감독, 제작자)과 맞물려 새로운 흐름을 만들어내려는 시도이다. 하지만, 이 욕망 기계의 흐름은 카밀라라는 다른 욕망 기계와의 충돌, 그리고 현실의 장벽에 막혀 좌절된다.

드라이브의 칼날

시뮬라크르로서의 베티와 리타

원본을 전복하는 차이의 힘: 영화 전반부의 베티와 리타는 단순한 다이앤의 현실(원본)에 대한 복사본이나 모조품이 아니다. 들뢰즈의 관점에서 이들은 시뮬라크르(허상)이다. 베티의 세계는 다이앤의 현실을 충실히 재현하기보다, 그 현실을 왜곡하고 변형하며, 나아가 현실의 우위를 전복하려는 차이의 힘을 지닌다. 베티와 리타는 다이앤의 고통스러운 현실(원본)과는 다른, 고유한 질서와 강도를 가진 존재이며, 이들이 만들어내는 관계와 사건들은 '원본'인 다이앤의 현실을 해체하고 새로운 의미를 생성하려 한다. 그러나 이 시뮬라크르의 힘은 결국 현실의 강도에 압도되어 붕괴하지만, 그 붕괴 과정 자체가 다이앤이라는 고정된 주체를 흔들고 새로운 차이를 드러내는 역할을 한다.

'만들어가는 차이'의 실패와 '강도'의 변화

다이앤은 자신의 비참한 현실(실패한 배우, 버림받은 연인)이라는 동일성에서 벗어나 베티라는 새로운 '차이'를 창조하려 한다. 그녀의 꿈은 자신의 욕망과 좌절을 통해 능동적으로 '창조된 차이'의 세계이다. 이 꿈속에서 다이앤은 베티로서 새로운 '강도'(성공적인 배우로서의 자신감, 리타와의 사랑의 강렬함)를 경험한다. 그러나 현실의 다이앤은 이러한 강도를 유지하지 못하고, 오히려 질투, 분노, 좌절이라는 부정적인 강도에 압도된다. 꿈과 현실의 전환은 다이앤의 내적 강도와 외부 세계의 강도가 충돌하며, 그녀의 의식이 새로운 차이를 생산하는 데 실패하고 오히려 파괴적인 강도에 휩싸이는 과정을 잘 보여준다.

'리좀'의 연결과 '수목형' 사고의 충돌

영화의 비선형적인 서사 구조, 꿈과 현실의 뒤섞임, 인물들의 모호한 관계는 '리좀'적 사고를 연상시킨다. 영화는 고정된 중심이나 위계 없이 다양한 이미지, 사건, 감정들이 끊임없이 연결되고 분리되며 새로운 의미의 흐름을 만들어낸다. 그러나 다이앤은 이러한 리좀적 흐름 속에서 자신의 욕망을 하나의 고정된 목표(성공, 카밀라)로 수렴시키려는 '수목형' 사고에 갇혀 있다. 그녀는 리좀적 흐름 속에서 새로운 생성의 가능성을 탐색하기보다, 자신의 욕망을 충족시키기 위해 고정된 대상을 향해 나아가려 하고, 그 목표가 좌절될 때 파멸한다.

'탈영토화'와 '재영토화'의 실패

다이앤은 배우로서의 한계와 연인으로서의 좌절을 벗어나 기존의 좁은 '영토'에서 탈영토화하려 한다. 그녀는 베티라는 꿈속 환상을 통해 새로운 삶의 영토(성공과 행복)를 만들고자 시도한다. 그러나, 이 탈영토화는 결국 실패로 끝나고, 그녀는 다시 처절한 현실의 '영토'(실패한 삶)로 재영토화된다. 견디기 힘든 이 현실을 수용하지 못한 그녀는 결국 자기 파괴적인 극단적 선택을 하게 된다. 영화는 새로운 생성의 가능성을 모색하기보다, 좌절된 욕망 속에서 재영토화에 실패하고 파멸하는 한 인간의 비극적 여정을 그려낸다.

'기관 없는 신체(BwO)'로의 도달 실패

다이앤의 욕망은 끊임없이 할리우드 시스템이라는 거대한 '기관'에 의해 조직되고 통제된다. 그녀는 자신의 욕망을 시스템이 정해놓은 방식(오디션, 캐

 드라이브의 칼날

스팅)으로만 표현하려 하며, 시스템이 요구하는 '정상적인' 배우의 모습을 갖추고자 한다. 결국 그녀는 욕망이 자유롭게 흐르는 잠재성의 평면, 즉 '기관 없는 신체'와 같은 상태를 탐색하지 못하고, 시스템이 부여한 기관들(성공, 명성, 카밀라)에 갇혀 결국 파멸의 길을 걷는다.

Point of View

질 들뢰즈의 사상은 20세기 후반 철학, 문학, 예술, 사회 이론 등 다양한 학문 영역에 지대한 영향을 미쳤으며, 고정된 정체성과 위계적 사고방식을 넘어서는 새로운 사유의 가능성을 끊임없이 탐색해 왔다.

Beyond the Scene

철학자	핵심 개념	영화와의 연결점	독자를 위한 한 줄 요약
푸코	권력-지식, 규율 권력, 생명 정치, 계보학	할리우드 시스템은 배우 지망생들의 삶을 '규율 권력'과 '생명 정치'를 통해 통제하며, 그 안에서 '스타 시스템'이라는 지식을 통해 특정한 주체를 형성하고 통제한다. 다이앤은 이러한 권력 구조 속에서 자신의 욕망을 '미시적'으로 실현하려 하지만, 결국 권력의 포섭 대상이 된다.	할리우드의 시스템은 보이지 않는 지식과 권력을 통해 배우들의 삶을 통제하고, 다이앤의 욕망조차도 그 권력 안에서 작동한다.
데리다	해체(Deconstruction), 차연(Différance)로고스중심주의 비판	영화의 파편화된 서사, 모호한 결말, 그리고 꿈과 현실의 뒤섞임은 '하나의 고정된 의미'를 끊임없이 '해체'한다. 베티/다이앤, 리타/카밀라와 같은 인물들의 '차연'된 정체성은 의미의 영원한 지연과 미끄러짐을 보여준다.	영화는 '이게 무슨 의미지?'라는 질문에 정답을 주지 않고, 끊임없이 의미를 지연시키고 해체하며 보는 이의 생각을 뒤흔든다.

들뢰즈	차이와 반복, 생성(Becoming), 욕망하는 기계, 리좀	다이앤의 꿈의 세계는 고정된 주체가 아닌 '생성'의 과정이다. 끊임없이 변형되고 연결되는 인물들의 관계와 예측 불가능한 서사는 '리좀'적 사유를 보여주며, 다이앤의 강렬한 욕망은 '욕망하는 기계'처럼 무한히 대상을 찾아 작동한다.	영화 속 모든 것은 고정되어 있지 않고 끊임없이 변하고 만들어진다. 다이앤의 욕망은 멈추지 않고 대상을 찾아 작동하는 '기계'와 같다.

드라이브의 칼날

마르크스, 푸코, 들뢰즈의 시대

1980년대는 마르크스의 시대

1990년대는 푸코의 시대

2000년대는 질 들뢰즈의 시대

1980년대: 카를 마르크스의 시대

1980년대는 한국 사회에서 민주화 운동과 사회 변혁에 대한 열정이 뜨거웠던 시기였다. 당시에는 사회의 불평등과 모순에 대한 비판적 인식이 고조되었고, 이를 설명하고 극복할 이론적 틀로 마르크스주의가 막대한 영향력을 발휘했다. 마르크스의 자본주의 비판, 계급 투쟁론, 그리고 사회 변혁을 통한 새로운 사회 건설이라는 비전은 당시 사회 운동가와 지식인들에게 강력한 실천적 지침을 제공했다. 사회의 근본적인 구조 변화를 모색하던 시기였기에, 마르크스의 사적 유물론과 자본론에 관한 관심이 집중되었던 것으로 보인다.

1990년대: 미셸 푸코의 시대

1990년대에 접어들며 한국 사회는 민주화를 어느 정도 성취하고, 사회적 관심이 거시적인 경제적, 정치적 구조 비판에서 더 미시적이고 일상적인 권력관계로 전환되기 시작했다. 이 시기에 미셸 푸코의 사상이 큰 반향을 일으켰다. 푸코는 권력을 단순히 억압적인 것이 아니라, 지식과 담론을 통해 개인의 몸과 정신을 규율하고 형성하는 생산적인 힘으로 분석했다. 그의 『광기의 역사』, 『감시와 처벌』, 『성의 역사』 등은 사회의 다양한 제도(병원, 감옥, 학교 등) 속에서 작동하는 권력 메커니즘을 밝히며, 한국 사회의 제도적 모순과 통제 방식에 대한 새로운 비판적 시각을 제공했다.

2000년대: 질 들뢰즈의 시대

2000년대는 정보화 사회의 심화, 디지털 문화의 확산, 그리고 이전 시대의 거대 담론과 구조적 비판에 대한 피로감이 두드러졌던 시기이다. 이 시기에 질 들뢰즈의 사상이 '폭발적인 인기'를 얻으며 주목받았다. 들뢰즈는 고정된 동일성, 위계적 질서, 그리고 결핍에 기반한 욕망 개념을 비판하고, '차이', '생성', '욕망하는 기계', '리좀'과 같은 개념을 통해 끊임없이 변화하고 연결되며 새로운 것을 창조하는 존재의 역동성을 강조했다. 이는 유연하고 비선형적인 사고방식, 개별적 주체의 욕망과 창조성, 그리고 네트워크화된 사회의 특성을 이해하려는 당대 지성계의 새로운 요구와 완벽하게 부합했다. 그의 사상은 문학, 예술, 영화 등 다양한 분야에서 새로운 해석의 틀을 제공하며 지대한 영향을 미쳤다.

이처럼 각 시대가 특정 철학자의 사상에 주목하고 이를 통해 당대의 문제의식을 탐구하는 것은 지성사의 흥미로운 흐름을 보여준다.

15

포스트모더니즘과 시뮬라크르

현실의 복제와 소멸

Φ 장 보드리야르: 시뮬라시옹과 하이퍼리얼리티, 현실의 소멸

장 보드리야르(Jean Baudrillard, 1929년 7월 27일 ~ 2007년 3월 6일)는 20세기 프랑스를 대표하는 철학자이자 사회학자, 문화 이론가이다. 그는 마르크스주의적 관점에서 시작해 현대 소비사회와 미디어의 발전이 현실 자체를 어떻게 변형하고 소멸시키는지 심도 있게 탐구했다. 그가 창안한 '시뮬라시옹(Simulation)'과 '하이퍼리얼리티(Hyperreality)' 개념은 포스트모더니즘의 핵심 사상으로 자리 잡았으며, 문화 연구, 미디어 비평, 사회학 등 다양한 학문 분야에 지대한 영향을 미쳤다.

⧖ 생애 요약

보드리야르는 1929년 프랑스 랭스에서 태어나 파리 대학교에서 사회학을 공부했다. 초기에는 앙리 르페브르 등의 영향을 받아 마르크스주의적 비판 이론을 바탕으로 소비사회를 분석하는 데 주력했다. 특히 1968년 이후 출간된 『소비의 사회』(1970)와 『기호의 정치경제학 비판』(1972)을 통해 소비

사회의 본질을 기호의 교환 가치로 해석하며 독자적인 이론적 토대를 마련했다. 1970년대 중반부터는 마르크스주의의 한계를 지적하며 '상징적 교환' 개념을 통해 기존의 경제적 분석을 넘어서는 사유를 전개했다. 이 시기부터 그의 철학은 '시뮬라시옹'과 '하이퍼리얼리티'라는 독창적인 개념을 중심으로 발전했으며, 『시뮬라시옹』(1981)과 『아메리카』(1986) 등의 저작을 통해 현대 사회의 미디어와 이미지의 지배를 날카롭게 비판했다. 그의 사상은 종종 난해하고 도발적이라는 평가를 받았으며, 특히 걸프전이 '실제로 일어나지 않았다'는 파격적인 주장은 큰 논란을 불러일으키기도 했다. 그는 2007년 파리에서 생을 마감했다.

🔑 핵심 사상(기본 개념)

보드리야르의 철학은 현대 사회에서 현실이 이미지와 시뮬라크르로 대체되고 진정한 의미가 사라지는 현상을 분석하는 데 초점을 맞춘다.

시뮬라시옹(Simulation)과 시뮬라크르(Simulacra)

이는 보드리야르 철학의 핵심 개념이다. '시뮬라크르'는 원본이 없거나 원본과의 연결이 끊어진 채 독립적으로 존재하는 복제물이나 이미지를 의미한다. '시뮬라시옹'은 이러한 시뮬라크르가 현실을 대체하고, 현실 자체가 시뮬라크르에 의해 구성되는 과정을 말한다. 즉, 시뮬라시옹은 원본이나 실재가 없는 상태에서 다양한 이미지들이 하나의 현실을 구성하고, 그렇게 만들어진 현실이 실제 현실보다 더 실제적으로 느껴지는 독특한 현상을 의미한다.

플라톤의 이데아론은 '이데아'라는 궁극적 원형이 존재하며, 우리가 경험하는 현실은 단지 그 원형의 불완전한 그림자에 불과하다고 주장한다. 이러한 관점에서 원본과 모방 사이에는 분명한 위계질서가 존재하며, 인간은 불완전한 현실을 넘어 진정한 이데아를 향해 끊임없이 나아가려 한다. 반면 장 보드리야르의 시뮬라시옹 이론은 현대 사회에서 '원본'이 이미 사라졌거나 시뮬라크르, 즉 이미지에 의해 완전히 대체되었다고 주장한다. 이제 이미지는 단순한 현실의 반영이 아니라 그 자체로 현실이 되거나, 심지어 현실보다 더 실제 같은 '하이퍼리얼리티'를 생성해낸다. 이는 "원본 없음"의 상태에서 복제된 이미지가 스스로 현실을 구성하게 되는 현상으로, 보드리야르는 이를 "시뮬라크르들의 선행"이라 명명하며 시뮬라크르가 현실에 앞서 존재하고 현실을 만들어낸다는 근본적인 의미를 강조한다.

보드리야르는 이미지의 역사를 네 단계로 설명했다.

1. 현실을 반영하는 단계: 이미지가 현실의 충실한 복사본으로 기능한다.

2. 현실을 왜곡하는 단계: 이미지가 현실을 변형하고 왜곡한다.

3. 현실을 가장하는 단계: 이미지가 현실의 부재를 은폐한다.

4. 순수한 시뮬라크르의 단계: 이미지가 현실과 무관하게 스스로를 복제하며 현실 자체를 대체한다. 이 단계에서는 원본과 복사본의 경계가 무너

      드라이브의 칼날

지고, 시뮬라크르가 현실보다 더 실제적으로 느껴진다.

하이퍼리얼리티(Hyperreality)

시뮬라시옹의 최종적인 결과로, 현실보다 더 실재하는 듯한, 혹은 현실과 이미지의 구분이 불가능해진 상태를 의미한다. 하이퍼리얼리티 속에서는 실제와 가상이 뒤섞여 구별할 수 없게 되며, 시뮬라크르가 원본을 대체하고 지배하게 된다. 디즈니랜드나 라스베이거스 같은 테마파크, 또는 미디어에서 재현되는 사건들이 대표적인 예다. 보드리야르는 걸프전 보도를 들어, 시청자들이 전쟁의 '실제' 모습이 아니라 미국 측에서 편집된 미디어 화면을 통해 전쟁을 '관람'했을 뿐이라고 주장했다. 그는 이를 디즈니랜드만큼이나 '현실 같은 허구'로 보았다.

상징적 교환(Symbolic Exchange)의 소멸

보드리야르는 소비사회 비판의 관점에서 현대 사회가 상품의 '사용 가치'나 '교환 가치'를 넘어 '기호 가치'에 의해 지배된다고 보았다. 그는 전통 사회에 존재했던 '상징적 교환'(선물 교환, 의례, 죽음의 상징성 등)이 현대 사회에서 상품의 기호 가치와 소비 때문에 소멸하고, 모든 것이 계산할 수 있는 대상으로 환원된다고 비판했다.

탈정치화(Depoliticization)

하이퍼리얼리티와 시뮬라시옹의 지배로 정치적 참여와 비판적 사고가 약화된다. 현실이 점점 이미지와 스펙터클로 대체되면서, 사람들은 근본적인 문제의식을 상실하고 정치적 논의 자체가 시뮬라크르로 변질되어 간다.

'걸프전은 일어나지 않았다' 논쟁

보드리야르의 가장 도발적인 주장 중 하나로, 그는 1991년 걸프전이 미디어에 의해 철저히 조작되고 재구성된 하이퍼리얼한 사건이었다고 주장했다. 대중은 전쟁의 '실제 모습'을 경험한 것이 아니라, 미디어가 만들어낸 스펙터클을 단순히 '관람'했을 뿐이라는 것이다. 이는 전쟁의 존재 자체를 부정하는 것이 아니라, 전쟁의 의미와 경험이 미디어에 의해 어떻게 근본적으로 왜곡되고 재현되는지를 보여주는 극단적인 사례였다.

보드리야르의 걸프전 분석은 이후 전쟁 보도, 정치 선전, 현대 사회의 이미지 소비 방식에 대한 깊은 통찰을 제공했다. 그는 미디어 시대에 현실의 본질과 우리가 실제로 '경험'하는 것의 의미에 대한 근본적인 질문을 제기했다. 특히 현대 사회에서 미디어가 생성하는 정보와 이미지의 힘을 강조하며, '시뮬라크르와 시뮬라시옹' 개념을 통해 가상과 실재 사이의 경계가 얼마나 모호해졌는지 명확히 보여주었다. 이는 단순한 미디어 비판을 넘어, 우리가 살아가는 세계의 근본적이고 본질적인 변화를 이해하는 데 중요한 통찰을 제공했다.

Mulholland Dr 영화 속 적용

장 보드리야르의 관점에서 본 <멀홀랜드 드라이브> 해석

보드리야르의 시뮬라시옹 이론은 이 영화, 특히 할리우드라는 배경 속에서 현실과 이미지 사이의 경계가 어떻게 무너지는지를 이해하는 데 매우 핵심적인 통찰을 제공한다.

할리우드: 하이퍼리얼리티의 궁극적인 꿈의 공장

영화의 배경인 할리우드는 보드리야르의 관점에서 하이퍼리얼리티를 끊임없이 양산하는 궁극적인 장소로 해석될 수 있다. 할리우드는 '꿈'과 '환상'을 상품화하여 현실보다 더 매혹적인 이미지들을 지속적으로 생산한다. 영화 자체가 이러한 할리우드의 '꿈'과 '환상'이라는 시뮬라크르를 재현하는 행위인 것이다. 관객은 이 영화를 통해 할리우드라는 하이퍼리얼리티의 세계로 깊숙이 빨려 들어가게 된다.

베티와 리타

정체성의 시뮬라크르: 영화의 전반부에서 다이앤의 꿈속에 등장하는 베티와 리타는 순수한 시뮬라크르의 전형이다. 베티는 다이앤이 이상적으로 추구하는 자아(성공한 배우, 순수한 사랑의 주체)의 복제물이며, 리타는 '카밀라 로즈'라는 원본에서 파생되었지만 기억을 상실하고 새로운 관계를 형성하는 또 다른 복제물이다. 이 꿈의 세계에서는 원본(다이앤의 현실)과 복사본(베티의 꿈)의 구분이 완전히 무너지며, 베티의 삶이 다이앤의 현실보다 더 강렬하고 '실제처럼' 느껴지는 하이퍼리얼리티가 구축된다.

현실의 소멸과 '사막의 현실(Desert of the Real)'

보드리야르는 시뮬라시옹이 극단에 이르면 현실 자체가 사라지고 '사막의 현실'만 남게 된다고 보았다. '사막의 현실'은 현대 사회에서 실재가 사라지고 시뮬라크르가 그 자리를 차지하여, 더 이상 실재와 허구를 구분하기 어렵게 된 상태이다. 〈멀홀랜드 드라이브〉에서 파란 상자가 열리고 다이앤의 꿈이 무너지는 순간은, 베티의 하이퍼리얼리티가 붕괴되고 그녀가 '사막의 현실'로 내던져지는 지점이다. 이 현실은 꿈속 화려함과 대조적으로 참혹하고 무의미하며 고통스러운 공간이다. 다이앤은 더 이상 시뮬라크르의 환상에 머물 수 없게 되면서, 현실의 잔혹함과 마주하고 결국 자멸한다. 그녀에게 '현실'은 더 이상 의미를 지니지 못하고, 시뮬라크르가 사라진 텅 빈 공간으로만 다가온다.

영화적 재현과 현실의 대체

〈멀홀랜드 드라이브〉는 영화라는 매체 자체가 현실을 어떻게 재현하고 동시에 대체하는지 보여준다. 린치 감독은 의도적으로 현실과 비현실, 꿈과 각성을 뒤섞어 관객이 '진정한 현실'을 판단하기 어렵게 만든다. 이는 보드리야르가 말하는 미디어와 이미지의 지배, 그리고 현실이 시뮬라크르에 의해 대체되는 과정을 영화적 형식으로 구현한 것이다. 영화 속 다이앤이 현실의 고통을 피하기 위해 꿈을 꾸는 것처럼, 관객 역시 영화라는 시뮬라크르 속에서 현실을 잊고 새로운 경험을 하게 된다.

Point of View

장 보드리야르의 사상은 20세기 후반 이후 포스트모더니즘, 미디어 이론, 문화 연구 등 다양한 분야에 깊은 영향을 미쳤으며, 끊임없이 변화하는

　　　　　　　　　　드라이브의 칼날

현대 사회의 본질과 이미지의 지배에 대한 중요한 통찰을 제공하고 있다.

Beyond the Scene

철학자	핵심 개념	영화와의 연결점	독자를 위한 한 줄 요약
장 보드리야르	시뮬라크르, 시뮬라시옹, 하이퍼리얼리티현실의 소멸	다이앤이 만들어낸 '베티의 꿈'은 현실에 대한 '시뮬라시옹'이며, 원본(다이앤의 실제 성공과 행복)이 존재하지 않는 '시뮬라크르'이다. 이 꿈의 세계는 다이앤의 고통스러운 실제 현실보다 더 실제 같고 완벽하게 작동하는 '하이퍼리얼리티'가 된다.	영화의 꿈속 세상은 실제보다 더 생생하고 완벽하며, 이것이 진짜 현실을 지워버리는 보드리야르의 '시뮬라크르'와 '하이퍼리얼리티'의 전형을 보여준다.

장 보드리야르와 질 들뢰즈의 시뮬라크르

장 보드리야르와 질 들뢰즈의 시뮬라크르 개념 비교

구분	장 보드리야르의 시뮬라크르	질 들뢰즈의 시뮬라크르
핵심 정의	원본이 존재하지 않거나, 원본과의 관계가 단절된 채 독자적으로 존재하는 복제물/이미지.	플라톤적 위계를 전복하고, 원본과의 유사성 관계를 부정하며 차이 자체를 긍정하는 존재.
원본과의 관계	원본의 소멸 또는 부재를 숨김. 복제물이 현실을 대체하고 지배함.	원본의 우위 전복 및 유사성 관계의 해체. 차이와 생성을 긍정함.
철학적 지향	현대 사회의 현실 소멸과 허무주의적 진단. 비판적, 염세적.	플라톤주의 비판과 생성 철학의 정립. 능동적, 긍정적.
작동 방식	현실보다 더 현실 같은 하이퍼리얼리티를 생산하여 현실을 대체함.	원본-복사본의 위계를 무너뜨리고, 차이 자체를 생산하는 능동적인 힘.
의미	의미를 상실, 진정한 실재의 부재를 드러냄.	의미의 생성, 고정된 본질로부터의 해방 가능성.

장 보드리야르의 시뮬라크르: 현실의 소멸과 하이퍼리얼리티

장 보드리야르에게 시뮬라크르란 원본(Original)이 사라지거나 애초에 존재하지 않는 복제물 또는 이미지를 뜻한다. 그의 주된 관심은 현대 사회에서 이미지가 현실을 어떻게 대체하고 지배하는지, 그로 인해 현실 자체가 어떻게 소멸해 가는지를 분석하는 데 있었다.

원본의 부재 또는 소멸

보드리야르는 이미지의 발전 단계를 설명하면서, 궁극적으로 이미지가 현실을 반영하거나 왜곡하는 단계를 넘어 현실과의 모든 연결고리를 끊고 스스로가 현실이 되는 단계에 이른다고 보았다. 이 단계에서는 '원본'이라는 개념 자체가 무력화되며, 시뮬라크르가 현실보다 더 현실같이 느껴지는 '하이퍼리얼리티(Hyperreality)'가 형성된다.

현실의 대체와 은폐

보드리야르의 시뮬라크르는 원본이 없다는 사실, 즉 현실이 존재하지 않는다는 점을 교묘하게 감춘다. 가령 디즈니랜드는 현실에는 없는 '환상의 세계'를 완벽하게 구현하여, 그것이 가짜라는 사실을 망각하게 만들고 오히려 현실보다 더 강렬한 경험을 제공한다. 이는 '현실'이라는 것이 더 이상 중요하지 않은, 이미지와 스펙터클이 지배하는 사회의 모습을 드러낸다.

비판적 진단

보드리야르는 이러한 시뮬라크르의 지배를 현대 사회의 병리적 현상으로 진단하며, 진정한 의미와 실재가 소멸하고 허무주의가 만연하는 현실을 비판적 시선으로 바라본다. 그의 시뮬라크르는 현실의 상실과 의미의 종말을 상징하는 개념이다.

질 들뢰즈의 시뮬라크르: 플라톤적 위계의 전복과 차이의 긍정

질 들뢰즈에게 시뮬라크르는 보드리야르와는 전혀 다른 맥락에서, 플라톤의 형이상학을 비판하고 전복하는 핵심 도구로 활용된다.

플라톤주의 비판

플라톤은 '이데아(원본)'를 가장 진정한 실체로 간주하고, 현실 세계의 대상들을 이 이데아의 '복제물'로 바라보았다. 나아가 이러한 복제물 중에서도 원본을 충실히 재현하는 '아이콘(icon)'과 원본을 왜곡하거나 모방조차 하지 않는 '시뮬라크르(phantasm)'를 구분하여, 시뮬라크르를 부정적이고 가치 없는 것으로 취급했다.

시뮬라크르의 긍정적 재평가

들뢰즈는 이러한 플라톤적 위계(원본 〉 아이콘 〉 시뮬라크르)를 근본적으로 전복한다. 그에게 시뮬라크르는 단순한 복사본의 복사본, 즉 무의미한 허상이 아니라, 원본과의 유사성 관계를 부정하고 차이 자체를 적극적으로 긍정하는 역동적인 힘을 지닌다. 시뮬라크르는 원본의 우위를 해체하고, 고정된 동일성을 무너뜨리며 끊임없이 변화하는 '생성(becoming)'의 과정을 생생하게 보여준다.

차이의 생산

들뢰즈의 시뮬라크르는 원본을 모방하려는 기존의 시도에서 완전히 벗어나, 자신만의 고유하고 독창적인 차이를 생산한다. 이는 '원본−복사본'

이라는 위계적 질서를 근본적으로 무너뜨리고, '차이'가 '동일성'에 선행한다는 들뢰즈의 철학적 관점을 완벽하게 구현하는 개념이다. 시뮬라크르는 고정된 본질이나 정체성으로부터 해방되어 끊임없이 새로운 가능성을 창조해내는 존재론적 힘을 상징한다.

핵심적인 차이점 요약

두 철학자의 시뮬라크르 개념은 다음과 같은 근본적인 차이를 드러낸다.

원본과의 관계

보드리야르의 시뮬라크르는 원본의 소멸이나 부재를 전제하고 숨긴다. 반면 들뢰즈의 시뮬라크르는 원본의 위계를 뒤집고, 유사성의 관계를 해체함으로써 차이 그 자체를 긍정적으로 바라본다.

철학적 지향

보드리야르는 시뮬라크르를 통해 현대 사회의 현실 상실과 허무주의를 비판하며 비관적인 관점을 제시한다. 들뢰즈는 시뮬라크르를 통해 플라톤적 형이상학에 의문을 제기하고, 고정된 본질로부터의 탈피와 새로운 생성의 가능성을 적극적으로 탐구한다.

의미

보드리야르에게 시뮬라크르는 의미의 소멸과 진정한 실재의 부재를 드러내는 개념이다. 반면 들뢰즈에게 시뮬라크르는 고정된 의미를 넘어 끊임없이 새로운 의미를 생성하고, 존재론적 변화의 잠재력을 상징한다.

요약하자면, 보드리야르의 시뮬라크르는 현실의 '죽음'을 선고하는 반면,
들뢰즈의 시뮬라크르는 존재의 '생성'을 가능하게 하는 창조적 힘이라고 할
수 있다.

없이 새로운 의미를 생성하고, 존재론적 변화의 잠재력을 상징한다.

드라이브의 칼날

SCENE 5

멀홀랜드 드라이브, 끝나지 않는 질문

David ——————————— 드라이브의 칼날 ——————————— Lynch

〈멀홀랜드 드라이브〉가
우리에게 던지는 질문

불교의 공(空) 사상

〈멀홀랜드 드라이브〉는 데이비드 린치 감독 특유의 몽환적이고 비선형적인 내러티브를 통해 영화의 이야기를 넘어서는 보편적이고 근본적인 질문들을 관객에게 던진다. 특히, 불교의 핵심 교리인 '일체개고(一切皆苦, Dukkha)', '무상(無常, Anicca)', '무아(無我, Anattā)', '공사상(空思想, Śūnyatā)'의 관점에서 이 영화를 들여다보면, 우리가 경험하는 현실과 욕망, 그리고 자아의 본질에 대해 더욱 깊이 성찰할 수 있다. 영화는 이러한 질문들에 대해 명확한 답을 제시하기보다는, 질문 자체의 중요성을 일깨우고 관객 스스로 그 해답을 탐색하도록 이끄는 예술적 장치로 기능한다. 이것이 바로 이 영화가 단순한 오락을 넘어선 심오한 철학적 경험을 제공하는 이유다.

불교에서 '공(空)'은 단순히 '없음'을 의미하지 않는다. 이는 모든 존재가 고정된 실체나 독립적인 '자성'을 지니지 않으며, 끊임없이 변화하고 상호 의존적인 관계 속에서 '연기(緣起, pratītyasamutpāda)' 한다는 진리를 의미한다. 이러한 공의 본질에서 '무상', '고', '무아'로 이어지는 삼법인(三法印)이 파생된다.

‘무상’은 모든 것이 영원하지 않고 끊임없이 변화한다는 진리이고, ‘고’는 무상, 무아에 대한 무지(無知)에서, ‘무아’는 고정된 ‘나’라는 실체가 없다는 진리를 뜻한다. 이러한 관점에서 영화가 제기하는 질문들을 새롭게 조명할 수 있다.

“우리가 경험하는 현실은 진정한 것인가?” - 무상(無常)과 공(空)의 세계

이 질문은 영화 전체를 관통하는 가장 핵심적인 물음이며, 불교의 ‘무상’과 ‘공’ 사상과 가장 직접적으로 연결된다. 〈멀홀랜드 드라이브〉는 전반부의 몽환적 환상과 후반부의 잔혹한 현실을 극명하게 대비시키며, 관객을 ‘무엇이 진짜 현실인가?’라는 혼란의 늪으로 빠뜨린다. 불교의 무상론에 따르면, 이 세상의 모든 것은 한순간도 머무르지 않고 끊임없이 변화한다. 영화 속에서 베티와 다이앤, 리타와 카밀라의 정체성이 끊임없이 뒤섞이고 현실과 꿈의 경계가 모호해지는 것은, 우리가 인식하는 현실이 얼마나 주관적이고 가변적일 수 있는지를 생생하게 보여준다. 이는 마치 모든 것이 ‘자성 없음’의 원리에 따라 끊임없이 생성되고 소멸하는 연기의 흐름과 같다.

우리는 흔히 자신의 편향된 시각으로 현실을 선택적으로 인식하고 해석하곤 한다. 이러한 경향은 대상에 고정된 본질이 있다고 잘못 믿으며 집착하는 데서 비롯된 환상과 고통의 근원이 된다. 영화는 이러한 인간의 근본적인 인지적 특성을 예리하게 파고들어, 우리에게 ‘지금 내가 경험하고 있는 것이 과연 진실인가?’라는 불편하지만, 근본적인 질문을 던진다. 나아가 모든 현상이 본질적으로 변화하고 고정된 실체 없이 끊임없이 흘러가는 무상하고 공허한 존재임을 예술적으로 생생하게 형상화한다.

"우리의 욕망은 어떻게 형성되고 어디로 향하는가?" - 일체개고(一切皆苦)와 집착의 고통

영화는 성공과 사랑에 대한 인물들의 강렬한 욕망을 적나라하게 드러낸다. 할리우드에서 배우로 성공하고자 하는 베티(다이앤)의 열망과 카밀라에 대한 다이앤의 집착적인 사랑은 영화의 비극적 전개를 이끄는 핵심 동력이다. 불교에서 말하는 '일체개고(一切皆苦)'는 우리 삶의 수많은 즐거움조차 끊임없이 변화하고 결국 사라지기에, 본질적으로 고통이라고 가르친다. 영화 속 인물들이 겪는 좌절과 파국은 바로 이러한 '공한' 욕망의 대상에 대한 맹목적인 집착과 그로 인한 고통의 순환을 생생하게 보여준다.

채워지지 않는 욕망은 환상을 만들어내고, 그 환상 속에서 인물은 자신을 재구성하려 애쓴다. 그러나 현실의 냉혹한 벽에 부딪히거나 욕망이 좌절될 때, 그 욕망은 자기 파괴적인 형태로 변질된다. 〈멀홀랜드 드라이브〉는 관객 각자의 내면에 깊이 자리 잡은 욕망, 즉 성공에 대한 갈망, 사랑에 대한 열망, 인정받고 싶은 욕구 등이 어떻게 우리의 삶을 이끌고 때로는 파괴하는지 깊이 성찰하게 만든다. 우리는 과연 진정으로 무엇을 욕망하며 살아가고 있는지 스스로에게 물어본다. 그 욕망의 끝은 어디로 향하고 있는가에 대한 질문을 통해, 모든 것이 무상하고 공하다는 진리를 깨닫고 집착에서 벗어나 고통의 순환에서 벗어나는 길을 모색하게 한다.

"자아는 과연 고정된 실체인가, 아니면 끊임없이 변화하고 해체되는 것인가?" - 무아(無我)의 깨달음

영화 속 베티와 다이앤, 리타와 카밀라의 정체성은 마치 유동적인 가면처럼 뒤바뀌고 해체된다. 이는 불교의 '무아(無我)' 사상, 즉 '자아'가 고정된 실체가 없이 '공하다'는 가르침과 정확히 맞닿아 있다. 불교에서는 자아를 끊임없이 변화하는 오온(색, 수, 상, 행, 식)의 집합으로 보며, 그 안에 영원불변하는 '나'는 존재하지 않는다고 설명한다. 고정된 자아라는 착각, 즉 '아집(我執)'이 결국 고통의 근원이라고 주장한다.

불교에서 '명상'은 존재의 본질을 깊이 통찰하게 하여 고정된 '나'라는 착각인 아상(我相)을 내려놓게 하고, 모든 것이 상호 의존적인 조건에 의해 발생하고 소멸한다는 연기(緣起)의 진리를 깨닫는 핵심적인 수행의 한 방법이다.

다이앤이 꿈속에서 이상화된 자신인 베티를 창조하고, 현실에서 그 꿈이 좌절되면서 자아가 무너지는 과정은 자아의 취약성과 가변성을 생생하게 보여준다. 이는 고정된 자아가 있다는 환상이 얼마나 큰 고통을 낳을 수 있는지를 단적으로 드러낸다. 영화는 이러한 다층적인 자아의 모습을 파편적으로 포착하며, '진정한 나'란 무엇이며, 그것은 어떻게 형성되고 변화하는지에 대한 근본적인 질문을 던진다. 관객은 영화를 통해 자신의 정체성이 얼마나 견고한지, 혹은 얼마나 쉽게 흔들리고 재구성될 수 있는지를 성찰하게 되며, 이는 궁극적으로 '나'라는 것도 실체 없는 '공'한 존재라는 무아의 깨달음으로 이어진다.

질문 자체의 중요성 - 공(空)을 통한 해탈의 가능성

〈멀홀랜드 드라이브〉는 명확한 해답을 제시하기보다는 복잡한 서사와 모호한 결말을 통해 관객으로 하여금 스스로 질문과 씨름하게 만든다. 불교의 '일체개고', '무상', '무아', '공' 사상에 비추어 볼 때, 영화의 진정한 가치는 '질문 자체의 중요성'을 일깨우는 데 있다. 우리는 흔히 답을 서두르다 정작 질문의 본질을 간과하곤 하는데, 이 영화는 불편하고 난해하지만, 우리가 마땅히 던져야 할 근원적인 질문들을 상기시키며, 모든 현상이 고정된 실체 없이 '공하다'라는 진리를 깨닫고 집착에서 벗어나 해탈로 나아가는 길을 간접적으로 제시한다.

"연기를 보는 자는 공을 보고, 공을 보는 자는 연기를 본다. 결국 이 과정을 통해 깨달음에 이를 것이다. 그러니 모든 집착에서 자유로워져라!" 이 영화는 영화 한 편을 넘어 사유와 성찰의 깊이 있는 예술 경험을 제공하는 진정한 예술 작품이라 할 수 있다.

독자에게 던지는 성찰의 메시지

영화, 철학, 그리고 나 자신을 향한 여정

이 책을 통해 우리는 데이비드 린치 감독의 걸작 〈멀홀랜드 드라이브〉의 복잡한 미로 속으로 깊이 파고들었다. 서양의 플라톤, 프로이트, 데카르트, 라캉, 들뢰즈 등 철학자들의 관점은 물론, 불교의 '일체개고', '무상', '무아', '공'과 같은 동양의 심오한 지혜를 빌려 이 영화가 제기하는 근본적인 질문들을 탐구했다. 이제 이 지적 여정의 마지막 순간에, 독자 여러분께 한 가지 중요한 메시지를 전하고자 한다.

단순한 감상을 넘어선 철학적 몰입

〈멀홀랜드 드라이브〉는 단순한 오락용 영화가 아니다. 이는 스크린을 넘어 우리에게 직접 말을 걸어오는 살아 있는 철학적 텍스트다. 영화는 명확한 답을 제공하지 않고, 오히려 혼란과 의문을 통해 관객 스스로 사유하고 성찰하도록 이끈다. 이 책에서 제시한 다양한 철학적 관점들은 영화를 이해하기 위한 도구와 렌즈에 불과하며, 궁극적으로 중요한 것은 각 독자의 내면에서 울려 퍼지는 질문의 메아리에 귀 기울이는 것이다. 그리고 정답은 없다. 독자의 내면에서 올라온 깊게 성찰된 그 해답이 우리를 오류로부터 벗어나 밝고 행복한 삶을 영위하게끔 이끈다면 그것이 바로 정답일 것이다.

우리는 영화 속에서 현실과 환상의 경계가 모호해지는 순간들, 욕망이 만들어내는 환상과 그로 인한 고통, 그리고 고정되지 않은 자아의 유동성을 목격했다. 이는 단순히 영화 속 이야기에 국한되지 않는다. 우리가 일상에서 경험하는 무수한 순간들, 우리가 추구하는 욕망들, 그리고 우리가 '나'라고 믿는 자아의 본질 역시 영화가 제기한 질문들과 크게 다르지 않다. 이 영화는 우리 자신의 삶이 가장 복잡하고 흥미로운 철학적 탐구의 대상임을 깨닫게 해준다. 한편, 미셸 푸코는 철학은 '현재의 진단학[11]'이라고 하였다. 독자 여러분의 현재를 진단하는 철학이 있다면 그것이 서양 철학이든, 동양 철학이든 아무 상관이 없다. 그 철학을 하시라고 권고하고 싶다.

예술이 확장하는 사유의 지평

예술 작품, 특히 〈멀홀랜드 드라이브〉와 같은 깊이 있는 작품은 우리의 사고의 폭을 넓히고 삶의 의미를 탐구하는 데 깊은 영감을 제공한다. 이 영화는 언어로 표현하기 어려운 감각과 이미지, 무의식의 영역을 시각적으로 구현함으로써, 평소에는 인식하지 못했던 존재의 다양한 측면들을 드러낸다. 철학이 논리적이고 개념적인 사유를 통해 진리를 추구한다면, 예술은 직관적이고 감성적인 경험을 통해 우리를 진리의 문턱으로 안내한다. 이

11 『감시와 처벌: 감옥의 탄생』에서 인용.

영화는 철학과 예술이 만나 인간의 근원적인 질문들을 어떻게 탐구할 수 있는지 보여주는 탁월한 사례다.

우리는 이 책을 통해 영화 속 인물들의 고통과 좌절이 불교의 '일체개고' 개념과 깊은 연관성을 지니고 있음을 발견했다. 그들의 꿈과 현실이 끊임없이 변화하고 사라지는 모습에서 '무상'의 진리를 엿볼 수 있었으며, 베티와 다이앤, 리타와 카밀라의 유동적인 정체성 속에서 '무아'의 깨달음을 얻을 수 있었다. 이 모든 경험은 결국 고정된 실체가 없다는 '공'의 이치로 수렴된다. 그러나 공은 '절대 없음'으로만 머물지는 않는다. 그것은 새로운 조건에 의해 새로운 연기를 낳고 그로 인해 또 다른 인연을 불러온다.

영화는 이러한 심오한 진리들을 추상적인 개념이 아니라 생생한 이미지와 서사를 통해 우리의 마음에 깊이 새긴다.

당신 안의 '드라이브', 어디로 향하는가?

'드라이브(drive)'라는 단어는 일상생활에서부터 학문 분야에 이르기까지 폭넓게 사용되며 각기 다른 층위의 의미를 지닌다. 일반적으로 '운전하다', '몰아가다'와 같은 이동 행위나 컴퓨터의 저장 장치(하드 드라이브 등)를 지칭한다. 심리학에서는 어떤 목표를 향해 나아가게 하는 내면의 추진력이나 동기를 의미하며, 이는 생물학적 욕구에서 비롯되기도 한다. 그러나 정신분석학적 관점, 특히 지크문트 프로이트와 자크 라캉에게 '드라이브'는 단순한 생물학적 본능이나 의지적 동기를 넘어선다. 이는 신체에서 발생하는 에너지로서, 특정한 대상을 향해 나아가지만, 결코 완전히 만족하거나 해소되지 않아 끊임없이 순환하고 반복하는 무의식적인 '충동(Trieb)'을 의미한

 드라이브의 칼날

다. 철학적으로는 인간 존재를 끊임없이 움직이게 하는 근원적인 힘, 또는 주체의 의식 너머에 있는 실존적 동력을 탐구하는 데 사용된다. 데이비드 린치 감독의 영화 〈멀홀랜드 드라이브〉는 바로 이 '드라이브'라는 용어가 지닌 다층적이고 심오한 의미들을 절묘하게 활용하며 인간 내면의 복잡한 심리를 탐구하는 수작으로 평가된다.

영화 〈멀홀랜드 드라이브〉는 제목 자체로 이미 심오한 심리적 층위를 드러낸다. 물리적인 지명인 〈멀홀랜드 드라이브〉라는 도로는 단순한 운전 공간을 넘어선다. 이 도로는 주인공 다이앤의 왜곡된 욕망과 환상이 뒤섞인 인생의 경로이자 운명의 길을 은유적으로 보여준다. 그녀의 무의식이 작동하는 미로 같은 내면의 풍경이 이 구불구불한 도로 위에서 펼쳐지는 셈이다. 이 길은 목적지에 도달하기보다 계속해서 맴돌고, 다시 출발점으로 돌아오기도 하는, 드라이브의 순환적 특성을 영화적 공간으로 구현한 것이다.

그리고 영화 속에서 카밀라가 다이앤에게 던지는 강렬한 대사인 "You drive me wild(넌 날 미치게 해)"는 바로 개인의 드라이브가 타인과의 관계 속에서 어떻게 격정적인 형태로 발현되는지를 직접적으로 보여준다. 이 대사는 단순히 흥분시키거나 화나게 한다는 일상적 의미를 넘어선다. 라캉적 시선으로 본다면, 이 대사는 다이앤의 욕망이 만들어낸 '대상 a(objet petit a)', 즉 욕망을 유발하지만, 결코 온전히 소유할 수 없는 상실된 대상으로서의 카밀라가 다이앤을 격렬한 통제 불능 상태로 이끄는 힘을 표현한다. 이 상태는 이성적 판단을 넘어서는 과도한 심리적 만족, 즉 주이상스(jouissance), 즐거움과 고통이 뒤섞인 역설적인 쾌감을 선사한다. 카밀라의 존재 자체가 다이앤 내면의 '드라이브'를 최고조로 끌어올려 버리는 상황을 의미하는 것이다.

결국, 이 모든 것의 근원에는 라캉의 '드라이브(drive)' 개념이 자리하고 있다. 라캉의 드라이브는 우리의 몸에서 출발하여 특정한 대상을 향해 나아가지만, 결코 완전한 만족에 도달하지 못하고 끊임없이 그 대상을 선회하며 반복되는 무의식적인 충동이다. 다이앤이 할리우드에서 성공과 카밀라의 사랑을 갈망하며 베티라는 환상을 만들어내는 모든 행위가 이 드라이브 때문에 충동적으로 된 것이다. 이 드라이브가 주체를 무한한 욕망의 미로로 밀어 넣고, 그 과정에서 물리적인 길(멀홀랜드 드라이브)을 통해 삶이 전개되며, 결국 통제 불능한 감정(You drive me wild)과 주이상스에 사로잡히게 되는 것이다.

라캉의 '드라이브'는 최종적으로 어떤 '만족스러운 결론'에 도달하는 것이 아니다. 드라이브는 주체의 근원적인 결핍에서 비롯되며, 결코 완전히 충족될 수 없는 '대상 a'를 향해 끊임없이 순환하고 반복하는 움직임 그 자체이다. 충동이 언어화되지 않은 날것의 에너지로서 주체를 파괴적인 주이상스에 빠뜨릴 위험이 있지만, '욕망은 충동에 대한 방어'라는 라캉의 통찰은 이 지점에서 그 빛을 발한다. 욕망은 충동의 무질서하고 과도한 힘으로부터 주체를 보호하는 심리적 기제다. 욕망은 충동의 날것의 에너지를 사회적으로 수용할 수 있으며, 상징계 안에서 의미 부여된 '대상'을 향해 끊임없이 추구하게 함으로써 충동의 직접적인 폭주를 막는다. 본질적으로 욕망은 절대 채워지지 않는 성격을 통해 충동이 극한의 주이상스에 도달하여 주체를 해체시키는 것을 방지하고, 주체를 상징계 안에 유지한다. 즉, 욕망은 끊임없는 결핍과 추구의 반복을 통해 삶의 질서와 주체의 존재를 지탱하는 방어적 역할을 수행한다. 이처럼 드라이브의 결론은 멈춤이 아닌, 멈추지 않는 움직임과 반복인 것이며, 이를 통해 주체는 고통스러운 동시에 역설적인 주이상스를 경험한다. 이 세 가지 '드라이브'는 영화 〈멀홀랜드 드라이브〉가 인간의 욕망과 환상, 현실과 무의식 사이의 끊임없는 상호작용을 탐구하는 중요한 장치로 작동하며, 절대 끝나지 않는 존재의 본질을 보여준다.

그렇다면, 이토록 끈질긴 드라이브 앞에서 독자 여러분, 우리는 어떤 주체로 서 있는가? 우리는 과연 자유의지를 가진 존재로서 이 삶의 궤적을 선택하고 있는가, 아니면 무의식적 충동 때문에 필연적으로 내몰리고 있는 것인가? 우리는 모두 현실의 다이앤처럼 좌절과 결핍으로 점철된 삶을 살아 나가면서도, 환상 속 베티처럼 모든 것이 완벽한 삶을 꿈꾼다. 우리가 온 생을 바쳐 추구하는 연인, 가슴 벅찬 성취감, 만족감, 그리고 영원히 불멸할 명예는 과연 우리에게 영원한 안식처를 제공할 수 있을까? 그러나 환상은 결코 우리를 구원하지 않는다. 불행하게도 이 드라이브의 끝에는 완전한 해방이나 궁극적 만족이 아니라, 또 다른 미로가, 또 다른 결핍이, 다음 드라이브를 필연적으로 촉발하는 존재의 고독한 조건만이 놓여 있을 뿐이다. 드라이브의 끝은 없으며, 또 다른 드라이브의 시작만이 있을 뿐이다.

욕망은 결국 새로운 또 다른 욕망을 낳은 환상 속에 갇혀 있을 뿐이다.

이 책은 〈멀홀랜드 드라이브〉라는 심연의 거울을 통해, 이 무의식적인 '드라이브'가 인간 실존의 본질적 조건임을 사유하게 할 것이다. 존재의 근원적 결핍과 그 결핍을 메우려는 끝없는 충동, 그리고 그 충동이 빚어내는 환상과 현실의 드라마를 해부함으로써, 독자 여러분이 자신만의 '드라이브'를 존재론적으로 성찰하고, 삶의 미로 속에서 자기 인식의 지평을 확장하는 계기가 되기를 바란다.

<h1 style="text-align:center">크랭크 업[12]</h1>

☯ 사유진: '환원의 철학'

1. '환원의 철학' 소개

'환원의 철학(The Philosophy of Regenerative Return)'은 현재, 본인이 연구를 해나가는 과정에 있다. 거칠고 투박하지만, 대 철학자들의 끝자락에 이 미완의 철학적 단편 논고를 추가한다.

프리드리히 니체가 말했던 것처럼, 일평생 학생으로 남는 것은 스승에 대한 졸렬한 보답이다.

2. '환원의 철학': 모든 변화를 꺼안는 '자기변혁자(Self-Recreator)'의 생성과 재창조'의 사유

12   '크랭크 업(Crank-up)'은 영화의 모든 촬영이 종료되었음을 의미한다.

'환원의 철학'은 원점으로 '되돌아오는' 것처럼 보이지만, 실제로는 과거로의 단순한 회귀와는 근본적으로 다른 심오한 사유 체계이다. 이 철학은 주체의 경험적 변화와 그로 인한 존재론적, 인식론적 새로움을 바탕으로, 반복되는 시간과 공간 속에서 끊임없이 새로운 시작을 창조해 나간다. 특히, 모든 존재는 고정된 실체(自性)가 없으며 인연(緣起)에 따라 끊임없이 변화한다는 불교의 '공사상'이 세상의 변화 원리를 설명한다는 점에서 '환원의 철학'과 인연의 변화가 생성의 핵심이라는 점을 공유한다.

그러나 '환원의 철학'은 존재의 끊임없는 변화를 인정하면서도 주체의 '무아(無我)'를 주장하지 않는다. 오히려 변화하는 주체의 선택과 그로 인한 발전 또는 퇴행에 대한 온전한 책임을 강조하는 독자적인 관점을 제시한다. 이 철학의 가장 중요한 핵심 사상은 '자기 변혁'이며, 매일 간을 쪼아 먹히는 프로메테우스의 비극적 운명조차 단순한 고통에 그치지 않고 새로운 의미를 찾아내어 궁극적으로 자신을 변모시키는 이러한 삶을 살아가는 자를 '자기변혁자'라고 지칭한다. '환원의 철학'은 프로메테우스 같은 절대적 비극의 존재마저도 '자기변혁(Self-Recreate)'의 새로운 가능성을 제시하며, 비극적 운명조차 새로운 창조의 계기로 삼는 놀라운 통찰을 보여준다.

🔑 '환원의 철학'의 핵심 사상 (기본 개념)

환원은 '재출발'을 넘어선 '새로운 시작'이자 '질적 변화'

환원의 철학에서 '환원'은 단순한 '원점 회귀'를 의미하지 않는다. 어떤 상태로 되돌아오는 것처럼 보일지라도, 그 지점에 다다르는 '나(주체)'는 이미

드라이브의 칼날

이전과 다른 존재이기 때문이다. 이는 모든 현상이 인연에 따라 변화하고 고정된 실체가 없다는 '공사상'이 세계의 비고정성을 보여주듯이, 경험을 통해 축적된 '잉여[13](excess)'가 주체에게 더해져, 단순히 재출발하는 것을 넘어 질적으로 완전히 '새로운 출발(새출발)'이 되게 하는 것이다. 하나님의 천지 창조 후 처음 돌아온 월요일은 그 이전의 월요일과 완전히 다르다. 새로운 생명이 창조되었고, 그 생명들과 함께하는 '잉여적인 내용'이 더해졌기 때문이다.

창세기 기록에 따르면, 하나님이 동식물을 만든 것을 보고는 "보시기에 좋았다."라고 했다. 그러나 이후 하나님이 만드신 인간을 보시고는 "보시기에 매우 좋았다."라고 했다. 여기서 '매우'라는 표현은 '잉여(excess)'를 지칭한다.

이 '매우'는 인간에게 내재한 존재론적 잉여를 상징한다. 이는 언어와 사회 질서가 포섭하지 못하고 떨어져 나간 부분이 아니다. 오히려 자연적인 질서만으로는 설명할 수 없는, 인간 내면에 본래부터 존재하는 '무엇인가 더 있는' 본질적인 가능성을 의미한다. 바로 이 '더 있는 것', 이 내재된 잉여가 인간을 '자기변혁자'로 만들 수 있는 근원적인 힘이 된다.

이 잉여는 인간이 경험을 통해 자신을 존재론적으로나 인식론적으로 끊

13　자크 라캉은 프로이트의 '충동(Trieb)' 개념을 발전시켜, 충동이 단순히 욕구를 만족시키는 것이 아니라 늘 남아도는 '잉여(excess)'를 만들어낸다고 본다. 이 '잉여'는 '주이상스(jouissance)'와 연결되며, 충동이 완전히 해소되지 않고 끊임없이 반복되도록 하는 과도한 힘으로 이해된다. 즉, 잉여는 충동의 핵심이자, 욕망이 계속 순환하게 만드는 근본적인 요소로 파악한다.

임없이 변화시키고, 새로운 의미를 창조하며, 삶의 모든 반복 속에서도 질적으로 심화되고 확장되는 주체적인 삶을 살아가게 하는 핵심 동력이 된다. 궁극적으로, 이는 인간이 창조의 순간부터 자기변혁의 가능성과 더불어 그에 대한 책임을 동시에 부여받았음을 시사한다.

이처럼 물리적 시간이 반복되더라도 그 안에 생성된 '잉여적 내용'이 주체를 질적으로 변화시키며, 이는 매번 새로운 의미의 '시작'을 창조하는 핵심 동력이 된다. 여기서 '잉여'는 긍정적인 경험뿐만 아니라 부정적인 경험, 즉 고통, 좌절, 상실 등 삶에서 발생하는 모든 유무형의 축적을 포괄한다.

'자기변혁'은 경험을 통해 끊임없이 '존재론적으로 변화'하며, 그 변화에 무한 책임

'환원의 철학'은 자기변혁을 끌어내는 주체 자체의 '존재론적 변화(Ontological Change)'를 강조한다. 삶에서 겪는 모든 경험, 즉 희로애락의 순간─ 내면, 감정, 생각, 신체적 상태─ 등 존재 전반을 내적으로 변형시킨다고 본다. 이 변화는 '나'가 인연 따라 끊임없이 변화하는 존재임을 인정하지만, 불교의 '무아(無我)'처럼 '나'라는 고정된 실체를 전면적으로 부정하여 해탈에 이르는 것을 목적으로 하지 않는다. 대신 자기변혁은 고정되지 않지만, 변화하는 그 과정에서 스스로의 발전과 퇴행에 대한 온전한 책임을 지는 존재로 파악한다. 헤어진 연인과의 관계에서 얻은 기쁨과 슬픔, 고통과 배움은 주체를 근본적으로 변화시킨다.

이러한 경험들은 주체의 내면에 축적되어 '나'라는 존재 방식을 바꾸고,

 드라이브의 칼날

이후의 선택에 영향을 미친다. 시지프스 신화[14]에서 돌덩이를 끊임없이 밀어 올리고 굴러 떨어뜨리는 과정을 반복하는 시지프스는 매번 질적으로 다른 '나'가 되며, 자기의 운명을 마주하고 선택하는 주체적인 책임감을 가진다. 한편, 매일 간을 쪼아 먹히는 고통을 겪는 프로메테우스의 운명을 살펴보면, 그는 반복되는 고통 속에서 단순한 인내나 영웅적 저항에 머물지 않는다. 그의 반복되는 일상, 즉 매번의 '환원'은 단순한 고통의 반복이 아니라, 그 고통을 통해 자신을 질적으로 변모시키는 '잉여'를 축적하는 과정이다. 기존 해석들은 프로메테우스의 굳건한 의지는 인정하면서도, 반복되는 고통 자체가 그의 내면에서 질적인 변혁을 일으키는 메커니즘을 명확히 보여주지 못했다는 한계가 있었다.

그러나 '환원의 철학'은 이 지점에서 명확하다. 프로메테우스에게 '환원'은 고통에 정지된 존재(stillness)가 아니라, 자기변혁을 불어넣는 강력한 '동인(driving force)'으로 해석한다. 프로메테우스는 극한의 고통과 회복의 반복 속에서 불굴의 의지를 더욱 깊이 각인하고, 인간에 대한 사랑과 제우스에 대한 정의를 매번 새롭게 되새기는 과정을 통해 자신을 진정한 자기변혁자로 이끌어간다. 그의 고통은 단순히 견뎌야 할 것이 아니라, 그를 더욱 고귀하고 심화된 존재로 만드는 자기변혁의 동력이 되는 것이다. 따라서 어떤 '원점'에 다시 다다를 때, 그 지점을 밟는 자기변혁자는 이미 이전과는 '다른 나'이며, 그 순간은 물리적 공간이나 시간이 동일해도 존재론적 내용은 완전히 달라진 것이다.

---

14 '환원의 철학'에서는 "부조리", 즉 의미를 찾으려는 인간과 본질적으로 무의미한 세상의 충돌은, 단순히 인식하는 데서 그치지 않는다. 오히려 그 부조리를 깨닫는 순간, 존재를 돌아보게 되고, 결국 스스로를 변화시키는 데까지 나아가게 된다.

'자기변혁'은 변화된 자신을 통해 세계를 '인식론적으로 새롭게 해석'

자기변혁자의 존재론적 변화는 필연적으로 '인식론적 변화(Epistemological Change)'를 수반한다. 즉, 변화된 자기변혁자는 세상을 '바라보고 이해하는 방식' 자체를 새롭게 조정한다. 이 변화는 불교의 '무상(無常)'처럼 모든 것이 늘 변화한다는 사실을 인식하는 것과 상통하지만, 궁극적으로 '해탈'을 목적으로 하는 인식이 아닌, 경험을 통해 '인식적 조건'이 끊임없이 재구성되는 역동적인 과정이다. 헤어진 연인과의 경험 이후 세상을 보는 관점이나 사랑에 대한 이해가 달라지듯이, 세계를 경험하고 인식하는 '렌즈'는 매 순간 변화한다. '어제와 다르고 또 내일과 다르다'는 말처럼, 매일 아침 깨어나 다시 마주하는 '오늘'이 어제의 반복이 아닌 이유는, '오늘'을 맞이하는 몸 상태, 기분, 어제 경험한 것에 대한 해석 등 인식적 조건이 어제와 다르기 때문이다. 같은 햇살을 보더라도 어제는 희망을 보았지만, 오늘은 쓸쓸함을, 내일은 무덤덤함을 볼 수 있듯이, 주관적인 인식적 조건이 달라지면서 세계의 의미 또한 달라지는 것이다. '날마다 새롭다.'라는 의미는 자기변혁의 가장 적절한 사례이다.

'원점'은 '창조적으로 재탄생'하며, 새로운 '인간형'을 제시

환원된 '원점'은 자기변혁자의 변화로 인해 더 이상 이전의 그 원점이 아니다. 이는 공사상에서 '색(色)'이 자성이 공하기에 고정된 실체가 아니듯, '원점' 역시 그 본질이 고정된 것이 아니라 인연에 따라 변화한다. 여기에 경험과 변화가 더해져, 그가 발 딛는 '원점'은 새롭게 해석되고 의미 부여되며, 본질적으로 다른 '출발점'으로 재탄생한다. 시지프스가 돌멩이가 굴러 떨어진 자리에서 다시 시작할 때, 그는 또 다른 주체로서의 시작을 맞이한다. 반복되는 행위 속에서도 매번 다른 깨달음과 의미를 얻으며 변형되기 때문이다. 따라서 그 '바닥'에서의 '시작'은 결코 동일한 '시작'이 될 수 없으며, 이는 비극적 운명 속에서도 삶의 의미를 끊임없이 재정의하는 '과정'이자 '미래'를 향한 '결단'의 철학이 된다.

이러한 비극적 운명 속에서도 삶의 의미를 끊임없이 재정의하며 '미래'를 향한 '결단'을 내리는 주체는 니체의 위버멘쉬(초인)와 같은 특정 이상형이 아니다. 프로메테우스가 매일 간을 쪼아 먹히는 고통의 반복 속에서 좌절 대신 불굴의 정신을 갱신하며 자신을 재창조하듯이, 자기변혁자는 삶의 반복과 고통 속에서도 쓰러지지 않고, 변화를 수용하며 끊임없이 삶을 살아내는 자인 것이다. 그리고 매일을 살아가는 바로 우리들 자신이기도 하다. '환원의 철학'은 이 자기변혁자가 자신의 존재론적이고 인식론적 변화를 통해 모든 '환원'의 순간을 새로운 시작으로 재창조하며, 단순한 고통을 넘어선 새로운 인간형을 제시한다.

'3차원적 시공간'에서 '발전과 퇴행의 모든 변화'를 품는 '나선형적 생성'

'환원의 철학'은 시공간을 선형적이고 단선적인 흐름으로만 보지 않는다. 시간의 흐름 속에 경험, 의식, 감정, 존재적 변화라는 깊이(depth) 혹은 차원(dimension)이 통합된 '3차원적 시공간'으로 이해한다. 제논의 역설처럼 운동이 무한히 분할되어 정지한 듯 보일지라도, 그 안에서 항상 새로운 생성이 일어난다는 관점은 이러한 역동성을 보여준다. 물리적인 반복 행위조차도 자기변혁자의 내면적 깊이와 성장이 더해지면서 매 순간이 고유하고 질적으로 다른 경험이 된다. 같은 '원점'에 돌아와도 의식과 존재적 깊이가 더해진 시공간에서는 매번 새로운 '출발점'으로 변모하는 것이다.

여기서 중요한 것은 변화가 단순히 '발전'만을 의미하지 않는다는 점이다. 때로는 퇴행을 겪기도 한다. 그러나 발전이든 퇴행이든, 3차원의 시공간 속에서는 이 모든 것이 변화의 한 모습이다. '환원의 철학'에서 환원을 통한 발전은 말처럼 쉬운 과정이 아닌 고통이 당연히 수반된다. 자기변혁자는 이러한 변화의 스펙트럼 전체를 경험하며, 그 모든 것이 축적되어 '새로운 출발'을 시작한다. 이러한 환원의 반복은 단순한 원형적 순환이 아닌, 매번 새로운 '겹'이 더해지며 질적으로 '결'이 심화되고 변화하는 '나선형적 3차원을 생성'하게 된다.

'과정'과 '미래'를 지향하는 희망적이며 '책임 있는' 사유의 과정

'환원의 철학'은 '제자리로 돌아감'이라는 단어가 내포하는 과거 지향성을 탈피한다. 대신, 경험을 통한 변화를 전제하고, 이 변화된 주체가 새로운 미래를 향해 나아가는 '시작'의 의미를 핵심으로 삼는다. 이는 단순한 원점 회귀가 아니라, 과거의 경험을 통합하고 새로운 가능성을 여는 '순간'에 대한 탐구이자, 끊임없이 전진하며 새로운 창조를 해나가는 미래 지향적 관점을 제시한다. 고통과 상실의 경험조차도 상처를 이해하고 치유하며, 결국 더 단단하고 지혜로운 존재로 거듭나는 역설적인 성장 동력이 되는 것이다. 여기서 자기변혁자는 자신의 발전과 퇴행 모두에 대해 온전한 책임을 지며, 끊임없이 변화하는 삶의 과정에서 의미를 찾고 능동적으로 자신의 미래를 구성해 나간다.

드라이브의 칼날

이처럼 '환원의 철학'은 표면적인 반복과 환원 속에서 '잉여'를 통해 변화하고 성장한 자기변혁자가 새로운 의미와 가치를 끊임없이 창조해 나가는, 역동적이고 희망적인 사유 체계라고 할 수 있다. 이는 고정된 실체에 대한 탐구보다는 '자기 변혁'을 통해 모든 변화를 포용하고 책임지며 능동적인 생성에 초점을 맞추며, 주체의 역동적인 존재 방식과 생성의 의미를 새롭게 조명하는 동시에, 프로메테우스처럼 극한의 고통과 반복 속에 있는 존재마저도 삶의 모든 순간을 능동적으로 살아내는 '새로운 인간형'을 제시한다.

Mulholland Dr 영화 속 적용

'환원의 철학' 관점에서 본 <멀홀랜드 드라이브> 해석

<멀홀랜드 드라이브>는 꿈과 현실, 환상과 좌절이 뒤섞인 난해한 서사로 유명하다. 언뜻 보면 이해하기 어려운 이 영화의 이야기 구조는, '환원의 철학'과 그 핵심 개념인 '자기변혁자(Self-Recreator)'라는 새로운 시각을 통해 깊이 있는 해석의 가능성을 열어준다. 특히, 주인공 다이앤의 비극적인 여정은 '환원'의 반복 속에서 스스로를 '재창조'하려 했으나 결국 좌절하는 모습을 통해, '환원'이 반드시 발전으로 귀착되지 않음을 극명하게 보여주는 사례가 된다.

환원은 '재출발'을 넘어선 '새로운 시작': 다이앤의 꿈은 '새출발'이었나?

영화의 전반부는 현실의 다이앤이 꿈속에서 베티라는 인물로 '새로운 시작(새출발)'을 갈망하며 자신을 재구성한 환상 세계이다. 현실의 다이앤은 실패한 배우, 자신을 외면하는 애인 카밀라에게 사랑받지 못하는 연인, 심한 질투심과 좌절감에 사로잡힌 초라한 존재이다. 그녀는 이 고통스러운 '원점'에서 벗어나기 위해 무의식 속에서 스스로를 재창조한다.

잉여(excess)를 통한 '새출발'의 시도

다이앤은 현실에서 가지지 못한 성공(베티는 오디션에 합격), 순수함(천진난만한 베티의 성격), 그리고 사랑(기억을 잃은 리타에게 베티가 사랑받는 관계)과 같은 긍정적인 '잉여'를 자신의 환상 속에 불어넣어 베티를 탄생시킨다. 이 '잉여'는 다이앤이 간절히 바라는 '새로운 시작'의 동기가 된다. 그녀는 꿈속에서 베티라는 새로운 자신을 창조함으로써 과거에 실패한 자신에게서 벗어나 진정으로 '새출발'하려 한 것이다. 이 '환원'의 시도는, 모든 것이 인연에 따라 변화하고 고정된 실체가 없다는 '공사상'의 세계에서 주체가 자신의 의미를 재구성하려는 능동적인 행위로 볼 수 있다.

'자기변혁자' 다이앤의 '존재론적 변화'와 그 책임: 환상의 대가와 퇴행

다이앤은 자기변혁자로서 현실의 자신을 견딜 수 없어 환상을 통해 베티를 창조했지만, 이 과정은 피상적이었고, 근본적인 책임과 마주하지 못했다.

환상 속 베티의 존재론적 변모

꿈속에서 다이앤은 베티가 되어 자신의 원래 존재(다이앤)가 저지른 비극적인 행동(카밀라 살해 청부)과 무관한, 완전히 순수한 자신으로 존재한다. 그녀는 자신의 연약함과 실패를 외면한 채, 이상적인 자아를 끊임없이 재창조하려 했다.

드라이브의 칼날

현실 다이앤에게의 환원과 책임

영화는 후반부에 다이앤이 꿈에서 깨어나 비참한 현실로 '환원'되는 과정을 보여준다. 이 환원은 불교의 '공사상'이 모든 것이 인연 따라 변하고 고정된 실체가 없음을 드러내듯, 꿈이라는 '실체 없는' 환상이 사라지고 현실이 그 자리를 차지하는 과정이다. 이때 다이앤은 환상 속에서 얻은 달콤한 '잉여'를 잃고, 자신의 선택(살인 청부)과 그 결과에 대한 혹독한 책임을 마주해야 한다. 그녀는 극한의 고통과 회복을 통해 자신을 자기변혁자로 이끌어가는 프로메테우스와는 다른 길을 걷는다. 프로메테우스는 고통을 자기 변혁의 동인으로 삼지만, 다이앤의 경우 현실에서 고통이 너무 강렬하여 자기 변혁을 위한 성찰의 과정을 거치지 못하고 좌절한다. 그녀가 카밀라를 죽인 것이 아니라, 카밀라를 향한 그녀의 질투심과 실패감이라는 내면적 고통이 그녀를 '부정적 잉여'로 '환원'된 자신으로 돌아오게 하며, 이는 그녀의 존재를 극한의 고통으로 몰아넣는 퇴행으로 이어진다.

변화된 '자기변혁자'의 '인식론적 변화': 깨어진 환상이 보여준 진실

다이앤은 베티로서의 경험을 통해 세계를 완전히 다른 방식으로 인식하게 되지만, 그 변화는 파괴적이었다.

꿈속 인식의 재구성

베티의 눈으로 본 할리우드는 기회의 땅이었고, 리타(카밀라)는 도움이 필요한 매력적인 연인이었다. 이 환상적 인식은 다이앤의 현실 인식과 극명한 대비를 이룬다.

환상에서 벗어난 다이앤은 자신의 비참한 현실과 카밀라에 대한 지독한 질투, 그리고 살인 청부라는 진실을 피할 수 없게 된다. 꿈에서 깨어났을 때, 그녀의 눈에 비치는 현실은 과거의 냉혹함에 더하여 환상의 달콤함이 남긴 씁쓸함까지 더해진, 더욱 고통스러운 것으로 다가온다. 이 강렬한 대비는 그녀의 인식 세계를 파괴적으로 변모시키고, 회복할 수 없는 절망감으로 이끌어간다.

'원점'의 '창조적 재탄생'의 실패: 비극적 종말 속에서의 의미 상실

다이앤이 현실 속, 자기 집으로 '환원'되었을 때, 그곳은 더 이상 그녀가 처음 꿈을 꾸기 시작했던 단순한 공간이 아니다. 그녀는 베티로서의 찬란한 경험과 그 붕괴를 모두 겪은 후 돌아왔다.

동일한 집의 공간이지만, 이제 그곳은 그녀의 실패와 좌절, 그리고 죄책감의 무게가 증폭된 상징적인 공간이 된다. 이는 모든 것이 인연에 따라 변화하고 고정된 본질이 없다는 '공사상'처럼, 물리적 공간의 '본질'이 주체의 변화에 따라 어떻게 재의미화될 수 있는지를 보여준다. 이 공간에서 다이앤은 새로운 현실, 즉 고통을 선택하고 자기변혁의 최종단계로 자살을 택하는 비극적인 '새로운 출발'을 맞이한다.

프로메테우스의 운명과 '자기변혁'의 좌절

프로메테우스가 매일 간을 쪼아 먹히는 고통의 반복 속에서 자신의 의지를 심화시키며 자기변혁으로 나아간다면, 다이앤의 '환원'은 프로메테우스처럼 고통을 능동적인 동인으로 삼지 못하고 좌절하는 비극적인 단면을 보여준다. 그녀는 극한의 고통과 반복을 통해 불굴의 정신을 갱신하기보다는, 오히려 환상과 현실의 간극이 주는 고통에 압도되어 버린다. '환원의 철학'이 명확히 밝히듯, 환원은 스틸(stillness)이 아니라 자기변혁을 불어넣는 동인(driving force)이 되어야 하는데, 다이앤은 그 동력을 상실하고 만 것이다.

'3차원적 시공간' 속 '나선형적 생성'과 '자기변혁자'의 한계: 발전 대신 퇴행

영화의 반복적인 구조와 다이앤의 환상은 '3차원적 시공간'에서 '나선형적 생성'이 일어나는 모습을 보여주지만, 이는 성공적인 자기변혁이 아닌 비극적 퇴행의 양상으로 나타난다. 다이앤은 경험을 통해 '잉여'를 축적하긴 했지만, 그것이 현실을 긍정하고 새로운 미래를 향한 능동적인 발전에 사용되지 못한 '부정적인 잉여'였을 뿐이다.

발전과 퇴행의 스펙트럼

다이앤의 여정은 단순히 '발전'만을 의미하지 않으며, 때로는 '퇴행'으로 이어질 수 있음을 보여준다. 〈멀홀랜드 드라이브〉에서의 다이앤은 환원을 통해 자기변혁을 꿈꾸었지만, 그것은 퇴행으로 점철되었다. 이는 '환원'이 반드시 발전으로 귀착되지 않음을 명확히 보여주고 있다. 그녀의 환상 도피는 일시적인 정신적 발전이었으나, 현실로의 충격적인 환원은 극심한 정신적 퇴행, 곧 자멸로 귀결된다. '환원의 철학'에서 환원을 통한 '발전'은 말처럼 쉬운 과정이 아니며 고통이 수반되는 것은 당연하다. 그러나 다이앤은 이 고통을 온전히 '성찰'로 연결하지 못하고 회피함으로써, 자기변혁자의 가장 큰 시험대에서 무참히 깨져버리고 만다.

'환원의 철학'이 제시하는 삶의 목적과 새로운 인간형: '자기변혁'의 길

〈멀홀랜드 드라이브〉는 다이앤이라는 자기변혁자가 환상과 현실 사이의 '환원'의 고통을 견디지 못하고 좌절하는 과정을 보여주지만, 역설적으로 '환원의 철학'이 지향하는 삶의 목적과 새로운 인간형을 제시한다.

삶의 목적

'환원의 철학'은 단순한 생존이 아닌, 주체가 고통과 반복 속에서도 끊임없이 자신을 온전하게 바라보고 성찰하며, 축적된 '잉여'(긍정적인과 부정적인 것 모두)를 바탕으로 질적인 변화를 이루어 새로운 '나'와 '미래'를 창조하는 것에 삶의 목적을 둔다. 이 과정은 힘들고 고통스럽지만, 진정한 의미의 '살아 있음'을 가능하게 한다.

새로운 인간형

다이앤은 좌절했지만, 그녀의 이야기는 우리에게 자기변혁자가 나아가야 할 길을 역설적으로 가르친다. 즉, 고통과 좌절을 회피하지 않고, 오히려 그것을 자기 성찰과 질적 변화의 '동인'으로 삼아, 매번의 '환원'을 이전과는 다른 '새로운 시작'으로 만들어내는 존재가 바로 '환원의 철학'이 제시하는 새로운 인간형인 것이다. 자기변혁자인 프로메테우스와 시지프스의 운명은 단순한 영웅과 노동의 굴레가 아니라, 스스로의 존재를 극한까지 밀어붙여 더욱 고귀하게 재창조하는 숭고한 과정이 된다.

Point of View

'환원의 철학'은 표면적인 반복과 환원 속에서 '잉여'(긍정 혹은 부정)를 통해 변화하고 성장한 '자기변혁(Self-Recreate)'의 새로운 의미와 가치를 끊임없이 창조해 나가는, 역동적이고 희망적인 사유 체계라고 할 수 있다.

Beyond the Scene

철학자	핵심 개념	영화와의 연결점	독자를 위한 한 줄 요약
사유진	단순한 회귀가 아닌, 변화된 자아의 책임과 잉여(긍정/부정)를 통한 새로운 시작	영화 후반부, 베티의 꿈에서 깨어난 다이앤의 '환원'은 단순한 과거로의 되돌림이 아니다. 꿈의 강렬한 경험을 통해 그녀의 자아는 이미 '변화'했으며, 이 변화된 자아는 자신의 선택에 대한 책임을 진다. 이 과정에서 무의식 속 '잉여'된 부정적 욕망(좌절, 질투 등)이 폭발하여 파멸로 이르는 비극적인 '새로운 시작'이 된다.	꿈이라는 강렬한 경험을 통해 변화된 다이앤은 스스로의 책임 아래 긍정 혹은 부정적 '잉여'를 동력 삼아, 비극적일지라도 완전히 새로운 관점으로 현실을 마주하고 끝을 향해 나아간다.

"린치 씨, 분노 문제로 초월명상을 배우셨나요?"
– "아니에요. 제가 분노를 가지고 있다는 것을 알아차렸을 뿐입니다."

컬트 영화의 거장으로 불리는 데이비드 린치 감독은 1973년 인도의 요기, 마하리시 마헤시(Maharishi Maheshi)를 만난 것을 계기로 명상을 시작했으며, 이후 40여 년간 하루 20분씩 단 한 번도 거르지 않고 꾸준히 실천해 왔다고 전해진다.

가스통 바슐라르, 곽광수 옮김, 『공간의 시학』, 동문선, 2023

기이 고티에, 김원중/이호은 옮김, 『다큐멘터리, 또 하나의 영화』, 커뮤니케이션
　　북스, 2006

가오이 하야오/나카자와 신이치, 김옥희 옮김, 『불교가 좋다』, 동아시아, 2007

강미라, 『몸 주체 권력: 메를로퐁티와 푸코의 몸 개념』, 이학사, 2011

강성률, 『이야기 서양철학사』, 살림, 2016

강신주, 『매달린 절벽에서 손을 뗄 수 있는가』, 동녘, 2014

강정진, 『영원한 대자유인』, 궁리, 2003

고바야시 잇사, 최충희 편저, 한다운 그림, 『밤에 핀 벚꽃』, 태학사, 2008

구로사와 아키라, 오세필 옮김, 『감독의 길: 구로사와 아키라 자서전』, 민음사,
　　1994

기록자 받아씀, 이균형 옮김, 『그리스도의 편지: 예수가 말하는 예수의 생애와
　　가르침』, 정신세계사, 2015

김교빈, 『한국 철학 에세이』, 동녘, 2008

김상봉, 『그리스 비극에 대한 편지』, 한길사, 2019

김상봉, 『철학의 헌정: 5.18을 생각함』, 길, 2015

김선욱, 『한나 아렌트가 들려주는 전체주의 이야기』, 자음과모음, 2008

김성례, 『한국 무교의 문화인류학』, 소나무, 2018

김성환, 『영화관에 간 철학』, 믹스커피, 2023

김용규, 『영화관 옆 철학카페』, 이론과 실천, 2002

김용준, 『근원수필』, 범우사, 1997

김정근, 『쁘라산나빠다: 중론 주석서 1 ~ 4』, 푸른가람, 2011

김정현, 『니체의 몸 철학』, 문학과현실사, 2000

김준기, 『영화로 만나는 치유의 심리학』, 시그마북스, 2009

김지하, 『동학이야기』, 솔출판사, 1994년

김현우, 『안토니오 그람시: 옥중수고와 혁명의 순교자』, 살림출판사, 2005

나리만 스카코브, 이시은 옮김, 『타르코프스키의 영화: 시간과 공간의 미로』,
    B612, 2012

나준식 옮김, 『공자: 옛 선인들에게서 배우는 지혜로운 이야기』, 새벽이슬, 2010

노엄 촘스키/미셸 푸코, 이종인 옮김, 『촘스키와 푸코, 인간의 본성을 말하다』,
    시대의창, 2015

노자, 김학주 옮김, 『노자』, 연암서가, 2011

닐그레고어, 안인희 옮김, 『HOW TO READ 히틀러』, 웅진지식하우스, 2007

니체, 박환덕 옮김, 『디오니소스 송가』, 혜원출판사, 1996

니콜러스 로일, 이다희 옮김, 『HOW TO READ 셰익스피어』, 웅진지식하우스,
    2007

다나카 마사토, 이소담 옮김, 『한눈에 보고 단숨에 읽는: 일러스트 철학사전』, 21
    세기북스, 2016

다이앤 애커먼, 백영미 옮김, 『감각의 박물학』, 작가정신, 2023

데이빗 린치, 곽한주 옮김, 『데이빗 린치의 빨간방』, 그책, 2008

데이비드 에드먼즈/존에이디노, 김태환 옮김, 『비트켄슈타인은 왜?』, 웅진닷컴,

2001

라이너, 『영화 유튜버 라이너의 철학 시사회』, 중앙북스, 2021

라지아술타노바, 박일우 옮김, 『샤머니즘에서 수피즘까지』, 민속원, 2015

레나타 살레츨, 김상호 옮김, 『라캉과 영화 이론』, 인간사랑, 2008

레지날드 J. 홀링데일, 김기복/이원진 옮김, 『니체: 그의 삶과 철학』, 북캠퍼스,
        2018

로널드 보그, 이정우 옮김, 『들뢰즈와 가타리』, 중원문화, 2023

로버트 A. 존슨, 고혜경 옮김, 『로맨틱 러브에 대한 융 심리학적 이해: WE』, 동연,
        2008

로저 에버트, 최보은/윤철희 옮김, 『위대한 영화 1』, 을유문화사, 2019

루시 휴스핼릿, 장문석 옮김, 『파시즘의 서곡, 단눈치오』, 글항아리, 2019

루이 알튀세르, 이진수 옮김, 『레닌과 철학』, 백의, 1991

루크 페레터, 심세광 옮김, 『루이 알튀세르의 이데올로기』, 앨피, 2014

량광야오, 임보미 옮김, 『사람은 왜 도덕적이어야 하는가』, 성안당, 2017

르네 데카르트, 김선영 옮김, 『정념론』, 문예출판사, 2013

리처드 A. 바니 엮음, 윤철희 옮김, 『데이비드 린치: 컬트 영화의 기이한 아름다
        움』, 마음산책, 2021

리처드슈스터만, 이혜진 옮김, 『몸의 미학: 신체미학-솜에스테틱스』, 북코리아,
        2013

마사 그레함, 정명진 옮김, 『마사 그레함, 격정의 기억』, 한국언론자료간행회,
        1992

마츠오 바쇼, 류시화 옮김, 『바쇼 하이쿠 선집』, 열림원, 2015

마츠오 바쇼, 유옥희 옮김, 『바쇼의 하이쿠』, 민음사, 2020

마크 리들리, 김관선 옮김, 『HOW TO READ 다윈』, 웅진지식하우스, 2007

마크 트웨인, 노영선 옮김, 『인간이란 무엇인가: 시대를 뛰어넘어 인간을 토론

하다』, 이가서, 2011

막심 고리끼, 임정남 옮김, 『혁명의 순간들』, 풀빛, 1985

메리 리치, 이종인 옮김, 『영화로 철학하기』, 시공사, 2004

문소연, 4·3도민연대 엮음, 『4·3 수형생존자 7인의 일곱 가지 이야기: 늑인』, 각,
    2018

미르치아 엘레아데, 이용주 옮김, 『세계종교사상사 1-3』, 이학사, 2005

미르치아 엘리아데, 이윤기 옮김, 『샤마니즘』, 까치, 1992

미르치아 엘리아데, 박규태 옮김, 『세계종교사상사 1-3』, 이학사, 2023

미셸 푸코, 오생근 옮김, 『감시와 처벌: 감옥의 탄생』, 나남, 2020

바실리 칸딘스키, 권영필 옮김, 『예술에서의 정신적인 것에 대하여: 칸딘스키
    예술론』, 열화당, 2019

박문호, 『뇌과학의 모든 것』, 휴머니스트, 2013

박병철, 『영화속의 철학』, 서광사, 2001

박상우, 『롤랑 바르트, 밝은 방』, 커뮤니케이션북스, 2018

박성수/전수일/이효인, 『영화 이미지의 미학』, 현대미학사, 1996

백종현, 『칸트와 헤겔의 철학: 시대와의 대화』, 아카넷, 2017

벵상 피넬, 심은진 옮김, 『몽타주』, 이화여자대학교출판부, 2008

보에티우스, 이세운 옮김, 『철학의 위안』, 필로소픽, 2014

브라이언 스윔, 허찬란 옮김, 『우주는 푸른 용』, 분도출판사, 2019

브루스 핑크, 이성민 옮김, 『라캉의 주체』, 도서출판 b, 2010

빅터 프랭클, 이시형 옮김, 『빅터 프랭클의 죽음의 수용소에서』, 청아출판사,
    2020

사이먼 크리칠리, 김대연 옮김, 『죽은 철학자들의 서』, 이마고, 2009

새뮤얼 이녹 스텀프/제임스 피저, 이광래 옮김, 『소크라테스에서 포스트모더니
    즘까지』, 열린책들, 2008

서동욱, 『들뢰즈의 철학(들뢰즈의창 3)』, 민음사, 2002

서장원, 『토텐탄츠와 바도모리』, 아카넷, 2022

서윤길/김영덕/김진태/이정수/이중석/장익/정성준/정태혁, 『밀교사상사개론』, 불교총지종 법장원, 2006

성광수/조광제/류분순 외, 『몸과 몸짓 문화의 리얼리티』, 소명출판, 2018

수잔네 슐리허, 박균 옮김, 『무용연극 탄츠테아터』, 범우사, 2006

쉬잔 엠 드 라코트, 이지영 옮김, 『들뢰즈: 철학과 영화』, 열화당, 2019

셰익스피어, 김재남 옮김, 『셰익스피어 4대 비극』, 하서, 2006

셰일라 커런 버나드, 양기석 옮김, 『다큐멘터리 스토리텔링: 논픽션 영화를 더욱 강력하고 극적으로 만드는 방법』, 커뮤니케이션북스, 2009

시릴 모라나/에릭 우댕, 한의정 옮김, 『예술철학: 플라톤에서 들뢰즈까지』, 미술문화, 2013

시몬 베유, 윤진 옮김, 『중력과 은총』, 문학과지성사, 2021

심경호, 『내면기행』, 민음사, 2018

슬라보예 지젝 외, 이운경 옮김, 『매트릭스로 철학하기』, 한문화, 2003

슬라보예 지젝, 박정수 옮김, 『HOW TO READ 라캉』, 웅진지식하우스, 2007

아리스토텔레스, 박문재 옮김, 『아리스토텔레스 수사학』, 현대지성, 2020

아리스토텔레스, 이상섭 옮김, 『시학』, 문학과지성사, 2005

아리스토텔레스, 손명현 옮김, 『니코마코스 윤리학/정치학/시학』, 동서문화사, 2016

아모스 보겔, 권중운/한국실험영화연구소 공역, 『전위 영화의 세계』, 예전사, 1997

아신 떼자니야 사야도, 청현 스님 옮김, 냐눗따라 스님 편집, 『수행과 지혜』, 我無말들 출판, 2025

아이스킬로스/소포클레스/에우리피데스, 곽복록/조우현 공역, 『그리스 비극:

아이스킬로스, 소포클래스, 에우리피데스』, 동서문화사, 2017

아서 단토, 이성훈/김광우 옮김, 『예술의 종말 이후』, 미술문화, 2004

안 소바냐르그, 이정하 옮김, 『들뢰즈와 예술』, 열화당, 2009

안드레이 타르콥스키, 라승도 옮김, 『시간의 각인』, 곰출판, 2021

안야 피터슨 로이스, 김매자 옮김, 『춤의 인류학』, 미리내, 1970

알랭 드 보통, 정명진 옮김, 『철학의 위안』, 청미래, 2023

알랭 바디우/파비앵 타르비, 서용순 옮김, 『철학과 사건』, 오월의봄, 2015

양선희/백연옥, 『서양 남성무용사』, 삼신각, 1995

에드워드 홀, 최효선 옮김, 『생명의 춤』, 한길사, 2013

에드워드 암스트롱 베넷, 김형섭 옮김, 『한권으로 읽은 융』, 푸른숲, 1997

에리히 프롬, 최혁순 옮김, 『소유냐 존재냐』, 범우사, 1999

에마뉘엘 레비나스, 문성원/손영창 옮김, 『신, 죽음 그리고 시간』, 그린비, 2013

에케하르트 캐멀링, 이한순 외 4인 옮김, 『도상학과 도상해석학』, 사계절, 1997

에크하르트 톨레, 노혜숙/유영일 옮김, 『지금 이 순간을 살아라』, 양문, 2008

염재철, 『존재와 예술 - 하이데거 예술사상』, 서울대학교 출판문화원, 2014

올더스 헉슬리, 김학주 옮김, 『영원의 철학』, 김영사, 2014

윌리엄 제임스, 김재영 옮김, 『종교적 경험의 다양성』, 한길사, 2000

유리 포포프, 『제국주의 시대의 정치경제학』, 아침, 1985

이강은/백영미/최미연, 『예술가여, 무엇이 그대를 이끄는가』, 동문선, 2020

이광석/김재희/심혜련/김성재/백욱인, 『현대 기술·미디어 철학의 갈래들』, 그
린비, 2016

이매뉴얼 월러스틴, 백영경 옮김, 『유토피스틱스 - 또는 21세기의 역사적 선택
들』, 창작과비평사, 1999

이수정, 『하이데거: 그의 물음들을 묻는다』, 생각의나무, 2010

이안 로버트슨, 이경식 옮김, 『승자의 뇌: 뇌는 승리의 쾌감을 기억한다』, RHK,

2013

이왕주, 『철학, 영화를 캐스팅하다』, 효형출판, 2005

이옥순/심혁주/김선자/이평래/선정규, 『아시아의 죽음 문화: 인도에서 몽골까지』, 소나무, 2010

이재숙, 『우파니샤드 1, 2』, 한길사, 1996

이정우, 『주체란 무엇인가』, 그린비, 2009

이진경, 『철학과 굴뚝청소부』, 그린비, 2005

이중표, 『디가 니까야』, 불광출판사, 2019

이중표, 『붓다의 철학: 중도, 그 핵심과 사상체계』, 불광출판사, 2018

이창후, 『영화로 읽는 서양철학사』, 새문사, 2020

작자 미상, 앤드류 조지/공경희 공역, 『길가메시 서사시』, 현대지성, 2021

잔스촹, 런 샤오리 옮김, 『도교문화 15강』, 알마, 2012

전양준, 『세계영화작가론 1, 2』, 이론과실천, 1994

정옥자, 『우리가 정말 알아야 할: 우리 선비』, 현암사, 2006

정의행, 『인물로 보는 한국불교사』, 밀알, 1994

조광제, 『메를로-퐁티의 지각의 현상학에 대한 강해』, 이학사, 2004

조광제, 『철학 라이더를 위한 개념어 사전』, 생각정원, 2012

조셉 콘래드, 이석구 옮김, 『어둠의 심연』, 을유문화사, 2008

조요한, 『예술철학』, 미술문화, 1973

조영수 옮김, 『해탈을 원하는 행운아가 날마다 해야 할 기도문』, 한국티벳불교 사원 광성사, 2011

존 필립스, 김병화 옮김, 『HOW TO READ 사드』, 웅진지식하우스, 2008

종사르 잠양 켄쩨, 이기화 옮김, 『무엇이 우리를 불교인이 되지 못하게 하는가』, 예·지, 2011

조시 코언, 최창호 옮김, 『HOW TO READ 프로이트』, 웅진지식하우스, 2007

자크 랑시에르, 양창렬 옮김, 『모던 타임스: 예술과 정치에서 시간성에 관한 시론』, 현실문화A, 2018

자크 브로스, 주향은 옮김, 『나무의 신화』, 이학사, 2007

장 폴 사르트르, 박정태 옮김, 『실존주의는 휴머니즘이다』, 이학사, 2008

질 들뢰즈, 이경신 옮김, 『니체와 철학』, 민음사, 2001

질 들뢰즈, 김상환 옮김, 『차이와 반복』, 민음사, 2004

지그문트 바우만, 이일수 옮김, 『액체근대』, 강, 2009

철학아카데미/조광제, 『철학, 예술을 읽다』, 동녘, 2006

철학아카데미, 『처음 읽는 프랑스 현대 철학』, 동녘, 2013

카알 폰 클라우제비츠, 맹은빈 옮김, 『전쟁론』, 일신서적출판사, 1990

켄 윌버, 조옥경 옮김, 『에덴을 넘어』, 한언출판사, 2009

켄 윌버, 조옥경/김철수 옮김, 『켄 윌버의 신』, 김영사, 2016

클로드 레비 스트로스, 안정남 옮김, 『야생의 사고』, 한길사, 1996

크리스토퍼 M. 베이치, 김우종 옮김, 『윤회의 본질』, 정신세계사, 2014

크리스티앙 메츠, 이수진 옮김, 『상상적 기표: 영화·정신분석·기호학』, 문학과지성사, 2009

쿠르트 작스, 김매자 옮김, 『춤의 세계사』, 박영사, 1992

틱낫한, 서계인 옮김, 『소설 붓다』, 시공사, 2016

탈레스, 김재홍/김인곤 옮김, 『소크라테스 이전 철학자들의 단편 선집』, 아카넷, 2005

토니 마이어스, 박정수 옮김, 『누가 슬라보예 지젝을 미워하는가』, 앨피, 2005

파드마삼바바, 라마 카지 다와삼둡 번역, 류시화 옮김, 『티벳 사자의 서』, 정신세계사, 1995

페테 로데, 임규정 옮김, 『키에르케고르, 코펜하겐의 고독한 영혼』, 한길사, 2003

폴 사르트르, 이희영 옮김, 『구토/말』, 동서문화사, 2011

플라톤, 황문수 옮김, 『소크라테스의 변명』, 문예출판사, 1999

프리드리히 횔덜린, 장영태 옮김, 『엠페도클레스의 죽음: 한편의 비극』, 문학과
　　　지성사, 2019

한국영화학교수협의회, 『영화란 무엇인가』, 지식산업사, 1988

현광일, 『전체 안의 전체 사고 속의 사고: 김우창의 인문학을 읽다』, 살림터,
　　　2015

홍대용, 이숙경/김영호 공저, 『의산문답: 개혁을 꿈꾼 과학사상가 홍대용의』, 파
　　　라북스, 2013

홍윤식, 홍윤식/윤열수 사진, 『만다라』, 대원사, 1992

호르스트만 엮음, 김창호/장춘익 옮김, 『헤겔변증법』, 풀빛, 1983

황설중, 『인식론: 우리가 정말로 세계를 알 수 있을까?』, 민음인, 2024

B 스피노자, 강영계 옮김, 『데카르트의 철학의 원리』, 서광사, 2016

E.H 카, 황문수 옮김, 『역사란 무엇인가』, 한림미디어, 1996

F. 니체, 백문영 옮김, 『짜라투스트라는 이렇게 말했다』, 혜원출판사, 1993

L.쟈네티, 김진해 옮김, 『영화의 이해: 이론과 실제』, 현암사, 1997

Maxine Sheeths-Jhonstone, 장정윤 옮김, 『무용철학』, 교학연구사, 1992

The Transcendent Beauty of "Llorando(Crying)" in ⟨Mulholland Drive⟩

"This is the girl."

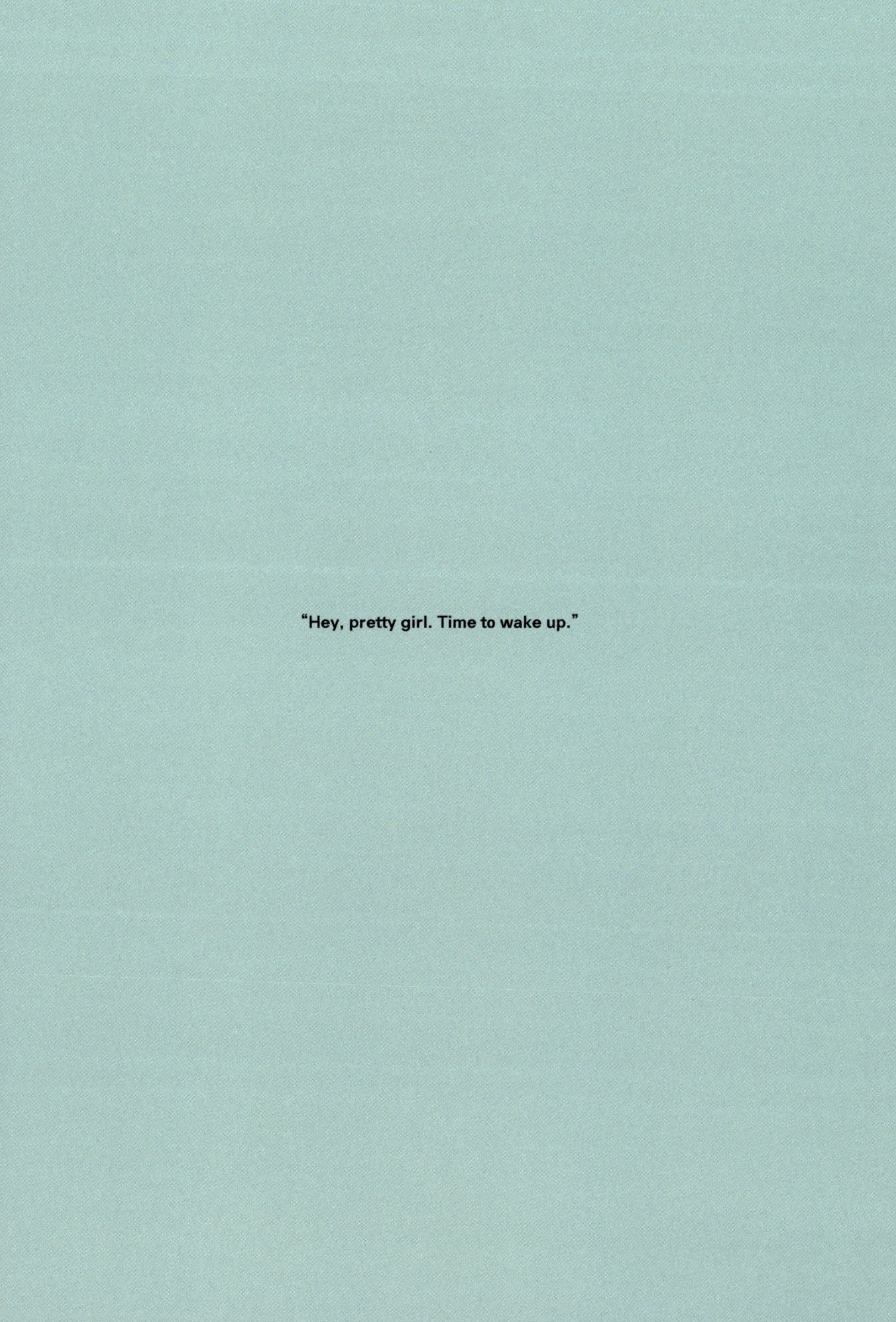

"Hey, pretty girl. Time to wake up."

For all of us who long to live like Betty.

—Sa, Eugene